地铁车辆与供电系统
维修策略优化及预测技术

魏秀琨　管青鸾　张慧贤　著

电子工业出版社.
Publishing House of Electronics Industry
北京·BEIJING

内 容 简 介

地铁车辆和供电系统是城市轨道交通的重要组成部分,包括车门系统、牵引系统、制动系统、轮对、高压断路器等关键系统和设备及车辆主要备品备件,这些系统和设备的健康状态不仅关系轨道交通系统的安全,还对提高城市轨道交通车辆运营的安全性和可靠性及乘客的舒适性体验有重要作用。本书介绍了地铁车辆与供电系统维修策略优化及预测技术方面的一些最新研究成果,重点介绍了车门系统、牵引系统、制动系统、轮对、高压断路器的可靠性分析、可靠性建模和维修策略优化方法和技术,还对城市轨道车辆轴承部件剩余寿命预测及备品备件的需求预测技术进行了概述。

本书可以作为自动化、计算机、人工智能、城市轨道交通、轨道交通系统安全保障、机电系统健康管理专业的研究生及人工智能专业和轨道交通专业高年级本科生的参考书,也可供轨道交通行业的技术人员及相关科研人员使用。

图书在版编目(CIP)数据

地铁车辆与供电系统维修策略优化及预测技术 / 魏秀琨,管青鸢,张慧贤著. -- 北京 : 电子工业出版社,2024. 5. -- ISBN 978-7-121-48057-7

Ⅰ. U231.8

中国国家版本馆 CIP 数据核字第 20249Y61Y8 号

责任编辑:冯琦
印   刷:北京建宏印刷有限公司
装   订:北京建宏印刷有限公司
出版发行:电子工业出版社
　　　　　北京市海淀区万寿路 173 信箱　　邮编:100036
开 本:720×1 000　1/16　印张:17.75　字数:284 千字
版 次:2024 年 5 月第 1 版
印 次:2025 年 6 月第 2 次印刷
定 价:98.00 元

凡所购买电子工业出版社图书有缺损问题,请向购买书店调换。若书店售缺,请与本社发行部联系,联系及邮购电话:(010)88254888,88258888。

质量投诉请发邮件至 zlts@phei.com.cn,盗版侵权举报请发邮件至 dbqq@phei.com.cn。

本书咨询联系方式:(010)88254434 或 fengq@phei.com.cn。

前　言

　　我国城市轨道交通发展起步于 20 世纪 50 年代，至今已发展了 70 余年，城市轨道交通因具有安全、快速、舒适、节能等特点而成为人们出行的主要方式。近年来，在国家政策的推动下，我国城市轨道交通取得了巨大发展。"十三五"时期，轨道交通研究与创新主题由设计建造转向轨道交通能力保持；"十四五"期间，全国范围内城市轨道交通行业的运营里程持续增加，轨道交通将进入以运营、经营为主的高质量发展阶段，相应地，提高车辆运营维护效率、降低成本及保证运营安全成为轨道交通行业研究的重点。但是，目前我国城市轨道交通设备主要采用将故障维修和定期维修结合的维修策略，存在设备可靠度低、维修成本高等问题。

　　事后维修的管理模式需要在故障出现时停机维修，不能及时发现故障、维修成本高。随着维修理论的不断发展，维修新模式、新理念不断涌现，维修策略也从被动的事后维修发展为积极的预防性维修，并进一步发展为消除故障根源的主动维修。地铁车辆、供电系统等的维修也应灵活运用多种维修策略，提高维修效益。剩余寿命预测是故障预测与健康管理技术的关键和核心研究内容，其可以为设备的健康状态评估和预测维护提供理论及技术支撑，不仅可以减少故障，还可以降低维修成本，最大限度地延长设备的使用寿命。此外，车辆是城市轨道交通建设和运营的核心设备，在车辆相关项目中，采购的备品备件是车辆合同货物的重要组成部分；在运营接管的项目中，备品备件去库存压力大，车辆的备品备件总费用越来越高。平衡备品备件供需矛盾，清备品备件运营库存，提高项目资金使用效率，是轨道交通运营公司的共同目标。因此，开展地铁车辆车门系统、牵引系统、制动系统、轮对及供电系统的可靠性分析、可靠性建模和维修策略优化研究，并对与城市轨道车辆轴承部件及备品备件相关的预测技术进行研究，可为进一步开展轨道交通

可靠性评估工作提供基础理论支撑，为城市轨道交通运营管理提供重要支撑，为合理确定地铁车辆设备的维护计划提供理论支撑。

本书内容主要包括两个部分：第一部分为地铁车辆车门系统、牵引系统、制动系统、轮对及供电系统高压断路器的可靠性分析、可靠性建模和维修策略优化研究，主要包括车门系统可靠性分析与维修策略优化、基于 Phase-type（PH）分布的系统可靠性分析、基于冲击理论的维修策略优化和基于混合故障率的断路器维修策略优化；第二部分为城市轨道车辆轴承部件剩余寿命预测及备品备件的需求预测技术研究，主要包括基于维纳过程考虑测量误差的两阶段剩余寿命预测、基于维纳过程考虑参数依赖的剩余寿命预测、基于机器学习的剩余寿命预测、基于分布拟合的备品备件需求预测和基于缺乏失效位置信息的数据的备品备件需求预测。这两个部分是作者所在课题组在该领域研究工作的系统总结和归纳。

北京交通大学的魏秀琨教授设计了本书结构并负责撰写本书的主要内容。管青鸾博士参与了本书第 6～8 章部分内容的写作，并审阅了全书。张慧贤博士参与了本书第 4 章部分内容的写作，并审阅了全书。

硕士研究生魏东华参与了本书第 2、3 章的研究工作，硕士研究生刘运超参与了本书第 5 章的研究工作，硕士研究生闫冬和翟小捷参与了本书第 8 章的研究工作，硕士研究生李江帅参与了本书第 9、10 章的研究工作。

本书得到了"十四五"国家重点研发计划"超大城市轨道交通智能维护关键技术与应用研究"（2020YFB1600704）课题和"中央高校基本科研业务费科技领军人才团队项目"（2022JBQY007）的资助。本书在撰写过程中，得到了北京交通大学的李江帅等同学的支持，对他们表示感谢，同时感谢北京地铁集团有限公司秦栋、查磊等同志对本书工作的支持，感谢北京交通大学的刘运超和李江帅同学在本书内容纠错方面所做的工作。

由于笔者水平有限，书中难免存在不妥之处，恳请读者不吝指教。

魏秀琨

2023 年春

目　录

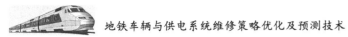

第1章

绪　论

城市轨道交通因具有安全、快速、舒适、节能等特点而成为人们出行的主要方式。随着城市轨道交通的快速发展和地铁车辆的不断增多，中国已经成为世界最大的城市轨道交通市场。地铁作为城市的主要运输工具之一，在全国各地建设迅速，过去的五年，是中国城市轨道交通高速发展的五年，也是从高速发展转向高质量发展，从城轨大国建设步入城轨强国建设的关键阶段。《中华人民共和国国民经济和社会发展第十四个五年规划和2035年远景目标纲要》指出，新增城际铁路和市域（郊）铁路运营里程3000公里，基本建成京津冀、长三角、粤港澳大湾区轨道交通网。新增城市轨道交通运营里程3000公里。

当前，运营的线路不断增多和总里程逐年增加，特大型城市轨道交通的网络化趋势越来越明显，网络化运营方式不断走向成熟。中国城市轨道交通协会发布的数据显示，截至2022年12月31日，共有55个城市投运城市轨道交通线路，总里程达到10291.95km，其中地铁为8012.85km，占77.85%[1]。今后，我国的城市轨道交通将进入以运营、经营为主的高质量发展阶段，对轨道交通的车辆安全和维护水平提出了更高要求。

地铁车辆在运营中出现故障，轻则导致车辆晚点，重则引发事故，带来经济损失，甚至引发人员伤亡。例如，2009年美国华盛顿地铁红线托滕堡站附近发生车辆相撞事故，导致9人死亡，80人受伤，事故的起因是信号设备故障[2]。轨道交通设备复杂度的日益提高增大了检修人员的工作量，为车

辆可靠性和可用性的保障工作带来巨大挑战[3]。目前，我国城市轨道交通设备主要采用将故障维修和定期维修结合的维修策略，该策略存在设备可靠度低、维修成本高等问题[4]，定期维修策略仍是当前国内各地铁运营企业采用的主流策略，该策略难以适应现阶段地铁车辆的检修需要。预防性维修是根据对设备的历史故障数据分析，发现其故障规律并进行故障预测，进而制订维修计划的维修策略，能够保证设备稳定运行、降低事故发生率。故障预测与健康管理（Prognostics and Health Management，PHM）是智能化设备检测维护体系的重要组成部分，其在城市轨道领域的应用与实现是车辆智能运维的关键环节，是将预防性维修转化为预测性维修的重要手段。因此，在保证地铁车辆安全稳定运行的前提下，研究能够优化设备的有效工作时间、检测成本、剩余寿命等指标，进而提高车辆运营维护效率、降低成本及保证运营安全的维修策略势在必行。

本书主要针对地铁车辆与供电系统预测性维修策略优化问题，考虑车门系统、轮对、供电系统、轴承和车辆备品备件等研究对象，采用数学建模、数据综合分析、仿真分析等方法，建立地铁车辆与供电系统预测性维修策略优化模型，并结合可靠性分析理论、PHM 技术、剩余寿命预测方法和备品备件需求预测方法，形成地铁车辆与供电系统预测性维修策略优化方法，对于攻克超大城市轨道交通网络集约维护新模式理论研究难题，提升我国轨道交通维护水平，具有极大的社会和经济意义。

1.1 轨道交通维修策略优化和预测现状

1.1.1 维修的发展现状

1. 维修基本概念

维修是为了保持或恢复其完成规定功能的能力而采取的技术管理措施[5]。维修作为一项保障轨道交通运营的重要活动，对成本和可靠性有重要影响。制定一个有效的、能够良好实施的维修策略，对于预防车辆突发故障、提高整体可靠性、降低运营成本来说至关重要。随着维修理论的不断发展，维修新模式、新理念不断涌现，维修策略经历了从被动性维修（Reactive Maintenance，RM）到预防性维修（Preventive Maintenance，PM），再到预测性维修（Predictive Maintenance，PdM）的转变。RM 仅用于在故障发生后恢复设备的运行状态[6]；PM 根据基于时间或过程迭代的计划进度表进行维修，以防止故障发生；PdM 基于对运行状况的在线估计进行维修，可以及时实现故障前干预。PdM 尽可能降低维修频率，防止出现计划外的维修活动，从而降低成本。新维修策略的出现不意味着传统维修策略的淘汰，每种维修策略都有自己的特点和适用性，应避免采用单一维修策略，而是要根据不同系统中不同设备的特点，将多种维修策略灵活组合，才能带来更好的维修效益。

　　维修决策作为现代维修理论中的重要内容，是维修策略的精髓。维修决策凭借其所具有的系统性和精确性优势，成为维修学科中的重要问题。主要维修模式的发展过程如图 1.1 所示。

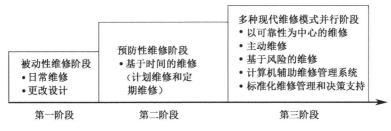

图 1.1　主要维修模式的发展过程

第一阶段：被动性维修阶段（20 世纪 50 年代以前）。

被动性维修（Reactive Maintenance，RM）又称修复性维修（Corrective Maintenance，CM），是一种被动维修方式。它的特点是坏了再修、不坏不修，适用于故障影响小、停机损失不大、容易快速修复、有冗余备份的设备。

第二阶段：预防性维修阶段（20 世纪 50 年代至 70 年代）。

预防性维修（Preventive Maintenance，PM）包括两大维修体制，一是前苏联提出的计划维修；二是美国提出的定期维修。虽然两者的表现形式不同，但本质是相同的，都被称为基于时间的维修（Time Based Maintenance，TBM），即提前制订装备检查维修计划，在规定的阶段进行周期性预防性维

修工作，以避免突发故障导致停机，适用于故障寿命与运行时间有关的设备。

第三阶段：多种现代维修模式并行阶段（20 世纪 80 年代至今）。

在第三阶段，预测性维修得到了发展，相继出现了以可靠性为中心的维修、基于风险的维修、设备综合工程学、全员生产维修、E-维修、绿色可持续性维修和再制造工程、状态评估与健康管理等维修新理念、新模式[7]，维修管理的智能化、信息化、数字化时代已经到来。

2. 维修策略分类

维修策略（Maintenance Strategy or Maintenance Policy）指根据设备劣化发展情况确定的维修方针，包括决策依据、维修措施及维修时机等内容。

决策依据指评估产品劣化情况的依据，主要包括历史故障数据、运行状态数据和寿命分布规律等。

维修措施包括润滑保养、一般检查、详细功能检查、修理、更换和改进设计等。预期效果涉及产品功能、性能、可靠性的保持或恢复程度，主要有以下 5 种。

（1）完全维修指使装备在维修后恢复到全新的状态。

（2）最小维修指使装备在维修后恢复到发生故障前的状态。

（3）不完全维修指使装备在维修后恢复到介于完全维修和最小维修之间的状态。

（4）较差维修指使装备在维修后恢复到比发生故障前略差的状态，但是其状态仍在可靠及安全的范围内。

（5）最差维修指使装备在维修后恢复到比发生故障前更差的状态，且无法保证安全运行。

维修时机涉及维修间隔、检查间隔等。

维修策略定义为"对何种事件（如失效、超时等）需要采用何种维修工作（如修理检查、更换等）的完整描述，既可以在设计阶段采用，也可以在使用阶段采用"。多数维修策略的理论优化问题可采用运筹学模型处理。当前，随着维修重要性的提高，优化维修策略因具有提高系统可靠性、降低故障率和维修成本的作用而日益受到重视，促进了优化维修策略的发展，推动了维修策略的应用。从优化维修策略的角度出发，我们归纳得到以下 10 个主要的维修策略组成要素。

（1）系统状态模式：如果系统状态模式只有"好"与"坏"两种，那么系统状态是二元的；如果系统状态是多元的，则可用离散形式 $0, 1, \cdots, N$ 表示，其中 0 状态表示全新状态，N 状态表示故障失效状态。

（2）系统结构：如单部件系统、多部件系统和复杂系统等。

（3）系统的劣化模式：如果系统是普通失效系统，则可以用失效率表示系统的劣化；如果系统的运行主要受外部和内部冲击的影响，则可以用冲击模型表示系统的劣化和失效。

（4）维修时间点：可以在与役龄相关的时间点进行维修，也可以在与状态相关的某个检测时间点进行维修；当然也可以在发生故障时进行维修。

（5）维修方式：主要包括预防性维修和事后维修，维修方式与维修程度密切相关。

（6）维修时间：如果维修是瞬间完成的，即用于维修的时间远小于运行时间，则可以忽略维修时间；否则，可以将维修时间看作一个常数或随机变量，以确定维修时间的影响。

（7）系统状态检测模式：①随时（连续）检测，可随时获知系统状态；②定时检测，定时对系统状态进行检测，只能在检测时获知系统状态；③随机检测，对系统状态的检测是随机进行的。

（8）信息水平：指对系统状态的了解程度。完全信息水平指检测获得的关于系统状态的信息是完全的；不完全信息水平指检测结果以一定的概率符合系统运行状态。

（9）费用结构：费用包括系统正常运行费用、失效损失费用、修理费用、更换费用、备件相关费用和维修设施设备折旧费用等。

（10）优化目标：可以是关于费用的，如在长期运行状态下使单位时间内的平均费用最低或期望折扣费用最低等；可以是关于可用度的，如在某种费用结构的限制下，使系统在某段时间内的可用度最高；也可以是关于生产率（利用率）或安全性的，如使生产率（或利用率）最高或安全性最好。

以不同的方式将上述要素组合,可以得到各种维修模型。由于在相同的维修策略下,可以得出多种维修模型,要综述所有的维修模型几乎是不可能的,所以在一定的标准下,从维修策略的角度研究优化问题是很有必要的。

根据维修方式得到的维修策略分类如图 1.2 所示。

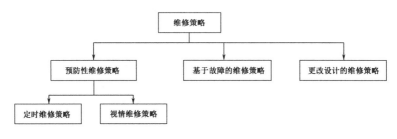

图 1.2　根据维修方式得到的维修策略分类

1)预防性维修策略

预防性维修指在发生故障前使产品保持在规定状态所进行的各种维修活动,一般包括擦拭、润滑、调整、检查、定期拆修和定期更换等活动。开展这些活动的目的是提前发现问题并采取措施,防患于未然。预防性维修适用于故障后果严重(如危及安全或可能导致出现较大经济损失)的情况。预防性维修策略主要包括定时维修策略和视情维修策略。

定时维修策略指在充分认识产品故障规律的基础上,根据规定的间隔期、累计工作时间(如运行时间)或里程,按计划进行维修。采用定时维修策略的条件是产品的寿命分布规律已知且确有耗损期,产品的故障与使用时间有确定的关系,产品系统中的大部分零部件能工作到预期时间。

视情维修策略指根据产品实际工作状态安排维修。大多数产品的失效不是突然发生的,而是经过一段时间形成的,因此可以考虑采用视情维修策略,使用一定的状态监测技术(如振动技术等)对可能反映故障的各种物理信息进行周期性检测、分析、诊断,据此推断其状态,并根据状态发展情况做出预防性维修安排。视情维修策略是动态的,适用于在故障前有明显劣化表现的产品,并要求有合适的监测技术。

预防性维修策略的优点和缺点如表 1.1 所示。

表 1.1 预防性维修策略的优点和缺点

	优 点	缺 点
定时维修策略	定时进行维修,有利于保障部件安全和产品性能;能提前安排维修的材料和人员,从而降低加班成本;可以避免二次损伤,从而降低维修成本	定时进行维修,维修活动多,且可能有不必要的维修,导致成本高
视情维修策略	能提前安排维修需要的材料和维修人员,从而降低加班成本;能使设备的可用性最大化,从而缩短停工时间;可以避免二次损伤,在出现严重损伤前使设备停止工作,降低维修成本	对于监控、温度记录和油液分析等情况,需要采用专门的设备和进行人员培训,费用高;趋势的形成需要一段时间,需要评估机器(设备)状态

2)基于故障的维修策略

基于故障的维修指不在故障前采取措施,而在产品发生故障或损坏后,采取措施使其恢复到规定的状态。对于不重要的低成本设备或可接受故障带来的影响的设备,在没有其他合适的策略的情况下,可以采用基于故障的维修策略。然而,设备故障往往具有随机性,故障不一定能及时得到解决。此外,一个部件的失效可能引起其他部件的二次损伤,导致修理时间较长。

3)更改设计的维修策略

更改设计的维修又称改进性维修(Improvement or Modification Maintenance)或基于设计的维修,指通过重新设计,从根本上使维修更容易甚至消除维修需要。更改设计的维修策略抓住完成产品维修任务的时机,对其进行经过批准的改进或改装,消除产品在使用性和安全性方面的缺陷,提高使用性能,提高可靠性和可维修性,或者使产品持续具有某个特定的用途。该策略的实质是更改产品的设计。结合维修进行改进一般属于基地级维修(由制造厂或修理厂维修)。更改设计的维修策略的优点和缺点如表 1.2 所示。

表 1.2 更改设计的维修策略的优点和缺点

	优 点	缺 点
更改设计的维修策略	能完全解决经常出现的问题;在一些情况下,小的设计修改很有效且费用低	更改设计的费用一般很高,包括重新设计的费用、制造部件的费用和安装部件的费用,以及可能的生产停止损失费用; 改进工作可能会干扰设备其他部件的日常维修活动,并可能产生新的问题; 可能无法处理所要解决的问题

3. 预测性维修

预测性维修指预测设备可能发生故障的时间，并决定应采取哪些措施，以实现维修频率和维修成本的平衡。预测性维修通常涉及状态监测、故障诊断、故障预测技术，这些使能技术具有较大潜力，可以检测、隔离和识别机械设备和部件的故障前兆和早期故障，监测和预测其进展，并提供决策支持或自动制订维修计划。

预测性维修的原理是利用系统和部件的实际运行状况来对其进行优化，并根据仪表和传感器收集的数据（如振动数据、热图像、超声波数据等）进行预测分析。预测模型通过预测算法处理信息、发现趋势并确定何时需要对设备进行维修或更换。预测性维修是在必要的时候组织维修活动，而不是在设备故障后进行维修或提前更换设备，可以缩短计划内和计划外的停机时间、降低维修成本、减少不必要的库存和不必要的维修活动。然而，与被动性维修和预防性维修相比，预测性维修往往有较高的状态监测设备（如传感器等）成本。此外，随着数据收集需求、数据分析需求和决策需求的增长，预测性维修系统变得越来越复杂。

20世纪90年代以来，预测性维修在工业领域得到应用。2003年，ISO发布了一系列相关标准。ISO 13374给出了预测性维修系统架构，包含通信、显示相关信息和数据的格式和方法。这里介绍基于状态监测的开放系统架构（Open System Architecture for Condition Based Monitoring，OSA-CBM）。OSA-CBM提供了一个统一的、分层的架构，可以指导预测性维修系统的设计和实现。早期的OSA-CBM由7个通用层组成，以获得一个构造良好的系统，当前，采用的是包含6个功能块的OSA-CBM，如图1.3所示。

（1）数据采集：接入已安装的传感器，进行数据采集。

（2）数据处理：进行单通道或多通道信号转换，并用专门的特征提取算法对数据进行处理。

（3）状态监测：将特征值与期望值或操作限制值进行比较，并将结果传至状态指示器，进行状态监测。

（4）健康评估：结合系统健康状况变化趋势、运行状态和维护历史，确定系统是否正在退化。

图 1.3 包含 6 个功能块的 OSA-CBM

（5）预测评估：通过估计未来使用情况，结合当前系统的健康状态来预测系统状态。

（6）生成咨询：结合运行历史、当前和未来任务概况、资源限制等，提出维修建议和改进系统配置的建议。

1.1.2 预测性维修的优化目标

不同的维修优化目标对优化结果有较大影响，优化目标通常考虑使停机时间的期望值最小、使单位时间内维修费用的期望值最小、使系统可用度的期望值最大。优化目标主要有以下 3 种。

（1）可用度目标：可用度是可用性的概率度量。可用性指当产品按使用需求执行任务时，处于可工作或可使用状态的程度。用系统在一段时间内的正常工作时间所占的百分比来表示它的可用度，即

$$A(t) = \frac{\text{MTTF}}{\text{MTTF} + \text{MTTR}} \tag{1.1}$$

式中，MTTF 为工作时间（故障前的平均使用时间）；MTTR 为平均修理时间。

（2）费用目标：维修需要消耗材料、备件，需要考虑材料和备件的成本、误工成本及故障带来的损失，在维修不及时的情况下，还可能有更大的损失。

因此，在分析维修费用时需要考虑 3 个方面的费用：一是直接维修费用，包括预防性维修费用和故障修复费用；二是故障损失费用；三是由预防性维修或故障带来的停机损失费用。实际上，部件在不同状态下的维修费用是不同的，状态越差，维修费用就越高。维修费用与部件状态的关系可以通过结合比例危险模型、统计方法和专家信息获得。当同时维修几个具有相关性的部件时，总维修费用会小于分别维修这些部件的费用之和。这些都是在计算维修费用时需要考虑的方面。

（3）风险目标：主要指将故障的发生概率控制在一定范围内，提高部件、系统的可靠性，一般将风险目标作为约束。

维修的主要目的是避免出现意外停机情况、提高系统的可用性和可靠性、降低运营成本。优化准则主要有 3 个：成本最小化、可用性和可靠性最大化、多目标优化。

1. 成本最小化

成本模型随维修策略的变化而变化。对于被动性维修策略，只存在纠正性更换成本 C_c。对于预防性维修策略，一系列的维修行动是计划好的，所涉及的成本通常包括预防性更换成本 C_p、检查成本 C_i、单位时间停机成本 C_d 和纠正性更换成本 C_c。通常将这些成本项目应用于连续时间预防性维修成本模型，根据系统状态找到最优的预防性更换阈值和得出检查计划。目标成本函数是最小化长期运行费用率期望 $E(C_\infty)$。令 $N_i(t)$、$N_p(t)$、$N_c(t)$ 分别表示$[0, t]$的定期检查次数、预防性维修次数和故障性维修次数，$d(t)$表示停机时间。累计维修成本可以表示为

$$C(t) = C_i N_i(t) + C_p N_p(t) + C_c N_c(t) + C_d d(t) \tag{1.2}$$

因此，长期运行费用率期望 $E(C_\infty)$ 可以表示为

$$
\begin{aligned}
E(C_\infty) &= \lim_{t \to \infty} \frac{E[C(t)]}{t} \\
&= C_i \lim_{t \to \infty} \frac{E[N_i(t)]}{t} + C_p \lim_{t \to \infty} \frac{E[N_p(t)]}{t} + \\
&\quad C_c \lim_{t \to \infty} \frac{E[N_c(t)]}{t} + C_d \lim_{t \to \infty} \frac{E[d(t)]}{t}
\end{aligned}
\tag{1.3}
$$

PdM 策略根据故障预测结果进行维修，因此成本模型通常与剩余寿命

预测相关。这里主要考虑 5 项成本，即产能损失成本 c_1、PdM 成本 c_2、维修成本 c_3、间接成本 c_4、质量损失成本 c_5。PdM 策略主要考虑的 5 项成本如图 1.4 所示。在整个规划期 T 内，生产任务的总成本可以表示为

$$c = c_1 + c_2 + c_3 + c_4 + c_5 \tag{1.4}$$

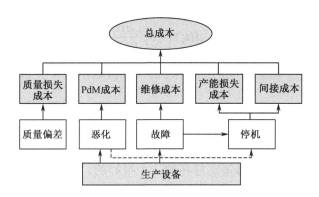

图 1.4　PdM 策略主要考虑的 5 项成本

c_1：设 N 为规划期内的 PdM 周期数；ε 为从进行最后一次 PdM 活动到规划期结束的时间；λ_k 为第 k 个 PdM 周期的设备故障率；t_k 为两次 PdM 活动的时间间隔。c_1 可以表示为

$$c_1 = C_{\mathrm{c}}\left(\sum_{k=1}^{N} \int_0^{t_k} \lambda_k \mathrm{d}t + \int_0^{\varepsilon} \lambda_{N+1} \mathrm{d}t \right) \tag{1.5}$$

c_2：规划期内的累计 PdM 成本。c_2 可以表示为

$$c_2 = \sum_{k=1}^{N} c_{\mathrm{p}} \tag{1.6}$$

式中，c_{p} 为一次 PdM 活动的期望成本。

c_3：设备故障会导致生产能力损失，设处理能力为 C_x 的概率为 p_x（$x = 1,2,\cdots,M$），C_{M} 是最大产能，$C_{\mathrm{M\tau'}}$ 是单一 PdM 活动在时刻 τ' 的预期产能损失。c_3 可以表示为

$$c_3 = \theta\left[\sum_{k=1}^{N} \sum_{x=1}^{M} p_x (C_{\mathrm{M}} - C_x) + \sum_{k=1}^{N} C_{\mathrm{M\tau'}} \right] \tag{1.7}$$

c_4：在实践中，设备故障可能导致不能按时完成生产任务，带来经济损失、声誉损失等。设 σ 为预期间接经济损失，R_{T} 为给定生产任务在每个 PdM 周期内的维修活动的任务可靠度阈值，R_ε 为从进行最后一次 PdM 活动到规

划期结束的时间内的任务可靠度。c_4 可以表示为

$$c_4 = \sigma \left[\sum_{k=1}^{N} \frac{t_k}{T}(1-R_{\text{T}}) + \frac{\varepsilon}{T}(1-R_{\varepsilon}) \right] \tag{1.8}$$

c_5：产品质量损失是由设备劣化造成的。c_5 可以表示为

$$c_5 = \varphi \left\{ \sum_{k=1}^{N} t_k \left[\frac{d(t_k)}{E(\rho_k)} - d(t_k) \right] + \varepsilon \left[\frac{d(t_k)}{E(\rho_{k+1})} - d(t_k) \right] \right\} \tag{1.9}$$

式中，φ 表示单一缺陷造成的经济损失；$E(\rho_k)$ 表示第 k 个 PdM 周期的设备期望合格率。

2. 可用性和可靠性最大化

虽然成本是衡量维修策略好坏的一个很好的、直接的标准，但成本模型中的一些参数不易获得，且不同的系统在不同的应用场景下有不同的成本模型。而系统的正常运行时间与停机时间通常可以准确、容易地获得。因此，可用性和可靠性是用于评估维修策略有效性的实用标准。

可靠度表示系统或设备在指定时间内处于功能状态的概率。用 T_{f} 代表设备的寿命，则可靠度可以表示为

$$R(t) = P(T_{\text{f}} > t) \tag{1.10}$$

将 T_{f} 定义为退化信号 $\{X(t):t \geqslant 0\}$ 首次超过预先设定的阈值 D 的时间 FPT（First Passage Time），即 $T_{\text{f}} = \inf\{t \geqslant 0; X(t) \geqslant D\}$。那么，时刻 t 的可靠度可以表示为

$$R(t) = P(T_{\text{f}} > t) = P[\max X(u) < D, 0 \geqslant u \geqslant t] \tag{1.11}$$

可以将退化信号 $X(t)$ 分解为确定性部分和随机部分，并将可靠度函数转化为基于维纳过程的公式。在实践中，系统通常由许多不独立的组件构成，组件之间的依赖关系是通过环境因素建立的。

将平均维修间隔时间（Mean Time Between Maintenances，MTBM）和平均维修时间（Mean Maintenance Time，MMT）分别作为正常运行时间和停机时间。针对串联系统、并联系统和串并联系统提出通用的可用性模型。

串联系统的可用性（A_{a}^{S}）：对于由 n 个独立组件串联构成的系统，可用性（A_{a}^{S}）可以表示为

$$A_{\mathrm{a}}^{\mathrm{S}} = \prod_{i=1}^{n} A_{a_i} = \prod_{i=1}^{n} \frac{\mathrm{MTBM}_i}{\mathrm{MTBM}_i + \mathrm{MMT}_i} \tag{1.12}$$

并联系统的可用性（$A_{\mathrm{a}}^{\mathrm{P}}$）：对于由 m 个独立组件并联构成的系统，可用性（$A_{\mathrm{a}}^{\mathrm{P}}$）可以表示为

$$A_{\mathrm{a}}^{\mathrm{P}} = \prod_{j=1}^{m} A_{a_j} = \prod_{j=1}^{m} \frac{\mathrm{MTBM}_j}{\mathrm{MTBM}_j + \mathrm{MMT}_j} = 1 - \prod_{j=1}^{m} \left(1 - \frac{\mathrm{MTBM}_j}{\mathrm{MTBM}_j + \mathrm{MMT}_j} \right) \tag{1.13}$$

串并联系统的可用性（$A_{\mathrm{a}}^{\mathrm{SP}}$）：对于由 n 个串联的独立组件和 m 个并联的独立组件构成的系统，可用性可以表示为

$$A_{\mathrm{a}}^{\mathrm{SP}} = \prod_{i=1}^{n} \left[\prod_{j=1}^{m} A_{a_{ij}} \right] = \prod_{i=1}^{n} \left[1 - \prod_{j=1}^{m} \left(1 - \frac{\mathrm{MTBM}_{ij}}{\mathrm{MTBM}_{ij} + \mathrm{MMT}_{ij}} \right) \right] \tag{1.14}$$

3. 多目标优化

单目标优化方法往往不能找到操作者对优化目标偏好的最优解。例如，对于一个多部件系统，由于组件是异构的和多样的，维修和退化过程不同，所以当使维修成本最低时，可能会导致某个部件的可靠性较低。在这种情况下，采用多目标优化方法可以在不同优化目标之间实现良好的平衡。一般的多目标优化问题是寻找最优决策变量，使一组目标最小化或最大化。多目标优化问题的一般表示为

$$\min f(\boldsymbol{x}) = \{ f_1(\boldsymbol{x}), f_2(\boldsymbol{x}), \cdots, f_k(\boldsymbol{x}) \}$$
$$\mathrm{s.t.} \quad \boldsymbol{x} \in \chi \tag{1.15}$$

式中，$\boldsymbol{x}$ 为决策变量向量；χ 为 $\boldsymbol{x}$ 的可行空间；k 为目标总数；$f_i(\boldsymbol{x})$ 为第 i 个目标函数。多目标优化问题也常表示为求加权和的形式：$f(\boldsymbol{x}) = \sum_{i=1}^{k} w_i f_i(\boldsymbol{x})$，其中 w_i 是目标 i 的权重，且 $\sum_{i=1}^{k} w_i = 1$，$w_i \geqslant 0$，$i = 1, \cdots, k$。

由于不同目标之间可能存在冲突，通常不能同时获得所有目标的最优值。因此，可通过多目标优化方法来寻找一个解决方案，以在各目标之间实现良好的平衡。

1.1.3　车辆维修现状

随着我国城市轨道交通的快速发展，车辆及相关设备的数量快速增加，对于以北京市、上海市为代表的已实现轨道交通网络化发展的城市来说，设备的维保压力与日俱增。按运营里程和使用年限可以将地铁维保分为日常维保和架大修两大类。日常维保指通过进行基本的日常维护和保养，来保证车辆运行的安全性和可靠性；架大修指对达到 5 年、10 年、10 年以上的车辆进行全面维修，使车辆恢复全新的状态。随着我国越来越多的城市实现轨道交通网络化，为了保证车辆和设备运行的可靠性与安全性，车辆及设备维保业务成为轨道交通行业的重点工作。现有的维保模式主要是根据各系统的维修手册及技术文件制定检修规程，开展预防性维修和故障维修，但没有对系统的关键性进行区分，也没有通过故障模式和影响分析来明确设备采用的维修方式的合理性。

为了解决传统维修存在的问题，引入以可靠性为中心的维修（RCM）理念。RCM 通过分析设备的可靠性，以故障模式和影响分析为基础，以保障维修的适应性、合理性、有效性和经济性为基本准则，确定是否开展预防性维修工作，并确定维修内容、维修类型、维修级别和维修间隔[8]。RCM 打破了传统的维修观念，认为不是维修间隔越短越好、维修内容越多越好，而是在保证装备或产品安全的基础上，以可靠性为中心，使维修简单且有效。RCM 以故障统计为基础，由故障模式分析提供决策支持，合理确定地铁车辆的维修需求，优化目前使用的地铁车辆维保方式[9]，其特点是从故障后果的严重程度出发，尽可能避免故障或减少故障损失，改变了过去根据设备故障的技术特性对故障本身进行预防的传统观念。潘莹等以上海市 15 号线全自动驾驶项目的受电弓系统为例，详细介绍了 RCM 分析方法，对受电弓系统中不同设备的特性、运行方式、重要程度、故障特点等进行综合考虑，通过 FMECA 分析实现了对不同设备维修周期的优化[10]；潘丽莎等通过介绍可靠性分析相关理论，以广州市地铁一号线车辆为对象进行故障统计分析，将车门系统、信号接口系统和牵引/电制动系统作为车辆关键系统，确定关键系统的故障分布模型，计算得到关键系统的可靠性指标函数，为城市轨道交通车辆的可靠性评价与维修提供决策参考[11]。

　　RCM 虽然可以得到科学合理的设备维修周期，但车辆系统众多且系统中的设备种类不同，各部件具有不同的使用寿命和维修周期，这种维修制度同样会导致一些部件得不到及时维修、一些部件又进行了不必要的维修。目前采用的维修制度及修程存在对检修能力的利用率低等情况，会影响车辆运行的可靠性和运能的充分发挥，且维修成本高[12]。因此，有学者针对不同设备改进了维修策略。程祖国等通过简要分析目前城市轨道交通所采用的车辆维修制度及修程的不足，引出均衡修概念，依据可靠性理论，结合零部件的故障间隔特点，对车辆的周检、月检和扣车定修规程进行整合、分解。分解后的维修作业量符合窗口时间[13]。通过采用均衡修制度，可以提高车辆运行的可靠性和投运率，避免故障频发、保证其有良好的上线状态。陈城辉等通过简要分析目前城市轨道交通所采用的车辆维修制度及修程存在的不足，结合南京市地铁所确立的全效修模式特点及实施初期存在的问题，考虑南京市地铁的车辆维修实际情况，提出基于可靠性的全效修模式优化技术路线，即使年维护总量不变，将原计划中的作业内容（如双周检、三月检、定修等）按月均分，充分利用车辆运营高峰回库的窗口时间完成维修作业[14]。在保障关键敏感设备安全可靠的基础上，实现维修规程优化重组、维修流程再造，以及维修资源配置优化，以进一步提高维修效率和经济效益。程祖国等又以维修对象、维修深度、维修指导理论、维修技术、维修作业地点、维修策略有效期、维修间隔、维修评价度量、维修作业触发、维修作业时长等为研究对象，提出了基于全服役期的系统修策略[15]。其以可靠性理论为指导，根据对优化结果的分析，动态组合修程的"可变包"；在"需要"时进行维修，避免了固定周期维修的周期"一刀切"带来的欠修及过修问题；充分利用运营窗口时间进行维修，保留巡检，取消定修修程，通过对每年对应月的作业内容进行动态调整来实现对车辆故障特性变化的敏捷响应，由于其覆盖全服役期，能规划微单元的维修工作，所以有望降低全生命周期成本。

　　综上所述，随着轨道交通行业的大力发展和轨道交通车辆维修经验的不断积累，以及对轨道交通运营要求的不断提高与各项状态监测及故障诊断技术的不断发展，检修模式正由计划维修向预测性维修过渡，并以均衡修和系统修为辅。可见均衡修、全效修及系统修等策略仍以预防性维修为核心，强调利用车辆运营窗口时间进行维修。其中，均衡修、全效修仍保留架大修修

程；而在系统修中，架大修被分化。目前得到较多应用的维修策略以较为简单的 RCM 模型为依据，以优化得到的设备维修周期为基础，实现组合优化。随着越来越多的新技术的引进和数据的积累，更完善的维修策略优化模型应运而生，有助于实现多目标优化。从车辆全生命周期维修的角度来看，结合状态和可靠性预测进行维修的系统修策略是全新的维修策略。

在轨道交通车辆维修优化问题研究方面，一些学者为说明和预测设备磨耗机理，对设备磨耗预测模型和理论进行了研究；一些学者从对设备状态的评估出发，通过采用有效的维修策略来使轮对处于健康状态。在轨道轮对磨耗研究方面，文献[16]至文献[18]基于数据分析磨耗趋势，建立相应的磨耗模型，以预测轮对磨耗。文献[19]至文献[21]基于对轮对的磨损预测，研究轮对的镟修策略优化。利用历史数据建立磨耗模型的方法只挖掘数据间的关系，没有考虑轮对的劣化机理。文献[22]和文献[23]基于车辆动力学模型、轮轨滚动接触模型和磨损模型等，对轮对磨耗进行仿真分析，对轮对维修提供支持。文献[24]通过分析轮对可靠性变化提出了轮对维护策略，考虑维修在缩短系统寿命和提高退化程度方面的双重影响，建立了维修模型，以动态确定最佳检测时间。Umamaheswari 等[25]提出了考虑轮对老化和退化的维修模型，得出了最优检查时间。文献[26]采用经典和贝叶斯半参数退化方法研究可靠性，优化了维修间隔。在分析可靠性时，一般将轮对考虑成一个系统，很少关注轮对的镟修策略。一些学者聚焦于研究轮对健康状态评价方法，通过预测轮对状态来进行维修。文献[27]和文献[28]提出了车辆轮对的健康状态评价方法，构建了健康状态评价模型。健康状态评价虽然能够较全面地表明轮对状态，但容易受经验的影响。目前对轮对的研究多将其作为整体或只考虑轮缘故障，很少综合考虑多部位故障。

由大量对故障机理的研究可知，设备性能退化本质上是由外界冲击造成的，以外界条件为前提，外界条件的不断作用使得部件的结构发生变化或性能不断下降，从而导致故障发生。Kijima 等[29]提出了经典的冲击模型，通过外界冲击来刻画部件的性能变化，这种冲击模型具有较好的物理意义，每次冲击都会对部件的结构或性能造成一定的损伤，这样的累积冲击最终导致故障发生。迄今为止，在基于累积冲击理论进行设备可靠性研究及维修策略优化方面，考虑外界冲击对车辆轮对影响的研究较少，文献[30]研究了考虑外部冲击的半马尔可夫决策过程动态优化镟修过程；Liang[31]等针对高速列车轮对研究了内部退化和外界冲击的竞争失效问题，在发生故障就更换设备的情况下，优化了轮对检修周期。轮对在运行过程出现的磨耗多由轨道冲击导致，利用冲击理论优化轮对维修策略，具有一定的物理意义和现实意义。

Pascual 等[32]对车轮轮缘维修的历史数据进行了分析，构建了以使车轮维修总费用最小为目标的维修模型，得出了车轮镟修决策点。Zio 等[33]假设车轮寿命服从指数分布、伽马分布和威布尔分布，并考虑不同修程下各种维修策略对其可靠性的影响，在给定可利用前提条件的基础上对各种维修策略的优缺点进行了比较。Lin 等[34]针对轨道车辆设备定期维修方式下存在的过度维修的问题，提出一种基于可靠性的机会维修方法，该方法考虑了基于威布尔分布的可靠性退化过程，构建了以使设备在运行周期内的总停电时间最短为目标的优化模型，使用迭代法对维修策略进行了优化。

皇甫小燕[35]从轨道交通车辆全生命周期成本的角度，提出了车辆维修策略建议，强调要使车辆可用性提高、车辆维修更经济，就必须向状态修过渡。孙楠楠[36]提出了一种机会维护方法，通过对车辆接触网中多个部件的预防性维修活动进行协调，降低固定维修费用和停机损失，从而降低整个系统的维修频率。何勇[37]基于模拟得到的动车组系统寿命分布函数，建立了多部件系统的分阶段成组维护模型，并与间接成组维护模型优化结果进行了比较。戈春珍[38]在地铁车辆中选出了 4 个关键系统，将机会维护与成组维护结合，建立了以可靠度阈值为变量的机会成组预防性维修模型。杨国军等[39]基于故障链理论分析了动车组各部件间的故障传递过程，基于动态成组方法对部件维护活动进行合并，建立了考虑运量需求的动车组复杂系统动态成组模型。

1.1.4　剩余寿命预测发展现状

随着先进传感技术、物联网与信息物理系统等的飞速发展，在工业大数据时代，如何利用海量数据评估与预测关键设备的健康状态，进而提高车辆运营维护效率、降低成本和保障运营安全成为轨道交通行业的前沿和热点问题。维修技术大致经历了事后维修、定期维修和视情维修 3 个阶段[40]。传统

的事后维修和定期检修是基于当前健康状态的故障检测与诊断，而故障预测与健康管理（PHM）是对未来健康状态的预测，变被动式的维修活动为主动式的保障活动，可显著提高设备的可靠性和可用性[41]。

PHM 出现于 20 世纪 70 年代，其利用传感器采集设备数据，结合其他有效信息，借助合适的算法模型对目标对象进行故障预测，同时提供维修保障决策及实施计划，是保障设备运行的安全性、可靠性与经济性的重要手段。PHM 主要包括剩余寿命预测及维修策略优化两个方面的内容，其中剩余寿命（Remaining Useful Life，RUL）预测是基础和核心。根据状态监测设备获得的退化数据进行剩余寿命预测是实现设备健康管理的前提和基础。实现轨道设备状态修的关键是要基于可靠性理论和在线监测数据对车辆关键零部件进行剩余寿命预测，同时确定合理的维修时机，以提高车辆的运用效率、降低车辆维修成本。RUL 是设备的预期使用寿命或设备在进行修理或更换前的剩余使用时间。剩余寿命预测指根据设备当前健康状态、负载及退化趋势等估计设备在可接受的使用状态下的寿命[42]，是实现视情维修和 PHM 的关键技术。近年来，有大量关于剩余寿命预测方法的研究，目前的剩余寿命预测方法主要包括基于失效机理的剩余寿命预测方法、基于数据驱动的剩余寿命预测方法和融合型剩余寿命预测方法。

1. 基于失效机理的剩余寿命预测方法

基于失效机理的剩余寿命预测方法主要通过构建描述设备失效机理的数学模型，结合设备状态监测数据和缺陷增长方程，来描述系统的机理和衰退模式，如裂纹扩展、磨损腐蚀、断裂等，建立机理和对应模式之间的关系，进而实现设备的剩余寿命预测。使用基于失效机理的剩余寿命预测方法的前提是建立包含负载条件、失效机制等的设备全生命周期物理模型[43]。其中，失效物理（Physics of Failure，PoF）模型[44]比较典型。张小丽[45]结合应力应变、损伤力学等力学机理对剩余寿命预测研究进行了总结。Kacprzynski[46]等利用高级故障物理模型及相关诊断信息，对直升机变速箱齿轮的疲劳情况进行了预测。

2. 基于数据驱动的剩余寿命预测方法

基于数据驱动的剩余寿命预测方法不需要考虑系统的运行机制及失效机理，其利用设计、仿真、运行、维护等阶段的能及时反映设备性能变化情况的监测数据，构建设备退化模型，建立剩余寿命预测模型，进而实现设备剩余寿命预测，此外，还可以提供维修决策信息。基于数据驱动的剩余寿命预测方法可以分为基于统计数据驱动的剩余寿命预测方法和基于机器学习的剩余寿命预测方法[47]。

1）基于统计数据驱动的剩余寿命预测方法

先确定设备性能参数的退化轨迹所满足的回归方程或随机过程，再通过构建表征退化过程的数学模型来推导设备剩余寿命的概率密度函数，进而获得设备剩余寿命预测结果。胡昌华等[48]将基于统计数据驱动的剩余寿命预测方法分为基于失效数据的剩余寿命预测方法、基于退化数据的剩余寿命预测方法和多源数据融合的剩余寿命预测方法，目前很少使用基于失效数据的剩余寿命预测方法。此外，随着状态监测技术的快速发展，获取表征设备健康状态的特征值越来越容易，因此基于退化数据的剩余寿命预测方法得到了快速发展。该方法主要分为基于随机系数回归模型的剩余寿命预测方法、基于隐马尔可夫模型的剩余寿命预测方法、基于随机滤波的剩余寿命预测方法和基于随机过程的剩余寿命预测方法。

（1）基于随机系数回归模型的剩余寿命预测方法。

该方法利用退化量预测部件的退化轨迹，并推导寿命分布。在建模过程中，一般假设同一批次或同一类型的产品有相同的退化特性。但由于个体之间存在制造差异，且使用工况不完全相同，所以个体的具体退化过程存在较强的分散性。而随机系数回归模型基于系数的随机效应描述不同个体的退化差异。因此，随机系数回归模型不仅能反映设备总体退化规律，还能反映设备个体在使用过程中受到的自身因素与外部因素的影响。

Lu 等[49]将模型参数定义为随机系数，用于描述设备的退化过程，进而提出了一种通用的基于随机系数回归模型的剩余寿命预测方法。Gebraeel 等[50]提出了可实现对数线性化的指数形式的随机系数回归模型，结合同类设备的

历史退化数据，引入贝叶斯方法对设备的剩余寿命分布情况进行更新。

（2）基于隐马尔可夫模型的剩余寿命预测方法。

隐马尔可夫模型在马尔可夫链的基础上发展而来，基于隐马尔可夫模型的剩余寿命预测方法适用于具有离散退化状态的设备，且其未来的退化状态只与当前的退化状态有关，与过去的退化过程无关。隐马尔可夫模型（Hidden Markov Model，HMM）在难以直接观测设备退化状态的场景中得到了广泛应用。

Liu 等[51]将基于 HMM 的方法和最小二乘支持向量机方法融合，实现了对轴承的剩余寿命预测。Soualhi 等[52]使用人工蚁群聚类方法对 HMM 的退化状态进行了分类，并利用自适应模糊神经推理方法对轴承的剩余寿命进行了预测。

（3）基于随机滤波的剩余寿命预测方法。

基于随机滤波的剩余寿命预测方法的基本原理是将设备的寿命视为不可观测的隐含状态，利用实时监测数据对其进行在线更新。这是一种在寿命分布和退化轨迹不确定的情况下，间接地对实时监测数据与隐含状态的关系进行建模的方法，其寿命预测结果完全取决于所获取的监测数据。

（4）基于随机过程的剩余寿命预测方法。

随机过程模型将设备的退化过程看作随机过程。在设备的使用过程中，其内部特性及环境因素会导致退化过程具有不确定性，随机过程模型能够很好地反映这样的不确定性，因此得到了广泛应用。基于随机过程的剩余寿命预测方法包括基于逆高斯过程的方法、基于 Gamma 过程的方法和基于 Wiener 过程（维纳过程）的方法，其中基于维纳过程的方法的应用较为广泛。

① 逆高斯过程是一种具有独立增量特性的随机过程，逆高斯过程的独立增量特性使得其可以建立未来状态与当前状态之间的关系，能够直接对未来的退化过程进行预测。

Wang 等[53]首次将逆高斯过程应用于退化过程建模。李烁[54]在研究设备加速退化过程的试验中，提出了一种考虑测量误差的逆高斯过程模型，并给出了寿命评估方法。

② Gamma 过程是一种具有独立增量特性的随机过程且其增量皆为正值，适用于严格单调的退化过程。该过程的主要优点是计算简单、物理意义

明确，但 Gamma 过程模型要求退化过程是严格单调的，并要求退化增量和退化过程中包含的噪声成分符合 Gamma 分布。

Abdel-Hameed[55]基于随机过程对磨耗退化过程进行了建模，对该退化过程进行了数学推导，并将其命名为"Gamma 磨损过程"。尚洁[56]基于 Gamma 过程构建了复杂应力下的设备退化模型，并使用铣刀的退化数据对所提模型进行了验证。

③ 维纳过程是具有高斯分布增量的随机过程，便于进行参数估计和求剩余寿命分布的解析解，同时适用于非严格单调的退化过程。可以通过建立随机过程模型来描述退化轨迹，在概率论框架下讨论设备的剩余寿命问题，获得剩余寿命的概率密度分布，能够很好地描述预测结果的不确定性，并为后续的维修提供参考[57]。

Hu 等[58]基于维纳过程建立了具有温度特征的设备性能退化模型，得到了较好的轴承剩余寿命预测结果。文献[59]基于维纳过程，建立了风力发电机轴承的剩余寿命预测模型，实现了轴承的实时剩余寿命预测。

2）基于机器学习的剩余寿命预测方法

基于机器学习的剩余寿命预测方法包括浅层和深层两类，浅层方法主要包括基于相关向量机的剩余寿命预测方法和基于递归神经网络的剩余寿命预测方法等。

（1）基于相关向量机的剩余寿命预测方法。

相关向量机（Relevance Vector Machine，RVM）是建立在支持向量机（Support Vector Machine，SVM）基础上的一种分类与回归方法，它与 SVM 有类似的函数形式，通过引入核函数和利用升维的方式解决非线性分类问题。

Di 等[60]结合数据驱动方法和模型驱动方法的优势，采用将 RVM 与指数回归结合的方法估计轴承剩余寿命，并通过实验验证了该方法的优越性；冯鹏飞等[61]利用 RVM 预测不同时刻的特征指标，计算可靠度并预测轴承失效时间，通过实验验证了该方法的合理性。

（2）基于递归神经网络的剩余寿命预测方法。

基于递归神经网络（Recursive Neural Network，RNN）的剩余寿命预测方法的基本思路是将监测数据作为 RNN 的输入，利用基于时间的反向传播

（Back-Propagation Through Time，BPTT）算法对模型参数进行训练，进而实现设备的剩余寿命预测。

针对环境与负载具有时变性的问题，Liu 等[62]采用自适应 RNN 对锂电池的剩余寿命进行预测。Chen 等[63]解决了传统 RNN 的时间步长必须一致的问题，获得了设备接近失效时的预测结果。

3. 融合型剩余寿命预测方法

根据被预测对象的特性，选择合适的预测方法是保证预测精度的有效办法，由于每种预测方法都有其优势和劣势，所以为避免出现问题，可根据预测方法的特性和适用范围，将两种及以上预测方法结合，构造融合型剩余寿命预测方法，进而实现高精度的剩余寿命预测。

Saha[64]等将相关向量机和粒子滤波方法分别作为离线和在线预测方法，实现了对锂离子电池的剩余寿命预测。Huang[65]等提出了融合自组织映射和 BP 神经网络的预测方法，可用于预测滚动轴承的剩余寿命，获得了较好的预测结果。

综上所述，基于失效机理的剩余寿命预测方法的优点在于更多地依赖设备的失效机理，而不需要大量历史监测数据。然而，随着设备的复杂度逐渐提高，很难建立一个精确的物理模型来反映设备的真实工况。随着对设备运行状态的监测手段不断完善，且设备运行过程中的状态监测数据不断丰富，基于数据驱动的剩余寿命预测方法逐渐成为设备剩余寿命预测的研究热点。

1.1.5 备品备件需求预测概述

1. 地铁备品备件需求预测现状

地铁备品备件是地铁运营过程中用于及时更换系统中设备或配件的备用品，涉及建筑建材、电工电子、网络通信、工程机械、电力能源等方面的数万种物资。地铁企业的备品备件管理是地铁运营管理中最重要的环节之一，难点和关键点是对地铁备品备件需求进行科学预测，以确定科学的订货、库存策略，在满足地铁系统正常运营的前提下，实现备品备件管理成本最小化和经济效益最大化。

地铁备品备件通常有 4 个显著特征。第一，间歇性需求模式很常见，其特征是备品备件消耗记录为一系列 0 需求观测值，中间偶尔出现非 0 需求。因此，通常很难预测备品备件需求量。第二，备品备件的数量和种类往往非常多，且不同设备的重要程度不同，而对于同一个设备来说，不同部件的重要程度也不同。在这种情况下，很难逐一为各备品备件确定适当的库存控制策略，因此对库存管理提出了巨大挑战。第三，为了减小备品备件报废的风险，库存管理单位越来越注重尽量减少库存，每个库存单位（SKU）只保留少量的库存，甚至实现"0 库存"。在这种情况下，如果备品备件库存量过大，可能导致有额外的库存成本；如果库存量过小，可能导致有较大的设备停机成本。第四，备品备件的消耗量与设备维修模式密切相关。当设备的相应部件故障、损坏或磨损时，需要及时更换，而何时被发现需要更换由设备的维修模式决定。因此，维修模式与备品备件的消耗量密切相关。

然而，由于对库存管理缺乏足够的重视，很多地铁企业的备品备件消耗记录不全，导致备品备件需求预测面临着较大的困难，因此如何利用有限的历史数据和相关信息（如状态监测数据等）对备品备件消耗情况进行准确预测是一个亟待解决的问题。同时，地铁企业的库存管理策略往往是单一的，因此保障需求预测的准确性是提升地铁企业库存管理水平的关键。

根据上述特点，备品备件库存管理主要有 3 个部分：备品备件分类、需求预测和库存优化。备品备件分类指根据备品备件的重要性、库存成本、历史需求特征等信息将其分为不同的类别，以便进行预测和管理；需求预测指根据备件的历史需求量、寿命分布等信息对消耗量进行预测；库存优化指根据需求预测值、备品备件重要性等信息，以优化技术、平衡资本投资和提高服务水平为约束，尽量以低投资获得高可用备品备件。

2. 备品备件需求预测方法

备品备件需求预测方法可分为时间序列预测方法、基于安装信息的预测方法和判断性预测方法，如图 1.5 所示。

时间序列预测方法根据备品备件消耗的历史数据预测需求量，适用于历史数据充足的情况；基于安装信息的预测方法根据工作环境、失效率等已知

信息来估计备品备件未来的失效率，适用于部件状态随时间变化的情况；判断性预测方法依赖预测者的经验，适用于缺乏历史数据的情况。

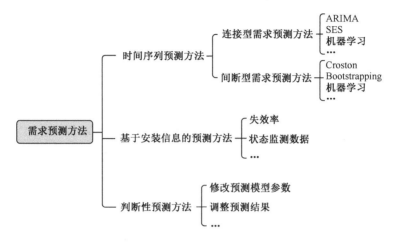

图 1.5　备品备件需求预测方法

时间序列预测方法适用于历史数据充足的情况，大多为连续型需求预测方法。传统的时间序列预测方法主要针对特定的时间序列预测模型，按照一定的方法确定模型参数，然后进行预测，如简单指数平滑法、Holt-Winter 法、自回归移动平均模型（ARIMA）等。近年来，越来越多的研究聚焦于基于机器学习的时间序列预测技术，如 Prophet 模型将时间序列分解并利用机器学习拟合参数，以自动完成大规模预测[66]；长短时记忆（LSTM）网络解决了 RNN 的长程依赖问题[67]，进一步提高了深度学习在时间序列预测中的效果，此后不同的学者对 LSTM 进行了一系列研究。然而，这些方法不适用于间断型需求预测。一般认为标准的间断型需求预测方法是 Croston 法[68-69]。该方法将间断型时间序列分解为非 0 需求量出现时间间隔和非 0 需求量两部分，用指数平滑法分别对其进行预测然后相除，具体如下。

当 $z_t = 0$ 时，有

$$\begin{cases} p'_t = p'_{t-1} \\ z'_t = z'_{t-1} \end{cases} \tag{1.16}$$

当 $z_t \neq 0$ 时，有

$$\begin{cases} p_t' = \alpha p_t + (1-\alpha) p_{t-1}' \\ z_t' = \alpha z_t + (1-\alpha) z_{t-1}' \end{cases} \qquad (1.17)$$

$$Y_t' = \frac{z_t'}{p_t'} \qquad (1.18)$$

式中，z_t 为第 t 期的实际需求量；p_t 为第 t 期与上次出现非 0 需求量的时间间隔；z_t' 为第 t 期的预测需求量；p_t' 为下次出现非 0 需求量与上次出现非 0 需求量的时间间隔的预测值。

Syntetos 等[70]证明了 Croston 法是有偏的，并提出了该方法的无偏估计，称为 SBA（Syntetos-Boylan Approximation）法。此后，又有一些学者对 Croston 法进行了改进[71-72]。Boostrapping 技术也经常被用于预测间断型需求[73-75]。此外，一些学者还采用其他技术对间断型需求进行预测，如支持向量机[76]、神经网络[77]、时间聚合[78-79]等。但这些研究目前相对较少且不够成熟，预测效果尚未得到实际验证。

安装信息指为一整套系统或产品提供的售后服务，包括部件的数量、安装位置、工作环境、实时状态、失效率等信息[80]。在地铁企业的需求预测中，当缺乏历史数据时，深入挖掘、利用这些信息能够有效提高预测的准确度。

一般来说，在任何预测场景中都会包含一些判断性成分[81]，如预测者根据实际情况对预测结果进行小幅调整。很多企业缺乏需求预测方面的技术支持，往往采用判断性预测方法确定采购策略。虽然在实际应用中经常进行判断性预测，但其在供应链管理领域仍然研究不足[82-83]。

3. 备件分类方法

当备件种类较多时，对备件进行分类有助于对备件进行精细化、自动化管理。地铁企业往往有成千上万种备件，为这些备件逐一给出库存策略显然是不符合实际的。按照一定的特征将备件分类，可以较为方便、快速地确定库存策略。按照分类目的，可以将备件分类方法分为两类。第一类以库存管理为依据，从库存的角度对备件进行分类；第二类以需求预测为依据，为不同类别的备件匹配不同的预测方法，目的是自动得到更准确的需求预测结果。

1) 基于库存管理的备件分类方法

ABC 分类法是主要的基于库存管理的备件分类方法，ABC 分类法又称帕累托分析法，由意大利经济学家帕累托提出，是根据物资的价值对其进行排列的分类方法。排列后的物资分为 A、B、C 三类，A 类物资属于所占金额比例较大但所占数量比例较小的物资，B 类物资属于所占金额和数量比例居中的物资，C 类物资属于所占金额比例较小但所占数量比例较大的物资。

ABC 分类法与帕累托图（Pareto）的思想类似。帕累托图最早被用于解释经济学中的少数人掌握着大部分财富的现象。根据帕累托的"二八原理"，20%左右的物资占据了 80%左右的系统资源，对整个系统起着重要作用。美国的 GE 公司将此概念应用于库存管理，创立了 ABC 分类法，将存货单元占 0%～20%、成本占总成本 80%的物资划为 A 类库存；将存货单元占 20%～50%、成本占总成本 15%的物资划为 B 类库存；将存货单元占 50%～100%、成本占总成本 5%的物资划为 C 类库存。

字母 A、B、C 代表不同的分类且其重要性递减，选用这 3 个字母并没有特别的意义，将物资分为三级也不是绝对的。应对 A 类物资进行重点管理，对 B 类和 C 类物资进行一般管理。ABC 分类法的原理简单，可操作性强，但却有一定的局限性，地铁企业直接使用 ABC 分类法是不符合实际的，该方法仅从备件占用资金的角度（反映经济特性）出发来区分备件的重要性，没有考虑备件缺失的影响、提前期、采购环境等，存在局限性和单一性。ABC 分类法在物资规模较小、品种单一的场景中确实能起到很好的作用，但在物资规模较大、品种较多的情况下，ABC 分类法有明显的不足。一些关键性很强的可以影响地铁正常运行但采购金额占比很小的备件，以及数量很多、总价值很大但属于通用型辅助材料的备件，如果用 ABC 分类法进行管理，可能会产生不良后果。尽管如此，作为备件分类的经典方法，ABC 分类法的思想仍然值得地铁企业借鉴。

四象限分类法对 ABC 分类法进行了扩展。利用两个坐标轴（x 轴为成本/价值，y 轴为综合风险，即需求的不确定性）将物资划分为 4 个部分，分别为关键型物资、战略型物资、一般型物资和杠杆型物资，如图 1.6 所示。

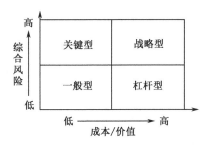

图 1.6　四象限分类法

（1）关键型物资指综合风险高且企业每年的需求量不大，但不可或缺的产品。关键型物资的供应商很少，产品大多是非标准化的，因此采购风险很高。而企业每年的采购额较小，企业每年采购的关键型物资不多。

（2）战略型物资指需求不确定性高、综合风险高、价值或成本很高的物资。这种物资一般是非标准化的，供应商很少，较难找到替代产品或供应商，因此综合风险很高，而每年的采购量和金额很大。

（3）一般型物资指综合风险低、企业每年的采购量很小的产品。其供应商很多，且产品都已标准化，企业每年的购买额在供应商销售额中所占的比例很低。

（4）杠杆型物资指综合风险低，但企业每年的采购量很大的产品。杠杆型物资通常有很多供应商，产品也已标准化，企业每年的采购量和采购额很大，这种大额采购增大了企业对供应商的吸引力。

与 ABC 分类法相比，四象限分类法抓住了综合风险与成本/价值的关系，不仅使现有的物流管理和控制有延续性，还考虑了物资的市场风险和成本/价值的相互作用，可以明显看出各种物资是如何影响企业的竞争力和盈利能力的。但是，与 ABC 分类法只关注价值和成本相比，该方法也只是简单地增加了一个限制条件，即综合风险，而该限制条件不能很好地表现地铁行业必须关注的备件采购难易度、提前期、采购频率、备件重要性等因素的影响。

2) 基于需求预测的备件分类方法

从需求预测的角度来看，ABC 分类法和需求预测没有直接的关系。由于地铁备件具有一般库存物资不具有的特点，所以无法直接利用 ABC 分类法对地铁备件进行预测，可以采用基于需求预测的备件分类方法。

基于需求预测的备件分类方法以获得准确的需求量预测结果为目标对备件进行分类。在一定的模型框架内，已经有了一些分类方法。例如，在 ARIMA 模型框架中根据 AIC 准则[84]选取预测模型，有学者提出了一种基于"代表性"的方法，利用来自每个模型的预测结果与过去的样本数据之间的相似性来选择预测模型[85]。但这些分类方法考虑的预测模型比较单一，且只适用于连续型需求预测，而地铁企业的备件需求大部分是间断型的。对于间断型需求预测方法，由于缺乏足够的模型库，根据预测方法的适用性对备件进行分类具有较高的挑战性[86]。在间断型需求预测领域，学术界较为认可的是 SBC 分类方法[69]，主要包括 Croston 法、TSB 法等。

1.2 本书的主要内容

本书的主要内容如下。

第 1 章为绪论，主要介绍轨道交通维修策略优化和预测现状。

第 2 章介绍离散时间马尔可夫过程和通用生成函数法，并提出了新的可靠性分析方法，即马尔可夫过程—通用生成函数法，以动车组车门系统为研究对象，建立系统维修周期优化模型，进行车门系统维修策略优化。

第 3 章基于 Phase-type（PH）分布研究系统的可靠性问题。介绍 PH 分布的基本概念，基于 PH 分布进行两部件串并联系统的可靠性分析。针对轨道车辆，分别对牵引系统、制动系统和车门系统进行可靠性分析。

第 4 章基于冲击理论对轮对系统的维修策略进行优化。基于故障机理分析，引出并介绍冲击理论。分析车辆轮对的维修策略，构建组合维修概率模型，并基于实际轮对测量数据进行分析。

第 5 章对综合考虑役龄回退因子及故障率递增因子的混合故障率函数进行分析，建立可靠性模型，基于混合故障率进行定期维修策略优化，并对地铁供电系统的高压断路器的维修策略进行优化。

第 6 章介绍两阶段剩余寿命预测方法，基于维纳过程进行两阶段退化建模，提出一种考虑测量误差的两阶段剩余寿命预测模型。

第 7 章介绍基于维纳过程的考虑参数依赖的剩余寿命预测方法，研究运行条件对退化速率的影响。

第 8 章介绍基于机器学习的剩余寿命预测方法，主要介绍基于故障诊断的剩余寿命预测方法和基于长短时记忆（LSTM）网络的剩余寿命预测方法。

第 9 章对备件的维修类型信息进行研究，通过研究部件更换时所属的维修类型来对各种维修模式下的备件消耗规律进行计算，并据此进行需求预测。

第 10 章对备件的位置信息进行研究，引入更新过程理论，通过研究备件失效时的位置来估计其寿命分布，并据此进行预测。

参考文献

[1]　侯秀芳，冯晨，左超，等. 2022 年中国内地城市轨道交通线路概况[J]. 都市快轨交通, 2023, 36(1):9-13.

[2]　刁心宏，李明华. 城市轨道交通概论[M]. 北京：中国铁道出版社, 2009.

[3]　郑刚. 华盛顿地铁追尾事故的分析与启示[J]. 现代城市轨道交通, 2009(5):77-79.

[4]　陈卓. 城市轨道交通设备维修策略研究[D]. 南京：东南大学, 2020.

[5]　GFMAM. The Maintenance Framework [M]. American: GF- MAM, 2016.

[6]　Ran Yongyi, Zhou Xin, Lin Pengfeng, et al. A Survey of Predictive Maintenance: Systems, Purposes and Approaches[J]. IEEE Communications Surveys & Tutorials, 2019.

[7]　李葆文. 设备管理新思维新模式[M]. 北京：机械工业出版社, 2010.

[8]　王小峰. 基于 RCM 的铁路牵引供电设备维修模式的研究[D]. 成都：西南交通大学, 2008.

[9]　于娜. 基于 RCM 的空调设备维修管理系统研究[D]. 南昌：南昌大学,

2014.

[10] 潘莹. 基于 RCM 的地铁车辆维保技术研究[J]. 上海节能, 2022(10): 1309-1314.

[11] 潘丽莎, 龚玲, 冒玲丽. 城市轨道交通车辆关键系统可靠性研究[J]. 城市轨道交通, 2012(7):80-83.

[12] 龚玲, 胡文伟. 地铁车辆信息网络数据库在车辆维修管理中的应用[J]. 电力机车技术, 2002(2):28-29.

[13] 程祖国, 王居宽, 陈鞍龙, 等. 城市轨道交通车辆部件故障与均衡修修程周期[J]. 城市轨道交通研究, 2006(1):46-49.

[14] 陈城辉, 徐永能, 王海峻, 等. 基于可靠性的南京地铁车辆维修模式的应用[J]. 城市轨道交通研究, 2010, 13(11):84-87.

[15] 程祖国, 朱士友, 苏钊颐, 等. 地铁列车系统修维修策略[J]. 城市轨道交通研究, 2018, 21(9):8-11.

[16] Chang M G, Lee J S. Early Stage Data-Based Probabilistic Wear Life Prediction and Maintenance Interval Optimization of Driving Wheels[J]. Reliability Engineering & System Safety, 2020, 197:106791.

[17] Palese Joseph W, Zarembski Allan M, Ebersole Kyle. Stochastic Analysis of Transit Wheel Wear and Optimized Forecasting of Wheel Maintenance Requirements[C]. Proceedings of the 2019 Joint Rail Conference, 2019:1-9.

[18] Wang Ling, Xu Hong, Yuan Hua, et al. Optimizing the Re-Profiling Strategy of Metro Wheels Based on a Data-Driven Wear Model[J]. European Journal of Operational Research, 2015, 242(3):975-986.

[19] Zeng Yuanchen, Song Dali, Zhang Weihua, et al. A New Physics-Based Data-Driven Guideline for Wear Modelling and Prediction of Train Wheels Science Direct[J]. Wear, 2020:456-457.

[20] Zhu Wei, Yang Di, Guo Zhongkai, et al. Data-Driven Wheel Wear Modeling and Reprofiling Strategy Optimization for Metro Systems[C]. Transportation Research Record: Journal of the Transportation Research Board, No. 2476, Transportation Research Board, Washington, D.C., 2015: 67-76.

[21] 王凌, 员华, 那文波, 等. 基于磨耗数据驱动模型的轮对镟修策略优化和剩余寿命预报[J]. 系统工程理论与实践, 2011, 31(6):10.

[22] Ignesti M, Innocenti A, Marini L, et al. Development of a Wear Model for the Wheel Profile Optimisation on Railway Vehicles[J]. Vehicle System Dynamics, 2013, 51(9):1363-1402.

[23] Kou Jie, Zhang Jinmin, Zhou Hechao, et al. Effect of the Worn Status of Wheel/Rail Profiles on Wheel Wear over Curved Tracks[J]. Journal of Mechanical Science and Technology, 2021, 35(3):945-954.

[24] Liu Bin, Lin Jing, Zhang Liangwei, et al. A Dynamic Prescriptive Maintenance Model Considering System Aging and Degradation[J]. IEEE Access, 2019,7:94931-94943.

[25] Umamaheswari R, Chitra S, Kavitha D. Reliability Analysis and Dynamic Maintenance Model Based on Fuzzy Degradation Approach[J]. Soft Computing, 2021, 25(5):3577-3592.

[26] Lin Jing, Pulido Julio, Asplund Matthisa. Reliability Analysis for Preventive Maintenance Based on Classical and Bayesian Semi-Parametric Degradation Approaches using Locomotive Wheel-Sets as a Case Study[J]. Reliability Engineering & System Safety, 2015, 134:143-156.

[27] Shen Ruiyuan, Wang Tiantian, Luo Qizhang. Towards Prognostic and Health Management of Train Wheels in the Chinese Railway Industry[J]. IEEE Access, 2019, 7:115292-115303.

[28] Zhu W, Xiao X, Huang Z D, et al. Evaluating the Wheelset Health Status of Rail Transit Vehicles: Synthesis of Wear Mechanism and Data-Driven Analysis[J]. Journal of Transportation Engineering Part A Systems, 2020, 146(12):04020139.

[29] Kijima Masaaki, Nakagawa Toshio. Replacement Policies of a Shock Model with Imperfect Preventive[J]. European Journal of Operational Research, 1992, 57(1):100-110.

[30] E Mingcheng, Li Bing, Jiang Zengqiang, et al. An Optimal Reprofiling Policy for High-Speed Train Wheels Subject to Wear and External Shocks

Using a Semi-Markov Decision Process[J]. IEEE Transactions on Reliability, 2018, 67(4):1468-1481.

[31] Liang Ce, et al. A Maintenance Model for High Speed Train Wheel Subject to Internal Degradation and External Shocks[C]. Prognostics and System Health Management Conference, PHM-Harbin, 2017.

[32] Fernando Pascual, J A Marcos. Wheel Wear Management on High-speed Passenger Rail: A Common Playground for Design and Maintenance Engineering in the Talgo Engineering Cycle[C]. Rail Conference. IEEE, 2004.

[33] Zio E, Compare M. Evaluating Maintenance Policies by Quantitative Modeling and Analysis[J]. Reliability Engineering & System Safety, 2013,109:53-65.

[34] Lin S, Li N, Feng D, et al. A Preventive Opportunistic Maintenance Method for Railway Traction Power Supplysystem Based on Equipment Reliability[J]. Railway Engineering Science, 2020, 33(20):129-136.

[35] 皇甫小燕. 城市轨道交通车辆全寿命周期成本探讨[J]. 城市轨道交通研究, 2012, 5:8-11.

[36] 孙楠楠. 以可靠性为中心的高铁接触网预防性机会维护研究[D]. 南昌：华东交通大学, 2018.

[37] 何勇. 分阶段成组维护策略在动车组部件预防性维护中的研究[D]. 兰州：兰州交通大学, 2017.

[38] 戈春珍. 基于故障数据分析的地铁车辆检修策略优化[D]. 北京：北京交通大学, 2018.

[39] 杨国军, 王红, 何勇, 等. 故障及经济相关下动车组系统动态成组维护策略[J]. 铁道科学与工程学报, 2021, 18(1):31-37.

[40] 邵新杰, 曹立军, 田广, 等. 复杂装备故障预测与健康管理技术[M]. 北京：国防工业出版社, 2013:23-45.

[41] 王道平, 张义忠. 故障智能诊断系统的理论与方法[M]. 北京：冶金工业出版社, 2001.

[42] 马伦, 康建设, 赵春宇, 等. 武器装备故障预测建模方法选择研究[J].

计算机应用研究, 2013, 30(7):1929-1938.

[43] Pecht M. Prognostics and Health Management of Electronics[M]. Hoboken, NJ, USA: Hoboken: John Wiley and Sons, 2008.

[44] Gu J, Barker D, Pecht M. Prognostics Implementation of Electronics under Vibration Loading[J]. Microelectronics Reliability, 2007, 47(12):1849-1856.

[45] 张小丽. 机械重大装备寿命预测综述[J]. 机械工程学报, 2011, 41(17):100-116.

[46] Kacprzynski G J, Sarlashkar A, Roemer M J, et al. Predicting Remaining Life by Fusing the Physics of Failure Modeling with Diagnostics[J]. JOm, 2004, 56(3):29-35.

[47] Si X S, Wang W, Hu C H, et al. Remaining Useful Life Estimation - A Review on the Statistical Data Driven Approaches[J]. European Journal of Operational Research, 2011, 213(1):1-14.

[48] 胡昌华, 施权, 司小胜, 等. 数据驱动的寿命预测和健康管理技术研究进展[J]. 信息与控制, 2017(1):72-82.

[49] Lu C J, Meeker W O. Using Degradation Measures to Estimate a Time-to-Failure Distribution[J]. Technometrics, 1993, 35(2):161-174.

[50] Gebraeel N. Sensory-Updated Residual life Distributions for Components with Exponential Degradation Pattern[J]. IEEE Transactions on Automation Science and Engineering, 2006, 3(4):382-393.

[51] Liu Z, Li Q, Mu C. A Hybrid LSSV R-HMM Based Prognostics Approach[C]. //4th International Conference on Intelligent Human-Machine Systems and Cybernetics. Piscataway, NJ, USA: IEEE, 2012:275-278.

[52] Soualhi A, Razik H, Clerc G, et al. Prognosis of Bearing Failures Using Hidden Markov Models and the Adaptive Neuro-fuzzy Inference System[J]. IEEE Transactions on Industrial Electronics, 2014, 61(6):2864-2874.

[53] Wang X, Xu D. An Inverse Gaussian Process Model for Degradation Data[J]. Technometrics, 2010, 52(2):188-197.

[54] 李烁. 考虑测量误差的逆高斯过程退化建模与加速退化试验设计[D]. 上海：上海交通大学, 2018.

[55] Abdel-Hameed M. A Gamma Wear Process[J]. IEEE Transactions on Reliability, 1975, 24(2):152-153.

[56] 尚洁. 复杂应力下产品性能退化分析方法研究[D]. 杭州：浙江大学, 2016.

[57] Hu C H, Shi Q, Si X S, et al. Data-driven Life Prediction and Health Management: State of the Art[J]. Information and Control, 2017, 46(1):72-82.

[58] Hu Y G, Li H, Liao X L, et al. Performance Degradation Model and Prediction Method of Real-Time Remaining Life for Wind Turbine Bearings[J]. Proceedings of the CSEE, 2016, 36(6):1643-1649.

[59] Hu Y , Li H , Shi P , et al. A Prediction Method for the Real-time Remaining Useful Life of Wind Turbine Bearings Based on the Wiener Process[J]. Renewable energy, 2018, 127:452-460.

[60] Di Maio F, Tsui K L, Zio E. Combining Relevance Bector Machines and Exponential Regression for Bearing Residual Life Estimation[J]. Mechanical Systems and Signal Processing, 2012, 31(8):405-427.

[61] 冯鹏飞, 朱永生, 王培功, 等. 基于相关向量机模型的设备运行可靠性预测[J]. 振动与冲击, 2017, 36(12):146-149.

[62] Liu J, Saxenaa, Kai G, et al. An Adaptive Recurrent Neural Network for Remaining Useful Life Prediction of Lithium-ion Batteries[C]. Annual Conference of the Prognostics and Health Management Society, 2010:1-9.

[63] Yuanhang Chen, Gaoliang Peng, Zhiyu Zhu, Sijue Li. A Novel Deep Learning Method Based on Attention Mechanism for Bearing Remaining Useful Life Prediction[J]. Applied Soft Computing Journal, 2019, 86:1-11.

[64] Saha B, Goebel K, Poll S, et al. Prognostics Methods for Battery Health Monitoring Using a Bayesian Framework[J]. Instrumentation and Measurement, IEEE Transactions on, 2009, 58(2):291-296.

[65] Huang R, Xi L, Li X, et al. Residual Life Predictions for Ball Bearings

Based on Self-organizing Map and Back Propagation Neural Network Methods[J]. Mechanical Systems and Signal Processing, 2007, 21(1):193-207.

[66] Taylor S J, Letham B. Forecasting at Scale[R]. PeerJ Preprints, 2017.

[67] Hochreiter S, Schmidhuber J. Long Short-term Memory[J]. Neural Computation, 1997, 9(8):1735-1780.

[68] Croston J D. Forecasting and Stock Control for Intermittent Demands[J]. Operational Research Quarterly (1970-1977), 1972, 23(3):289-303.

[69] Syntetos A A, Boylan J E, Croston J D. On the Categorization of Demand Patterns[J]. Journal of the Operational Research Society, 2005, 56(5):495-503.

[70] Syntetos A A, Boylan J E. The Accuracy of Intermittent Demand Estimates[J]. International Journal of Forecasting, 2005, 21(2):303-314.

[71] Babai M Z, Dallery Y, Boubaker S, et al. A New Method to Forecast Intermittent Demand in the Presence of Inventory Obsolescence[J]. International Journal of Production Economics, 2019, 209:30-41.

[72] Teunter R H, Syntetos A A, Zied Babai M. Intermittent Demand: Linking Forecasting to Inventory Obsolescence[J]. European Journal of Operational Research, 2011, 214(3):606-615.

[73] Willemain T R, Smart C N, Schwarz H F. A New Approach to Forecasting Intermittent Demand for Service Parts Inventories[J]. International Journal of Forecasting, 2004, 20(3):375-387.

[74] Porras E, Dekker R. An Inventory Control System for Spare Parts at a Refinery: An Empirical Comparison of Different Re-order Point Methods[J]. European Journal of Operational Research, 2008, 184(1):101-132.

[75] Snyder R. Forecasting Sales of Slow and Fast Moving Inventories[J]. European Journal of Operational Research, 2002, 140(3):684-699.

[76] Hua Z, Zhang B. A Hybrid Support Vector Machines and Logistic Regression Approach for Forecasting Intermittent Demand of Spare Parts[J]. Applied Mathematics and Computation, 2006, 181(2):1035-1048.

[77] Wu P, Hung Y Y, Lin Z Po. Intelligent Forecasting System Based on

Integration of Electromagnetism-Like Mechanism and Fuzzy Neural Network[J]. Expert Systems with Applications, 2014, 41(6):2660-2677.

[78] Nikolopoulos K, Syntetos A A, Boylan J E, et al. An Aggregate-disaggregate Intermittent Demand Approach(ADIDA) to Forecasting: An Empirical Proposition and Analysis[J]. Journal of the Operational Research Society, 2011, 62(3):544-554.

[79] Petropoulos F, Kourentzes N. Forecast Combinations for Intermittent Demand[J]. Journal of the Operational Research Society, 2015, 66(6):914-924.

[80] Pinçe Ç, Turrini L, Meissner J. Intermittent Demand Forecasting for Spare Parts: A Critical Review[J]. Omega, 2021, 105:102513.

[81] Hu Q, Boylan J E, Chen H, et al. OR in Spare Parts Management: A Review[J]. European Journal of Operational Research, 2018, 266(2):395-414.

[82] Arvan M, Fahimnia B, Reisi M, et al. Integrating Human Judgement into Quantitative Forecasting Methods: A Review[J]. Omega, 2019, 86:237-252.

[83] Croson R, Schultz K, Siemsen E, et al. Behavioral Operations: The State of the Field[J]. Behavioral Operations, 2013, 31(1):1-5.

[84] Akaike H. A New Look at the Statistical Model Identification[J]. IEEE Transactions on Automatic Control, 1974, 19(6):716-723.

[85] Petropoulos F, Siemsen E. Forecast Selection and Representativeness[J]. Management Science, 2022.

[86] Petropoulos F, Apiletti D, Assimakopoulos V, et al. Forecasting: Theory and Practice[J]. International Journal of Forecasting, 2022, 38(3):705-871.

车门系统可靠性分析与维修策略优化

基于车辆历史故障数据对不同子系统进行故障模式分析，可以发现一个子系统可能有多个失效模式且每个失效模式都对应着不同的状态性能。针对此问题，本章介绍离散时间马尔可夫过程，然后对通用生成函数法的基本原理和复杂系统的通用生成函数技术进行概述，进而利用马尔可夫过程—通用生成函数法建立车门系统的可靠性模型，并在车门系统的可靠性约束条件下，建立系统维修周期优化模型，以优化车门系统的维修策略。

2.1 离散时间马尔可夫过程

马尔可夫过程是一类特别的随机过程，能够较好地展现系统各种状态的时变规律与跃迁过程，其概率分布只取决于当前系统的状态，与系统之前经历的状态无关[1]。

1. 基本概念

如果马尔可夫过程所对应的状态空间 X 是离散的，且状态数有限、可数，则称马尔可夫过程为马尔可夫链。如果其状态跃迁过程的时序空间 T 也是离散的，且其状态数有限、可数，则称马尔可夫过程为离散时间马尔可夫链[2]。

假设状态空间为 X，时序空间为 T，$X \in \{0,1,2,3,\cdots\}$；$T \in \{0,1,2,3,\cdots\}$，离散时间马尔可夫链 $\{X(n)|T\}$ 应满足

$$\Pr\{X(n)=x_n|X(0)=x_0,\cdots,X(n-1)=x_{n-1}\}$$
$$=\Pr\{X(t)\leqslant x_n|X(n-1)=x_{n-1}\} \tag{2.1}$$

式中，n 取 0 表示离散时间马尔可夫链的时序原点；x_0 为所处的初始状态。式（2.1）表示当前马尔可夫链所处的状态仅与当前状态有关且与过去的状态无关，该效应又称马尔可夫过程的无后效性。

离散时间马尔可夫链的刻画往往需要考虑状态跃迁概率[3-4]。

（1）跃迁概率 $p_{ij}(m,n)$：马尔可夫链在第 m 步处于状态 x_i、在第 n 步转移至状态 x_j 的概率，表示为

$$p_{ij}(m,n)=\Pr\{X(n)=x_j \mid X(m)=x_i\}，\quad 0\leqslant m\leqslant n \tag{2.2}$$

（2）跃迁概率 $p_{ij}(n)$：马尔可夫链经过 n 步跃迁后，状态由 x_i 变为 x_j 的概率，一般称为 n 步跃迁概率，表示为

$$p_{ij}(n)=\Pr\{X(m+n)=x_j \mid X(m)=x_i\}，\quad 0\leqslant m\leqslant n \tag{2.3}$$

此时，离散时间马尔可夫链的跃迁概率 $p_{ij}(m,n)$ 可由 m 与 n 的差值唯一确定。当 $n=1$ 时，齐次离散时间马尔可夫链的表达式为

$$p_{ij}(1)=\Pr\{X(m+1)=x_j \mid X(m)=x_i\} \tag{2.4}$$

式中，$p_{ij}(1)$ 通常可简写为 p_{ij}，称为马尔可夫链的一步跃迁概率。

在工程应用中，我们仅考虑有限且可数的状态空间 $X=\{0,1,2,\cdots,m\}$。此时一步跃迁概率可以转化为一步转移概率矩阵，即

$$\boldsymbol{P}(1)=\begin{bmatrix} p_{00} & p_{01} & \cdots & p_{0m} \\ p_{10} & p_{11} & \cdots & p_{1m} \\ \vdots & \vdots & & \vdots \\ p_{m0} & p_{m1} & \cdots & p_{mm} \end{bmatrix} \tag{2.5}$$

对于所有的 $i,j \in X$，有 $0\leqslant p_{ij}\leqslant 1$，且矩阵中每行的和为 1，此时矩阵 $\boldsymbol{P}$ (1)是一个随机矩阵。随机值 $X(0)$ 代表了马尔可夫链的初始状态，将其概率分布称为初始概率向量，表达式为

$$\boldsymbol{p}(0)=\begin{bmatrix} p_0(0),p_1(0),\cdots,p_m(0) \end{bmatrix} \tag{2.6}$$

2. n 步跃迁概率与状态概率的计算

离散时间马尔可夫链的求解主要利用查普曼—柯尔莫哥洛夫（Chapman-Kolmogorov）方程，表达式为

$$p_{ij}(m+n) = \sum_k p_{ik}(m) p_{kj}(n) \tag{2.7}$$

式（2.7）的含义为：马尔可夫过程中经过 $m+n$ 步达到状态 j 的跃迁概率为 $p_{ij}(m+n)$，已知经过 0 步的状态为 i，为了经过 $m+n$ 步达到状态 j，在此过程中要先通过 m 步达到中间状态 k_x，跃迁概率为 $p_{ik}(m)$，再由状态 k_x 转移至状态 j，跃迁概率为 $p_{kj}(n)$。状态跃迁过程如图 2.1 所示。

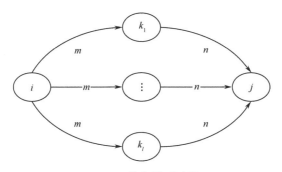

图 2.1　状态跃迁过程

令 n 步转移概率矩阵为 $\boldsymbol{P}(n)$，令式（2.7）中的 $m=1$，用 $n-1$ 代替 n，可以得到式（2.7）的矩阵形式，即

$$\boldsymbol{P}_j(n) = \boldsymbol{P}\boldsymbol{P}(n-1) = \boldsymbol{P}^n \tag{2.8}$$

式中，$\boldsymbol{P}$ 为马尔可夫链的一步转移概率矩阵。n 步转移概率矩阵是一步转移概率矩阵的 n 次方。可知状态概率矩阵 $\boldsymbol{P}_j(n)$ 的值取决于 $n=0$ 时的初始状态概率和后续状态转移的步数，其表达式为

$$\begin{aligned}
\boldsymbol{P}_j(n) &= \Pr\left[X(n) = x_j\right] \\
&= \sum_i \Pr\left[X(0) = i\right] \Pr\left[X(n) = j \mid X(0) = i\right] = \sum_i p_i(0) p_{ij}(n)
\end{aligned} \tag{2.9}$$

式（2.9）的矩阵推广形式为

$$\boldsymbol{p}(n) = \boldsymbol{p}(0) \boldsymbol{P}^n \tag{2.10}$$

式中，$\boldsymbol{p}(0)$ 为初始概率向量（当 $n=0$ 时），$\boldsymbol{p}(n)$ 是经过 n 步转移后得到的 n 步状态概率向量。

上述推理表明，齐次马尔可夫链的状态概率向量是由一步转移概率矩阵 $\boldsymbol{P}$ 和初始概率向量 $\boldsymbol{p}(0)$ 决定的。在工程上，当对系统进行可靠性分析时，系统的状态跃迁大多由部件失效或修复引起，此时对应状态之间的跃迁概率可用部件的故障率或修复率表示。

2.2　通用生成函数法

通用生成函数（UGF）模型是一种生成序列模型，建立在概率论中的生成函数的基础上，其结合递归算法列举系统状态。能够较好地解决多状态系统的可靠性分析与计算问题，可以通过将相同状态合并来避免在计算时出现状态爆炸现象。通用生成函数模型通过引入 z 函数、通用生成算子、通用生成函数等数学工具，将多状态系统的可靠性分析问题转化为各部件的可靠性分析问题，具有通用性强、程式化、解算速度快、对解算资源的要求低等优点[1]。

2.2.1　通用生成函数法的基本原理

1. 基本原理

假设系统 Y 由部件 $X_1, X_2, \cdots, X_n$ 组成，每个部件 X_i 有几个状态：$g_{i1}, g_{i2}, \cdots, g_{in}$，这些状态可以用状态集合 G_{X_i} 表示，每种状态对应的概率满足 $\Pr\{X_i = g_{ij}\} = p_{ij}$，$j = 1, 2, \cdots, n$，则部件 X_i 的通用生成函数为

$$U_{X_i}(z) = \sum_{j=1}^{n} p_{ij} z^{g_{ij}} \qquad (2.11)$$

式中，z 是一个变量，在实际计算中并无意义；g_{ij} 表示部件 X_i 可能存在的状态；p_{ij} 表示部件 X_i 对应状态 g_{ij} 的概率，满足 $\sum_{j=1}^{n} p_{ij} = 1$。

2. 通用生成算子

一个系统的状态是由其组成部件的状态确定的，假设系统的状态集合为 G，部件的状态集合为 G_{X_i}，两者的关系为

$$G = f\left(G_{X_1}, G_{X_2}, \cdots, G_{X_n}\right) \tag{2.12}$$

式中，$f(\cdot)$ 表示部件状态与系统状态的物理构型函数，一般具有便于计算和迭代的特点。

定义通用生成算子 Ω_f，以确定系统通用生成函数 $U_Y(z)$ 与部件通用生成函数 $U_{X_i}(z)$ 的关系，即

$$
\begin{aligned}
U_Y(z) &= \Omega_f\left[U_{X_1}(z), U_{X_2}(z), \cdots, U_{X_n}(z)\right] \\
&= \sum_{j_1=1}^{n_1}\sum_{j_2=1}^{n_2}\cdots\sum_{j_m=1}^{n_m}\prod_{i=1}^{m} p_{ij_i} z^{f\left(g_{1j_1}, g_{2j_2}, \cdots, g_{nj_n}\right)} \\
&= \sum_{k=1}^{K} p_k z^G
\end{aligned} \tag{2.13}
$$

式中，p_{ij_i} 表示部件 X_i 处于第 j_i 个状态的概率；g_{ij_i} 表示部件 X_i 处于第 j_i 个状态，$g_{ij_i} = G_{X_i}$；K 为部件结合、迭代后得到的系统状态数；p_k 为对应的状态概率，满足 $\sum_{k=1}^{K} p_k = 1$。

2.2.2　复杂系统的通用生成函数技术

在工程应用中，系统的状态可能具有多变性，组成系统的部件较多，逻辑结构复杂。当直接对一个系统进行可靠性建模时，往往会有很大的求解难度。为了降低求解难度，提高计算效率，一般会通过串联、并联和串并混联等方式对系统进行重组，从而有效解算复杂的多状态系统的可靠性[5]。

1. 串联系统

串联系统十分常见，按功能可以分为两类：流体传输型串联系统和任务处理型串联系统。对于由 n 个部件组成的串联系统，其结构如图 2.2 所示。

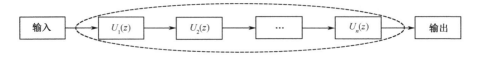

图 2.2　串联系统结构

1）流体传输型串联系统

在流体传输型串联系统中，状态性能最差的部件决定了系统的状态性能，其物理构型函数为

$$f_{\text{ser}}^1\left[G_{X_1}(t),G_{X_2}(t),\cdots,G_{X_n}(t)\right]=\min\left[G_{X_1}(t),G_{X_2}(t),\cdots,G_{X_n}(t)\right] \quad (2.14)$$

式中，$G_{X_i}(t)$ 表示 t 时刻部件 X_i 的传输能力。

2）任务处理型串联系统

在任务处理型串联系统中，任务处理效率通常影响系统的状态性能，系统在执行任务时，只有在上一个单元完成任务后，下一个单元才会开始对任务进行处理，该系统的物理构型函数为

$$f_{\text{ser}}^2\left[G_{X_1}(t),G_{X_2}(t),\cdots,G_{X_n}(t)\right]=\frac{1}{\sum\limits_{i=1}^{n}T_i(t)}=\frac{1}{\sum\limits_{i=1}^{n}\left[G_{X_i}(t)\right]^{-1}} \quad (2.15)$$

综上所述，在明确串联系统的物理构型函数后，可以得到串联系统的通用生成函数，即

$$U^{\text{ser}}(z)=\sum_{j_1=1}^{n_1}\sum_{j_2=1}^{n_2}\cdots\sum_{j_m=1}^{n_m}\prod_{i=1}^{m}p_{ij_i}z^{f_{\text{ser}}^y\left(g_{1j_1},g_{2j_2},\cdots,g_{nj_n}\right)} \quad (2.16)$$

式中，y 为物理构型函数决定因子（$y=1$ 表示流体传输型串联系统，$y=2$ 表示任务处理型串联系统）。

2. 并联系统

与串联系统类似，按功能可以将并联系统分为两类：流体传输型并联系统和任务处理型并联系统。对于由 4 个部件组成的并联系统，其结构如图 2.3 所示。

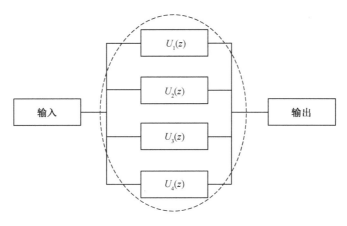

图 2.3　并联系统结构

1）流体传输型并联系统

在流体传输型并联系统中，系统的状态性能有以下两种表现形式。

① 系统的状态性能为各组件的状态性能之和，其物理构型函数为

$$f_{\text{par}}^1\left[G_{X_1}(t),G_{X_2}(t),\cdots,G_{X_n}(t)\right]=\sum_{i=1}^{n}G_{X_i}(t) \tag{2.17}$$

② 系统的状态性能取决于状态性能最好的组件，其物理构型函数为

$$f_{\text{par}}^2\left[G_{X_1}(t),G_{X_2}(t),\cdots,G_{X_n}(t)\right]=\max\left[G_{X_1}(t),G_{X_2}(t),\cdots,G_{X_n}(t)\right] \tag{2.18}$$

2）任务处理型并联系统

在任务处理型并联系统中，当各组件不共享任务时，系统的状态性能取决于状态性能最好的组件，此时其物理构型函数为式（2.18）；当各组件共享任务时，系统的状态性能取决于状态性能最差的组件，此时其物理构型函数为式（2.17）。

综上所述，在明确并联系统的物理构型后，可以得到并联系统的通用生成函数，即

$$U^{\text{par}}(z)=\sum_{j_1=1}^{n_1}\sum_{j_2=1}^{n_2}\cdots\sum_{j_m=1}^{n_m}\prod_{i=1}^{m}p_{ij_i}z^{f_{\text{par}}^y\left(g_{1j_1},g_{2j_2},\cdots,g_{nj_n}\right)} \tag{2.19}$$

式中，y 为物理构型函数决定因子。

3. 串并混联系统

在工程应用中，系统往往以串并混联的形式存在。在处理串并混联系统时，可以通过局部分割方式来求解通用生成函数。串并混联系统结构如图 2.4 所示。

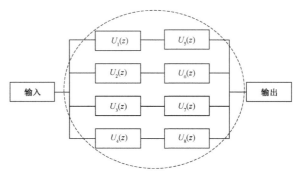

图 2.4　串并混联系统结构

对串并混联结构进行局部分割，可以将其转换为串联结构或并联结构，因此串并混联系统的通用生成函数解算流程如图 2.5 所示。

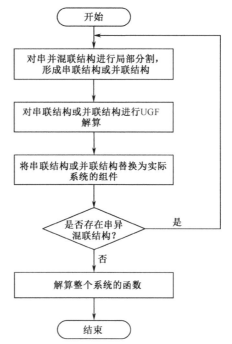

图 2.5　串并混联系统的通用生成函数解算流程

2.3　可靠性模型及维修周期优化

2.3.1　通用生成函数法可靠性指标

在通用生成函数法的可靠性分析中，常用的可靠性指标主要有可用度、瞬时期望性能输出、瞬时期望性能失效等，具体如下。

1. 可用度

可用度指系统处于可接受功能状态的概率。在给定系统的期望性能后，系统在 t 时刻的可用度为

$$A(t,w) = \sum_{i=1}^{K} p_i(t) z^{g_i} I\big[F_i(g_i,w) \geq 0\big] \qquad (2.20)$$

式中，w 表示期望性能；g_i 表示系统的实际性能；$F_i(g_i,w)=g_i-w$ 为接受度函数；$I\big[F_i(g_i,w) \geq 0\big]$ 为指示函数，即

$$I\big[F_i(g_i,w) \geq 0\big] = \begin{cases} 1, & F_i(g_i,w) \geq 0 \\ 0, & F_i(g_i,w) < 0 \end{cases} \qquad (2.21)$$

2. 瞬时期望性能输出

为了得到系统的平均性能，可以使用瞬时期望性能输出。系统在 t 时刻的瞬时期望性能输出为

$$E(t) = \sum_{i=1}^{k} p_i(t) g_i \qquad (2.22)$$

系统在给定时间 $[0,T]$ 的瞬时期望性能输出为

$$E(t) = \frac{1}{T} \sum_{i=1}^{k} g_i \int_0^T p_i(t) \,\mathrm{d}t \qquad (2.23)$$

3. 瞬时期望性能失效

瞬时期望性能失效 $D(t,w)$ 用于表示系统的实际性能 g_i 与期望性能 w 之间的偏差，可以反映系统的性能对需求的满足水平，瞬时期望性能失效为

$$D(t,w) = \sum_{i=1}^{K} p_i(t) \max(w - g_i, 0) \qquad (2.24)$$

2.3.2　系统可靠性建模概述

由前面介绍的历史故障数据处理和 FMECA 分析可知，一个系统存在多种故障模式，一种故障模式往往对应着系统的一种性能状态，在进行系统的可靠性分析时，不能仅将系统的故障状态看作二元状态，系统可能存在多种故障状态。对于这种多状态系统，其工作性能的输出与组成系统的部件及各部件之间的物理构型密切相关。为了研究这种多状态系统的可靠性，本节利用马尔可夫过程，通过矩阵迭代方式解算出任意一次迭代后系统的不同状态和其对应的状态概率，但是当组成系统的部件有较多状态时，在计算中可能出现状态爆炸的问题。为了解决这类问题，可以采用将通用生成函数法与马尔可夫过程结合的方法。通用生成函数法在系统可靠性分析中有化繁为简、将复杂状态分割为小维度状态、分步嵌套、递归迭代等优点，因此在多状态系统的可靠性分析中具有良好的适应性。

以经过处理的某线路动车组 2018—2020 年的历史故障数据为基础，进行可靠性建模。系统可靠性建模流程如图 2.6 所示。

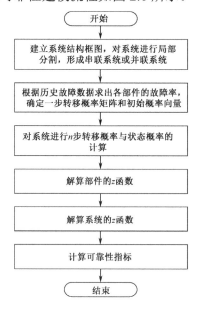

图 2.6　系统可靠性建模流程

2.3.3　维修周期优化模型

通过优化系统的维修周期，可以以较低的维修费用来保障系统的可靠运行，这里以使平均维修费用最低为优化目标，在该系统的不同可靠度约束条件下建立系统的维修周期优化模型。在建模时，维修费用主要包括两个部分，一部分是固定周期的预防性维修费用，另一部分是在维修周期内发生故障，进行故障性维修的费用。对传统的最低维修费用模型进行改进，加入可靠度阈值，可以得到系统的维修周期优化模型，即

$$\begin{cases} \min C(T) = \dfrac{c_{\mathrm{p}}R(T) + c_{\mathrm{f}}F(T)}{TR(T) + F(T)\displaystyle\int_0^T R(t)\mathrm{d}t} \\[2mm] R_{\mathrm{e}} \geqslant R(T) \end{cases} \tag{2.25}$$

式中，$C(T)$ 表示系统在一个维修周期内的维修成本；c_{p} 为进行一次定期检修所需要的费用；c_{f} 进行一次故障性维修所需要的费用；$R(t)$ 为系统的可靠度函数；T 为维修周期；$R(T)$ 为系统的可靠度；$F(T)$ 为系统的不可靠度；$\int_0^T R(t)\mathrm{d}t$ 为系统在一个维修周期内的可靠运行时间；R_{e} 为可靠度约束值。可靠度约束的意义在于给出了在整个维修周期内，系统需要满足的最低可靠度。

根据该系统的可靠度约束值、可靠度函数，利用维修周期优化模型计算整个系统的最佳维修周期。主要采用枚举法，维修周期优化流程如图 2.7 所示。

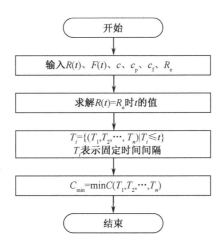

图 2.7　维修周期优化流程

2.4 车门系统可靠性建模与维修策略优化

2.4.1 车门系统可靠性建模

1. 车门系统概述

动车组车门系统一般包括客室车门、司机室侧门、通道门和紧急疏散门。由于在平时的检修中发现司机室侧门、通道门和紧急疏散门的故障较少，对动车组正常运行的影响很小，所以这里将客室车门作为研究对象，所研究的动车组采用的是滑动塞拉门，从动车组车门功能实现的角度来看，其主要由驱动传动装置、承载导向装置、锁闭装置、内外操作装置、电动控制装置和基础部件等子系统组成。动车组客室车门各子系统的基本组成部件如下。

（1）驱动传动装置主要由驱动电机、带轮、传动丝杆、螺母组件、解锁装置等部件组成，具有带动车门运动，为车门的开关提供基础动力的作用。

（2）承载导向装置主要由携门架、长短导柱、丝杆、上下导轨、滑道、摆臂等部件组成，其主要用于承载车门的运动和在车门正常工作时引导其按照预定的轨迹运动。

（3）锁闭装置主要由主锁、辅助锁等部件组成，一般采用机械锁闭装置，其中主锁可以通过传动装置实现车门的自动开关，在停电时能够手动开门和关门。

（4）内外操作装置主要由紧急解锁、外部紧急入口装置、紧急拉绳等部件组成，是整个车门系统最重要的子系统之一，关系到整个车门系统的安全性，但不影响车门的正常开关。

（5）电动控制装置主要由门控单元（EDCU）、车门关闭行程开关（98%限位开关）、车门锁闭行程开关、车门紧急解锁开关和车门切除行程开关等部件组成，是车门系统的核心，负责接收开门和关门信号。

（6）基础部件主要包括防夹胶条、密封胶条、蜂鸣器、指示灯、门扇、门框、接地线、隔离锁等部件。对保证动车组车门的稳固和保障运营服务质量具有重要作用。

2. 车门系统结构框图

在车辆的日常运营中,车门系统的使用十分频繁,精准预测车门系统的可靠度,对合理确定车门的维修周期、提高车辆的运营效率有重要影响。在动车组运营过程中,车门系统的主要功能是进行开门和关门,形成通道,为乘客提供上下车服务。对其功能的实现影响较大的部件主要是门控器、驱动电机、丝杆、主锁、辅助锁、98%限位开关、滑道、导轨/摆臂等部件。车门系统的结构框图如图 2.8 所示。

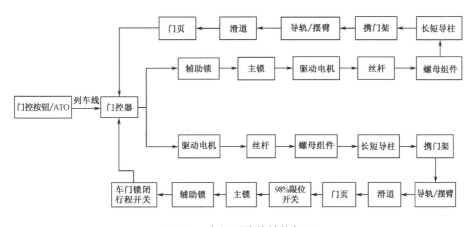

图 2.8　车门系统的结构框图

根据结构框图,可以将整个车门系统拆分为 3 个子系统。子系统 1 是主要由门控按钮、门控器构成的串联系统;子系统 2 是主要由车门在接收门控器关门信号后的机械传动部件、导向部件和锁闭部件构成的串联系统;子系统 3 是主要由在接收门控器开门信号后的机械传动部件、导向部件和锁闭部件构成的串联系统。车门系统的子系统结构框图如图 2.9 所示。

3. 车门系统的通用生成函数

在确定车门系统的串并联结构后,需要计算各部件的故障率。这里以某线路动车组 2018—2020 年的故障数据为基础,在进行统计分析后,得到车门系统故障数据,如表 2.1 所示。

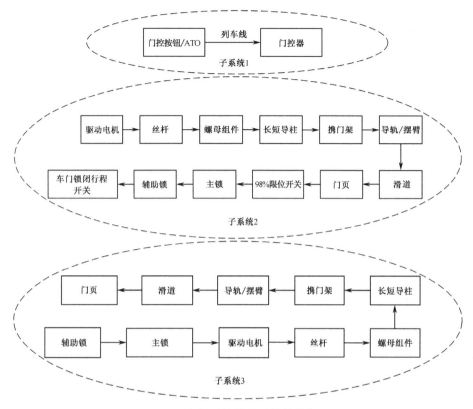

图 2.9　车门系统的子系统结构框图

表 2.1　车门系统故障数据

部件名称	故障次数（次）				部件总数（个）
	2018 年	2019 年	2020 年	合计	
丝杆	1	1	0	2	320
导轨/摆臂	37	14	17	68	960
滑道	26	23	15	30	640
98%限位开关	10	10	9	33	320
主锁	33	22	21	67	320
辅助锁	21	24	24	76	320
门控器	4	1	0	5	320

1）故障率的计算

当车门系统发生故障时，可以认为部件有两种状态：完好状态和失效状

态。根据平均故障率公式可以得到各部件在一段时间内的平均故障率。平均故障率为

$$\bar{\lambda}(t) = \frac{n_\mathrm{f}(t + \Delta t) - n_\mathrm{f}(t)}{n_\mathrm{s}(t)\Delta t} = \frac{\Delta n_\mathrm{f}(t)}{n_\mathrm{s}(t)\Delta t} \tag{2.26}$$

式中，$\bar{\lambda}(t)$ 为平均故障率；$n_\mathrm{f}(t)$ 为失效产品数；$\Delta n_\mathrm{f}(t)$ 为一段时间内的失效故障数；$n_\mathrm{s}(t)$ 为 t 时刻的产品数。平均故障率表示的是统计时间内产品的故障总数与实验总数之比。

计算得到各部件的平均故障率，如表 2.2 所示。

表 2.2　各部件的平均故障率

部件名称	平均故障率
丝杆	0.0021
导轨/摆臂	0.0236
滑道	0.0156
98%限位开关	0.0344
主锁	0.0698
辅助锁	0.0792
门控器	0.0052

在实际工作过程中，与动车组的运行时间相比，维修时间很短，因此在建模时不考虑故障部件的修复率。我们假设组成车门系统的部件只有两种状态。用 0 代表失效状态，用 1 代表完好状态。此时部件状态转移图如图 2.10 所示。

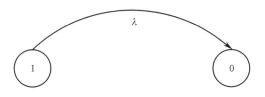

图 2.10　部件状态转移图

2）初始转移概率矩阵的构建

根据部件的故障率构建部件的初始转移概率矩阵，以丝杆为例，丝杆的故障率为 0.0021 次/年，即部件从 1 状态转移到 0 状态的概率 $p_{1\rightarrow0}$ 为 0.0021，

由图 2.10 可知，部件不能从 0 状态转移到 1 状态，此时 $p_{0\to1}$ 为 0。根据对离散时间马尔可夫链的描述，可以得到丝杆的初始转移概率矩阵为 $\begin{bmatrix} 1 & 0 \\ 0.0021 & 0.9979 \end{bmatrix}$。车门系统部件的初始转移概率矩阵如 2.3 所示。

表 2.3　车门系统部件的初始转移概率矩阵

部件名称	初始转移概率矩阵
丝杆	$\begin{bmatrix} 1 & 0 \\ 0.0021 & 0.9979 \end{bmatrix}$
导轨/摆臂	$\begin{bmatrix} 1 & 0 \\ 0.0236 & 0.9764 \end{bmatrix}$
滑道	$\begin{bmatrix} 1 & 0 \\ 0.0156 & 0.9844 \end{bmatrix}$
98%限位开关	$\begin{bmatrix} 1 & 0 \\ 0.0344 & 0.9656 \end{bmatrix}$
主锁	$\begin{bmatrix} 1 & 0 \\ 0.0698 & 0.9302 \end{bmatrix}$
辅助锁	$\begin{bmatrix} 1 & 0 \\ 0.0792 & 0.9208 \end{bmatrix}$
门控器	$\begin{bmatrix} 1 & 0 \\ 0.0052 & 0.9948 \end{bmatrix}$

这里认为部件在初始时刻是完好的，部件的初始概率向量 $\boldsymbol{p}(0)=(0,1)$，即在初始时刻停留在 1 状态的概率为 1，停留在 0 状态的概率为 0。根据初始概率向量和初始转移概率矩阵进行 n 步状态转移（一步的时间为 1 年），解算出每年的状态向量。再根据部件的串并联关系计算车门子系统的 z 函数，最后计算整个车门系统的 z 函数。

3）系统通用生成函数的构建

为了方便地计算可靠度指标，以 10 年为建模时间，计算每年的状态概率向量，解算出车门系统 10 年的 z 函数。这里以状态转移 1 次为例，解算出整个系统的 z 函数，其余年份按照上述方法进行解算即可。

（1）子系统 1 的通用生成函数。

由图 2.9 可知，子系统 1 中的部件有两个，而由故障数据可知发生过故障的部件只有 1 个，没有发生过故障的部件一直保持完好状态，所以子系统

1 的 z 函数可以用门控器的 z 函数代替，门控器的初始状态向量 $\boldsymbol{p}(0)=(0,1)$。门控器的一步状态转移向量可用式（2.27）来进行计算，得到 $\boldsymbol{p}(1)=\boldsymbol{p}(0)\boldsymbol{P}^1=(0.0104,0.9896)$，由一步状态转移向量可知，子系统 1 的 z 函数为

$$U_1(1)=0.0104z^0+0.9896z^1 \tag{2.27}$$

（2）子系统 2 的通用生成函数。

子系统 2 由 12 个部件串联而成，由故障数据可知，只有 6 个部件存在故障。根据车门的实际运行情况，认为该子系统是流体传输型串联系统，系统的状态性能取决于系统中状态性能最差的部件。根据子系统 1 的计算方法，先计算各部件的一步状态转移向量，再根据该向量求解各部件的通用生成函数，最后根据串并联关系计算整个子系统的通用生成函数。子系统 2 中故障部件的一步状态转移向量如表 2.4 所示。

表 2.4　子系统 2 中故障部件的一步状态转移向量

部件名称	一步状态转移向量
丝杆	$[0.0021\quad 0.9979]$
导轨/摆臂	$[0.0236\quad 0.9764]$
滑道	$[0.0156\quad 0.9844]$
98%限位开关	$[0.0344\quad 0.9656]$
主锁	$[0.0698\quad 0.9302]$
辅助锁	$[0.0792\quad 0.9208]$

在解算出故障部件的一步状态转移向量后，可以根据式（2.11）计算子系统 2 中故障部件的通用生成函数，如表 2.5 所示。

表 2.5　子系统 2 中故障部件的通用生成函数

部件名称	通用生成函数
丝杆	$U_{丝}(1)=0.0021z^0+0.9979z^1$
导轨/摆臂	$U_{导}(1)=0.0236z^0+0.9764z^1$
滑道	$U_{滑}(1)=0.0156z^0+0.9844z^1$
98%限位开关	$U_{限}(1)=0.0344z^0+0.9656z^1$
主锁	$U_{主}(1)=0.0698z^0+0.9302z^1$
辅助锁	$U_{辅}(1)=0.0792z^0+0.9208z^1$

子系统 2 属于流体传输型串联系统，可以得到子系统 2 的 z 函数，即

$$U_2 = 0.2067z^0 + 0.7933z^1 \qquad (2.28)$$

（3）子系统 3 的通用生成函数。

子系统 3 由 10 个部件组成，其中发生过故障的部件有丝杆、导轨/摆臂、滑道、主锁和辅助锁，这些部件的一步状态转移向量可在表 2.4 中查询，部件的通用生成函数可在表 2.5 中查询。子系统 3 也属于流体传输型串联系统。得到子系统 3 的通用生成函数为

$$U_3(1) = 0.1785z^0 + 0.8215z^1 \qquad (2.29)$$

（4）车门系统的通用生成函数。

由车门系统的结构框图可知，其串并联关系为：子系统 2 与子系统 3 并联，再与子系统 1 串联。由子系统 2 与子系统 3 构成的并联系统属于流体传输型并联系统，再与子系统 1 串联构成的串联系统属于流体传输型串联系统。可以计算得到整个系统的通用生成函数为

$$U_系 = 0.0491z^0 + 0.3098z^{0.5} + 0.6483z^1 \qquad (2.30)$$

式中，z 的上角标代表系统的状态（0 代表状态输出为 0，即整个系统失效；0.5 代表系统开门或关门功能发生故障；1 代表整个系统正常运行），系数代表处于不同状态的概率。

根据上述计算方法，可以得到车门系统 10 年的通用生成函数，如表 2.6 所示，第 0 年表示车门系统处于全新的状态。

表 2.6　车门系统 10 年的通用生成函数

时间	通用生成函数
第 0 年	$U_系 = 0z^0 + 0z^{0.5} + z^1$
第 1 年	$U_系 = 0.0419z^0 + 0.3098z^{0.5} + 0.6483z^1$
第 2 年	$U_系 = 0.1296z^0 + 0.4501z^{0.5} + 0.4203z^1$
第 3 年	$U_系 = 0.2352z^0 + 0.4923z^{0.5} + 0.2725z^1$
第 4 年	$U_系 = 0.3427z^0 + 0.4806z^{0.5} + 0.1767z^1$
第 5 年	$U_系 = 0.4439z^0 + 0.4416z^{0.5} + 0.1145z^1$
第 6 年	$U_系 = 0.5348z^0 + 0.3910z^{0.5} + 0.0743z^1$
第 7 年	$U_系 = 0.6140z^0 + 0.3378z^{0.5} + 0.0481z^1$
第 8 年	$U_系 = 0.6818z^0 + 0.2870z^{0.5} + 0.0312z^1$
第 9 年	$U_系 = 0.7389z^0 + 0.2409z^{0.5} + 0.0202z^1$

2.4.2　车门系统的可靠性指标计算

1. 可用度与可靠度

表 2.6 中 z 的上角标代表系统的状态，由车门系统功能实现的实际情况可知，当状态为 1 时，系统才处于正常工作状态，即可接受状态，当期望性能 $w=1$ 时，系统的瞬态可用度曲线与系统的瞬态可靠度曲线相同。利用 MATLAB 对系统的可靠度进行拟合，得到系统可靠度随时间变化的曲线如图 2.11 所示。

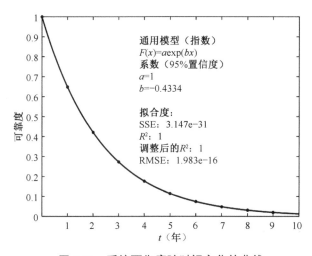

图 2.11　系统可靠度随时间变化的曲线

根据 MATLAB 中拟合的指标可知，当对车门系统的可靠度进行指数拟合时，其 SSE（误差平方和）和 RMSE（均方根误差）接近 0。说明指数拟合程度较高。此时车门系统的可靠度函数为

$$R(t) = \mathrm{e}^{-0.4334t} \tag{2.31}$$

2. 瞬时期望性能输出与瞬时期望性能失效

根据式（2.22）和（2.24）可以得到系统的瞬时期望性能输出与瞬时期望性能失效（当期望性能 $w=1$ 时）曲线，如图 2.12 所示。

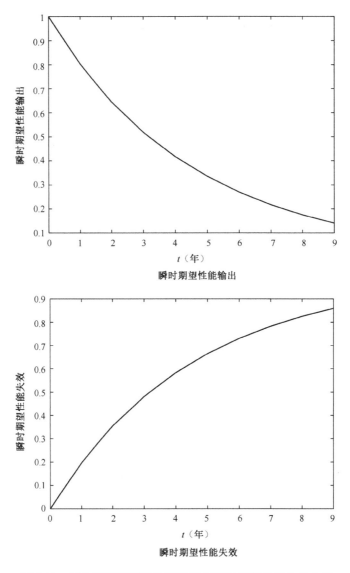

图 2.12 系统的瞬时期望性能输出与瞬时期望性能失效曲线

2.4.3 车门系统维修策略优化

为了避免车门系统在维修过程的过修和欠修，利用维修周期优化模型对车门系统进行维修周期优化，以实现在一定可靠度阈值下使平均维修费用最低。现阶段在所研究动车组中与车门系统维修相关的内容有两项，两项维修内容如表 2.7 所示。

表 2.7　两项维修内容

序号	项目名称	系统	维修方式	维修周期
1	客室车门检测及清洁	外门及车内设施	预防性维修	60 天
2	客室车门润滑	外门及车内设施	预防性维修	90 天

在维修周期优化模型中，可以通过车门系统可靠性模型来确定其可靠度参数，车门系统的可靠度函数见式（2.31）。从该运营公司的维修台账中可以得到采用不同维修方式时的维修费。客室车门检测及清洁的维修费用为：$c_p = 400$ 元/次，$c_f = 1500$ 元/次。客室车门润滑的维修费用为：$c_p = 600$ 元/次，$c_f = 1500$ 元/次。通过与现场人员交流，我们知道车门系统是动车组使用最频繁的系统之一，其到达检测及清洁周期时的可靠度不应小于 0.9，到达润滑周期时的可靠度不应小于 0.85。

将车门系统的可靠度参数输入最小费用维修周期优化模型。利用 MATLAB 求解，得到车门系统的检查及清洁的最佳维修周期为 86 天，车门系统润滑的最佳维修周期为 120 天。车门系统维修周期与维修费用的关系如图 2.13 所示。

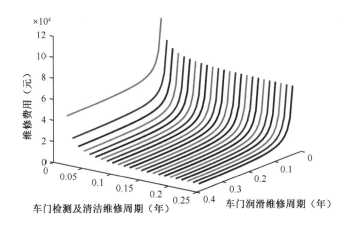

图 2.13　车门系统维修周期与维修费用的关系

由优化结果可知，车门系统的维修存在过修现象，造成了不必要的浪费。

最终优化后的客室车门的检测及清洁周期可以延长至 86 天，由于当维修周期达到 90 天时，车门系统的可靠度与 86 天时相差不大，所以车门系统的检测及清洁可以实行 3 月检。客室车门的润滑周期可以延长至 120 天，实行 4 月检。车门系统的预防性维修费用如表 2.8 所示，由表 2.8 可知，车门系统当前的预防性维修总费用为 4800 元/年，优化后的预防性维修总费用为 3400 元/年，维修总费用约降低了 29.17%。

表 2.8　车门系统预防性维修费用

维修内容	当前的预防性维修次数（次/年）	当前的预防性维修总费用（元/年）	优化后的预防性维修次数（次/年）	优化后的预防性维修总费用（元/年）
检查、清洁	6	4800	4	3400
润滑	4		3	

2.5　本章小结

本章介绍了复杂系统可靠性分析的两种方法：马尔可夫过程法和通用生成函数法。通过将这两种方法结合，形成了一种新的可靠性分析方法。本章以动车组车门系统为研究对象，介绍了其组成和结构框图，对车门系统进行了可靠性建模，拟合了系统的可靠度随时间变化的曲线，发现车门系统的可靠度服从指数分布。另外，提出了车门系统维修策略，建立了维修策略优化模型，得到了车门系统在一定可靠度阈值下的最佳维修周期，车门系统检测及清洁可以实行 3 月检，车门系统的润滑可以实行 4 月检。优化后的车门系统每年的预防性维修总费用约降低了 29.17%。

<h1>参考文献</h1>

[1]　史跃东，徐一帆，金家善. 装备复杂系统多状态可靠性分析与评估技术[M]. 北京：科学出版社，2017.

[2]　王梓坤. 马尔可夫过程论基础[M]. 哈尔滨：哈尔滨工业大学出版社，2015.

[3]　Stewart W J. Probability, Markov Chain, Queues, and Simulation[M]. Princeton: Princeton University Press, 2008.

[4]　任博，吕震宙，李贵杰，等. 基于通用生成函数的系统寿命可靠性分析[J]. 航空学报, 2013, 34(11).

[5]　Krzysztof Kołowrocki. Reliability of Large Systems[J]. Measurement and Control, 1977, 10(8):297-297.

基于 Phase-type（PH）分布的
系统可靠性分析

　　在工程应用中，复杂系统的组成单元的失效规律有时具有一般性，需要用一种具有较强描述能力的分布来描述部件的工作时间、维修时间等随机变量，并尽可能地让模型变得容易解析，以适应实际的工程应用需要。针对该问题，本章首先介绍 PH 分布的基本概念，其次对基于 PH 分布的串并联系统进行可靠性分析，最后基于第 2 章的维修策略优化分析，对牵引系统、制动系统和车门系统的可靠度进行对比，以验证维修周期优化的合理性。

3.1　PH 分布的基本概念

3.1.1　PH 分布的定义

　　PH 分布[1-2]是在有限状态马尔可夫链下达到吸收态前的时间分布。在状态空间中定义一个在时间上连续、在状态上离散的马尔可夫过程。假设状态空间为 $\{1,2,3,\cdots,m,m+1\}$，令状态 $m+1$ 为吸收态、状态 $\{1,2,\cdots,m\}$ 为非吸收态。$(\boldsymbol{\alpha},\alpha_{m+1})$ 是马尔可夫过程的初始概率向量，其中 $\boldsymbol{\alpha}=(\alpha_1,\alpha_2,\cdots,\alpha_m)$，且满足 $\boldsymbol{\alpha e}+\alpha_{m+1}=1$。将该过程的状态无穷小生成元定义为

$$\boldsymbol{Q}=\begin{bmatrix} \boldsymbol{T} & \boldsymbol{T}^0 \\ \boldsymbol{0} & 0 \end{bmatrix} \tag{3.1}$$

式中，$\boldsymbol{T}$ 为非吸收态 $\{1,2,\cdots,m\}$ 的状态转移矩阵，是一个非奇异的方阵，由

连续型马尔可夫过程的原理可知，其对角线元素均为负数，非对角线元素均为非负数；T^0 为非负列向量，是从任意状态到达 $m+1$ 状态的吸收概率（转移速率），$Te+T^0=0$，e 是元素均为 1 的列向量。

假设在 $[0,\infty)$ 上的连续分布是 PH 分布，以 (α, T) 的形式表示，其中 α 表示非常返状态的初始概率向量；T 表示非常返状态之间的转移概率矩阵，且 T 的维数表示该分布的阶数，PH 分布的概率密度函数 $f(x)$ 和累积概率函数 $F(x)$ 为

$$f(x)=\alpha \exp(Tx)T^0, \quad x \geqslant 0 \tag{3.2}$$

$$F(x)=1-\alpha \exp(Tx)e, \quad x \geqslant 0 \tag{3.3}$$

为了更好地表达 PH 分布的思想，通过系统状态转移图来对 PH 分布的 Q 矩阵进行解释，如图 3.1 所示。

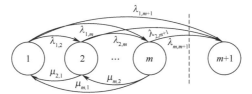

图 3.1　系统状态转移图

系统进入吸收态前的工作时间服从 PH 分布，该过程的状态无穷小生成元为

$$Q=\begin{pmatrix} -\left(\sum\limits_{j=1}^{m+1}\lambda_{1,j}+\sum\limits_{j=1}^{m}\mu_{1,j}\right) & \lambda_{1,2} & \cdots & \lambda_{1,m} & \lambda_{1,m+1} \\ \mu_{2,1} & -\left(\sum\limits_{j=1}^{m+1}\lambda_{2,j}+\sum\limits_{j=1}^{m}\mu_{2,j}\right) & \cdots & \lambda_{2,m} & \lambda_{2,m+1} \\ \vdots & \vdots & & \vdots & \vdots \\ \mu_{m,1} & \mu_{m,2} & \cdots & -\left(\sum\limits_{j=1}^{m+1}\lambda_{m,j}+\sum\limits_{j=1}^{m}\mu_{m,j}\right) & \lambda_{m,m+1} \\ 0 & 0 & \cdots & 0 & 0 \end{pmatrix} \tag{3.4}$$

式中，$\lambda_{i,j}$ 为故障率；$\mu_{i,j}$ 表示恢复速率；$\sum\limits_{j=1}^{m+1}\lambda_{i,j}+\sum\limits_{j=1}^{m}\mu_{i,j}$ 表示矩阵中每行的故障率与恢复速率之和，其中 $i \neq j$。

3.1.2　PH 分布的性质

PH 分布具有良好的通用性和适用性。具体表现在 PH 分布的两个性质上：封闭性和稠密性。

1. 封闭性

PH 分布具有良好的封闭性，通常几个 PH 分布在经过一些运算后可以产生一个新的 PH 分布，且其在经过大量运算后依然是封闭的，其封闭性主要体现在以下 3 个方面。

1）卷积计算[3]

假设 H 分布和 G 分布为两个相互独立的 PH 分布，分别用矩阵 $\boldsymbol{H}$ 和 $\boldsymbol{G}$ 表示，其分别有 m 阶$(\boldsymbol{\alpha}, \boldsymbol{T})$表示和 n 阶$(\boldsymbol{\beta}, \boldsymbol{S})$表示，则卷积 $\boldsymbol{H} * \boldsymbol{G}$ 也服从 PH 分布，阶数为 $m+n$。该 PH 分布可以表示为$(\boldsymbol{\gamma}_1, \boldsymbol{L}_1)$，即

$$\begin{cases} \boldsymbol{\gamma}_1 = (\boldsymbol{\alpha}, \alpha_{m+1}\boldsymbol{\beta}) \\ \gamma_{m+n+1} = \alpha_{m+1}\beta_{n+1} \\ \boldsymbol{L}_1 = \begin{bmatrix} \boldsymbol{T} & \boldsymbol{T}^0\boldsymbol{\beta} \\ \boldsymbol{0} & \boldsymbol{S} \end{bmatrix} \\ \boldsymbol{L}_1^0 = \begin{pmatrix} \beta_{n+1}\boldsymbol{T}^0 \\ \boldsymbol{S}^0 \end{pmatrix} \end{cases} \tag{3.5}$$

2）极值分布计算[4]

假设 x 和 y 是两个独立的随机变量，两个变量分别服从 H 分布和 G 分布。则 $\min(x, y)$ 的分布 $F_1(\cdot)$ 和 $\max(x, y)$ 的分布 $F_2(\cdot)$ 可以表示为

$$\begin{cases} F_1(\cdot) = 1 - \big[1 - H(\cdot)\big]\big[1 - G(\cdot)\big] \\ F_2(\cdot) = H(\cdot)G(\cdot) \end{cases} \tag{3.6}$$

F_1 有 mn 阶 PH 表示$(\boldsymbol{\gamma}_2, \boldsymbol{L}_2)$，即

$$\begin{cases} \boldsymbol{\gamma}_2 = \boldsymbol{\alpha} \otimes \boldsymbol{\beta} \\ \boldsymbol{L}_2 = \boldsymbol{T} \oplus \boldsymbol{S} \end{cases} \tag{3.7}$$

F_2 有 $mn+m+n$ 阶 PH 表示$(\boldsymbol{\gamma}_3, \boldsymbol{L}_3)$，即

$$
\begin{cases}
\boldsymbol{\gamma}_3 = (\boldsymbol{\alpha} \otimes \boldsymbol{\beta}, \beta_{n+1}\boldsymbol{\alpha}, \alpha_{m+1}\boldsymbol{\beta}) \\
\gamma_{mn+m+n+1} = \alpha_{m+1}\beta_{n+1} \\
\boldsymbol{L}_3 = \begin{bmatrix} \boldsymbol{T} \oplus \boldsymbol{S} & \boldsymbol{I}_m \otimes \boldsymbol{S}^0 & \boldsymbol{T}^0 \otimes \boldsymbol{I}_n \\ \boldsymbol{0} & \boldsymbol{T} & \boldsymbol{0} \\ \boldsymbol{0} & \boldsymbol{0} & \boldsymbol{S} \end{bmatrix} \quad \boldsymbol{L}_3^0 = \begin{bmatrix} \boldsymbol{0} \\ \boldsymbol{T}^0 \\ \boldsymbol{S}^0 \end{bmatrix}
\end{cases}
\tag{3.8}
$$

式中，"$\otimes$" 为 Kronecker 积，"$\oplus$" 为 Kronecker 和，因为在后面需要大量用到此种表示方法，所以在此特别对其进行定义。

假设有两个矩阵 $\boldsymbol{A}_{m \times n}$ 和 $\boldsymbol{B}_{m \times n}$，则 Kronecker 积[5]定义为

$$
\boldsymbol{A} \otimes \boldsymbol{B} = \begin{pmatrix} A_{11}\boldsymbol{B} & A_{12}\boldsymbol{B} & \cdots & A_{1n}\boldsymbol{B} \\ \vdots & \vdots & & \vdots \\ A_{m1}\boldsymbol{B} & A_{m2}\boldsymbol{B} & \cdots & A_{mn}\boldsymbol{B} \end{pmatrix}
\tag{3.9}
$$

当 $\boldsymbol{A}$ 和 $\boldsymbol{B}$ 为方阵时，Kronecker 和[5]定义为

$$
\boldsymbol{A} \oplus \boldsymbol{B} = \boldsymbol{A} \otimes \boldsymbol{I}_p + \boldsymbol{I}_m \otimes \boldsymbol{B}
\tag{3.10}
$$

式中，m 和 p 分别表示矩阵 $\boldsymbol{A}$ 和 $\boldsymbol{B}$ 的阶数，$\boldsymbol{I}_p$、$\boldsymbol{I}_m$ 分别表示 p 阶和 m 阶单位矩阵。

3）PH 分布的混合

PH 分布与其他分布的有限混合依然是 PH 分布。设 $(p_1, p_2, \cdots, p_k)$ 是一个概率分布，F_j 的 PH 表示为 $[\boldsymbol{\alpha}(j), \boldsymbol{T}(j)]$，则有限混合后的 $F = p_1 F_1 + \cdots + p_k F_k$ 的 PH 表示为 $(\boldsymbol{\gamma}_4, \boldsymbol{L}_4)$，数学表达式为

$$
\begin{cases}
\boldsymbol{\gamma}_4 = \begin{bmatrix} p_1\boldsymbol{\alpha}(1), p_2\boldsymbol{\alpha}(2), \cdots, p_k\boldsymbol{\alpha}(k) \end{bmatrix} \\
\boldsymbol{L}_4 = \begin{bmatrix} \boldsymbol{T}(1) & & & \\ & \boldsymbol{T}(2) & & \\ & & \ddots & \\ & & & \boldsymbol{T}(n) \end{bmatrix}
\end{cases}
\tag{3.11}
$$

2. 稠密性

PH 分布具有稠密性[6]，即对于 $[0, +\infty)$ 的任意一个随机变量来说，无论它服从何种分布，都可以找到一个恰当的 PH 分布来表示该随机变量。

3.1.3 PH 分布的可靠性指标

1. 可靠度

由 PH 分布的定义和 PH 分布的累积概率函数 $F(x)=1-\boldsymbol{\alpha}\exp(\boldsymbol{T}x)\boldsymbol{e}$，$x\geqslant0$ 可知，当整个系统的工作时间服从 PH 分布时，系统的可靠度为

$$R(t)=1-F(t)=\boldsymbol{\alpha}\exp(\boldsymbol{T}t)\boldsymbol{e} \tag{3.12}$$

式中，$R(t)$ 表示可靠度；$F(t)$ 表示 PH 分布的累积概率函数，在利用 PH 分布进行可靠性分析时，其表示累积失效概率；t 表示工作时间。

2. 平均无故障间隔时间

由连续时间马尔可夫理论中有关稳态概率向量的定义[7]可知，随着时间的推移，系统会进入稳态，$\boldsymbol{Q}$ 中的状态对应的概率构成了稳态概率向量 $\boldsymbol{\pi}_i$，且 $\boldsymbol{\pi}=(\boldsymbol{\pi}_1,\boldsymbol{\pi}_2,\cdots,\boldsymbol{\pi}_m)$ 需要满足

$$\begin{cases} \boldsymbol{\pi}\boldsymbol{Q}=\boldsymbol{0} \\ \boldsymbol{\pi}\boldsymbol{e}=1 \end{cases} \tag{3.13}$$

通过求解式（3.13），可以获得各状态的稳态概率，由 PH 分布的性质可知，系统工作时间 t 是系统在工作状态的停留时间，此时 t 服从 PH 分布，t 的 PH 表示为 $(\boldsymbol{\eta},\boldsymbol{C})$，其中 $\boldsymbol{C}$ 为 $\boldsymbol{\eta}$ 对应的状态转移矩阵。$\boldsymbol{\eta}$ 和 $\boldsymbol{C}$ 为

$$\boldsymbol{\eta}=\left(\frac{\boldsymbol{\pi}_0}{\sum\limits_{i=0}^{m}\boldsymbol{\pi}_i\boldsymbol{e}},\frac{\boldsymbol{\pi}_1}{\sum\limits_{i=0}^{m}\boldsymbol{\pi}_i\boldsymbol{e}},\cdots,\frac{\boldsymbol{\pi}_m}{\sum\limits_{i=0}^{m}\boldsymbol{\pi}_i\boldsymbol{e}}\right) \tag{3.14}$$

$$\boldsymbol{C}=\begin{matrix}0\\1\\\vdots\\m\end{matrix}\begin{bmatrix}\boldsymbol{E}_{00} & \boldsymbol{E}_{01} & \cdots & \boldsymbol{E}_{0m} \\ \boldsymbol{E}_{10} & \boldsymbol{E}_{11} & \cdots & \boldsymbol{E}_{1m} \\ \vdots & \vdots & & \vdots \\ \boldsymbol{E}_{m0} & \boldsymbol{E}_{m1} & \cdots & \boldsymbol{E}_{mm}\end{bmatrix} \tag{3.15}$$

式中，m 表示系统的工作状态；$\boldsymbol{e}$ 表示元素均为 1 的列向量；$\boldsymbol{E}_{ij}$ 表示工作状态之间的状态转移矩阵。

推论：此时系统的平均无故障间隔时间可以表示为

$$u=-\boldsymbol{\eta}\boldsymbol{C}^{-1}\boldsymbol{e} \tag{3.16}$$

3.2　基于 PH 分布的串并联系统可靠性分析

3.2.1　串联系统

1. 系统的描述与假设

在工程应用中，串联系统中的部件的工作时间往往服从不同类型的分布，利用典型分布建立系统的可靠性模型十分复杂。可以将 PH 分布引入，因为 PH 分布是一种矩阵形式的分布，所以其计算十分方便。

假设某个串联系统由 n 个部件组成，当其中一个部件发生故障时，系统发生故障并进入停机状态，此时其他部件保持当前状态，假设部件不会同时发生故障；每个部件的寿命分布相互独立。根据有关部件生成元的定义，可以将每个部件的工作时间转换为 PH 分布形式。每个部件具有 m_i 阶不可约束表示 $(\boldsymbol{a}, \boldsymbol{T})$；当对故障部件进行维修时，维修时间也可以转换为 PH 分布形式，其分布为 n 阶不可约束表示 $(\boldsymbol{\delta}, \boldsymbol{U})$ [7]。

2. 模型的分析与建立

根据系统的描述与假设，可以将整个系统的状态空间划分为 2 个宏观状态空间，即 $\Omega = H_1 \bigcup H_2$。H_1 表示在系统中没有故障部件，各部件都处于工作相位；H_2 表示在系统中有部件发生故障，故障部件处于维修相位，其他部件处于工作相位，系统停机。当组成串联系统的部件较多时，状态空间 H_2 可以进一步表示为状态 h_i（$i = 1, 2, \cdots, n$）的集合，h_i 表示系统中第 i 个部件损坏，目前处于维修相位，其余部件完好并处于工作相位。

3. 状态转移矩阵的确定

因为整个系统的宏观状态空间有两个，所以可以将系统的状态转移分为 4 种情况。

（1）H_1 内部的状态转移。

因为 H_1 表示所有部件完好，所以 H_1 内部的状态转移指各工作相位的转移。在任意时刻，系统内部的工作相位只会发生一次转移，如果部件 1 的状态发生转移，则状态转移矩阵可以写为 $T(1) \otimes I_2$，I_2 是与 $T(2)$ 同阶的单位矩阵；如果部件 i 的状态发生转移，则状态转移矩阵可以写为 $I_1 \otimes \cdots \otimes I_{i-1} \otimes T(i) \otimes I_{i+1} \otimes \cdots \otimes I_n$。根据状态转移矩阵的原理，该系统在状态空间 H_1 内部的状态转移矩阵可以写为 $T(1) \otimes I_2 + \cdots + I_1 \otimes \cdots \otimes I_{i-1} \otimes T(i) \otimes I_{i+1} \otimes \cdots \otimes I_n + \cdots + I_1 \otimes \cdots \otimes I_{n-1} \otimes T(n)$，$i = 1,2,\cdots,n$，根据式（3.10）可以将其改写为 $T(1) \oplus T(2) \oplus \cdots \oplus T(n)$。其中 $\oplus$ 和 $\otimes$ 分别表示 "Kronecker 和" 与 "Kronecker 积"。

（2）H_1 向 H_2 转移。

根据前面的假设，状态空间 H_2 可以进一步表示为 h_i 的集合，状态空间 H_1 向状态 h_i 转移的矩阵可以写为 $I_1 \otimes \cdots \otimes I_{i-1} \otimes T^0(i)\delta(i) \otimes I_{i+1} \otimes \cdots \otimes I_n$，$i = 1,2,\cdots,n$。部件 i 以转移速率 $T^0(i)$ 到达故障状态，然后按照概率向量 $\delta(i)$ 进入维修相位，其余部件的相位保持不变。

（3）H_2 向 H_1 转移。

当部件 i 被修复时，h_i 向 H_1 转移的矩阵可以写为 $I_1 \otimes \cdots \otimes I_{i-1} \otimes U^0(i)\alpha(i) \otimes I_{i+1} \otimes \cdots \otimes I_n$，$i = 1,2,\cdots,n$。部件 i 以转移速率 $U^0(i)$ 到达工作状态，然后按照概率向量 $\alpha(i)$ 进入工作相位，其余部件的相位保持不变。

（4）H_2 内部的状态转移。

由于系统属于串联系统，只要有一个部件发生故障，系统就会停机，所以在进行内部转移时，$h_i \to h_j (i \ne j)$ 的转移不存在，均为 $\mathbf{0}$ 矩阵，H_2 内部的状态转移矩阵可以写为 $I_1 \otimes \cdots \otimes I_{i-1} \otimes U(i) \otimes I_{i+1} \otimes \cdots \otimes I_n$，$i = 1,2,\cdots,n$。

整个系统的状态无穷小生成元 $\mathbf{Q}$ 为[7]

$$
\mathbf{Q} = \begin{array}{c} \\ H_1 \\ h_1 \\ h_2 \\ \vdots \\ h_n \end{array} \begin{array}{c} \overset{\displaystyle H_1 \quad h_1 \quad h_2 \quad \cdots \quad h_n}{} \\ \begin{bmatrix} \boldsymbol{E}_{00} & \boldsymbol{E}_{01} & \boldsymbol{E}_{02} & \cdots & \boldsymbol{E}_{0n} \\ \boldsymbol{E}_{10} & \boldsymbol{E}_{11} & \mathbf{0} & \cdots & \mathbf{0} \\ \boldsymbol{E}_{20} & \mathbf{0} & \boldsymbol{E}_{22} & \cdots & \mathbf{0} \\ \vdots & \vdots & \vdots & \vdots & \vdots \\ \boldsymbol{E}_{n0} & \mathbf{0} & \mathbf{0} & \cdots & \boldsymbol{E}_{nn} \end{bmatrix} \end{array}
\tag{3.17}
$$

式中，$E_{00} = T(1) \oplus T(2) \oplus \cdots \oplus T(n)$；$E_{ii} = I_1 \otimes \cdots \otimes I_{i-1} \otimes U(i) \otimes I_{i+1} \otimes \cdots \otimes I_n$；$E_{1i} = I_1 \otimes \cdots \otimes I_{i-1} \otimes T^0(i)\delta \otimes I_{i+1} \otimes \cdots \otimes I_n$；　$E_{i1} = I_1 \otimes \cdots \otimes I_{i-1} \otimes U^0(i)\alpha(i) \otimes I_{i+1} \otimes \cdots \otimes I_n$，$i = 1, 2, \cdots, n$。

由矩阵 Q 可知，多部件串联系统的状态无穷小生成元十分复杂，对于计算系统的可靠性指标十分不方便，在此可以转变思路，将多部件串联系统逐渐简化为两部件串联系统。n 部件串联系统的简化示意图如图 3.2 所示。例如，在一个多部件串联系统中，可以将串联的部件 1 和部件 2 看作一个部件，因此可以将整个系统逐步简化成两部件串联系统。

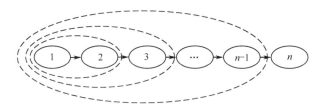

图 3.2　n 部件串联系统的简化示意图

由上述分析可知，两部件串联系统的状态无穷小生成元 Q 为

$$Q = \begin{array}{c} \\ H_1 \\ h_1 \\ h_2 \end{array} \begin{array}{c} H_1 \\ \left[\begin{array}{c} T(1) \oplus T(2) \\ U^0(1)\alpha(1) \otimes I_2 \\ I_1 \otimes U^0(2)\alpha(2) \end{array} \right. \end{array} \begin{array}{c} h_1 \\ T^0(1)\delta(1) \otimes I_2 \\ U(1) \otimes I_2 \\ 0 \end{array} \begin{array}{c} h_2 \\ \left. \begin{array}{c} I_1 \otimes T^0(2)\delta(2) \\ 0 \\ I_1 \otimes U(2) \end{array} \right] \end{array} \quad (3.18)$$

根据系统的实际工作情况可以得到：只有在 H_1 内部状态转移情况下，系统才是正常工作的。两部件串联系统的工作时间服从 PH 分布，具有 $m_1 m_2$ 阶不可约束表示 (ε, E)，其中 $\varepsilon = \alpha(1) \otimes \alpha(2)$，$E = T(1) \oplus T(2)$。还可以得到推论：当由两部件串联系统扩展为多部件串联系统时，可以得到串联系统的工作时间服从 PH 分布，其 PH 表示为 (β, S)，其中 $\beta = \alpha(1) \otimes \alpha(2) \otimes \cdots \otimes \alpha(n)$，$S = T(1) \oplus T(2) \oplus \cdots \oplus T(n)$。

3.2.2　并联系统

在工程应用中，常见的系统不仅有串联系统，还有并联系统。当并联系统的组成部件较多时，可以根据多部件串联系统的思想，将多部件并联系统

逐步简化为两部件并联系统。下面介绍两部件并联系统的 PH 分布可靠性分析方法[8]。

1. 系统的描述与假设

假设某个两部件并联系统是可修复的,两个部件的工作时间和维修时间相互独立。对并联系统进行更深一步的假定,具体如下。

(1)两个部件的工作时间服从 PH 分布,具有 m_i 阶不可约束表示 (α, T),两个部件的维修时间服从 PH 分布,具有 n_i 阶不可约束表示 (δ, U)。

(2)系统属于可修复系统,部件不会同时发生故障和同时维修。当发生故障时,以先故障先维修为原则。

(3)只有当两个部件都发生故障时,系统才停机,在进行维修后,系统会再次投入运转,部件维修后的更换时间不予考虑。

2. 模型的分析与建立

根据系统的描述与假设,可以将整个系统的状态空间划分为 5 个宏观状态空间,即 $\Omega = H_0 \cup H_1 \cup H_2 \cup H_3 \cup H_4$。$H_0$ 表示在系统中没有故障部件,各部件都处于工作相位;H_1 表示部件 1 完好,部件 2 故障,此时部件 1 处于工作相位,部件 2 处于维修相位;H_2 表示部件 2 完好,部件 1 故障,此时部件 2 处于工作相位,部件 1 处于维修相位;H_3 表示部件 1 和部件 2 均发生故障,系统停机,此时部件 1 正在维修,部件 2 等待维修,部件 1 处于维修相位;H_4 表示部件 1 和部件 2 均发生故障,系统停机,此时部件 2 正在维修,部件 1 等待维修,部件 2 处于维修相位。

3. 状态转移矩阵的确定

因为整个系统的宏观状态空间有 5 个,所以可以将系统的状态转移分为以下 9 种情况。

(1)H_0 内部的状态转移。

与串联系统相似,状态空间 H_0 内部的状态转移是指两个部件工作相位的转移,状态转移矩阵可以写为 $T(1) \oplus T(2)$。

(2)H_1 内部的状态转移。

此时部件 2 故障,部件 1 完好。在同一时刻,工作部件与维修部件不能发生相位转移，此时部件 1 处于工作相位，部件 2 处于维修相位，状态转移矩阵可由 $\boldsymbol{T}(1) \oplus \boldsymbol{U}(2)$ 表示。

（3）H_2 内部的状态转移。

此时部件 1 故障，部件 2 完好。在同一时刻，工作部件与维修部件不能发生相位转移，此时部件 2 处于工作相位，部件 1 处于维修相位，状态转移矩阵可由 $\boldsymbol{U}(1) \oplus \boldsymbol{T}(2)$ 表示。

（4）H_3 和 H_4 内部的状态转移。

H_3 表示两个部件均发生故障，部件 1 正在维修，部件 2 等待维修。此时只有部件 1 处于维修相位，进行维修相位的内部状态转移，可以表示为 $\boldsymbol{U}(1)$；H_4 表示两个部件均发生故障，部件 2 正在维修，部件 1 等待维修。此时只有部件 2 处于维修相位，进行维修相位的内部状态转移，可以表示为 $\boldsymbol{U}(2)$。

（5）H_0 向其他状态（H_1、H_2、H_3 和 H_4）转移。

H_0 向 H_1 转移可以理解为部件 2 发生故障，以速率 $\boldsymbol{T}^0(2)$ 到达故障状态，并按照概率向量 $\boldsymbol{\delta}(2)$ 进入维修相位，此时部件 1 处于工作相位，没有发生变化，状态转移矩阵可以表示为 $\boldsymbol{I} \otimes \boldsymbol{T}^0(2) \boldsymbol{\delta}(2)$。$H_0$ 向 H_2 转移可以理解为部件 1 发生故障，以速率 $\boldsymbol{T}^0(1)$ 到达故障状态，并按照概率向量 $\boldsymbol{\delta}(1)$ 进入维修相位，此时部件 2 处于工作相位，没有发生变化，状态转移矩阵可以表示为 $\boldsymbol{T}^0(1) \boldsymbol{\delta}(1) \otimes \boldsymbol{I}$。因为两个部件不会同时发生故障，所以当 H_0 向 H_3 和 H_4 转移时，状态转移矩阵为 $\boldsymbol{0}$。

（6）H_1 向其他状态（H_0、H_2、H_3 和 H_4）转移。

H_1 向 H_0 转移可以理解为部件 2 以速率 $\boldsymbol{U}^0(2)$ 进行维修，并按照概率向量 $\boldsymbol{\alpha}(2)$ 进入工作相位，此时部件 1 处于工作相位，没有发生变化，状态转移矩阵可以表示为 $\boldsymbol{I} \otimes \boldsymbol{U}^0(2) \boldsymbol{\alpha}(2)$。$H_1$ 表示部件 2 发生故障，所以不能向 H_2 和 H_3 转移，此时状态转移矩阵为 $\boldsymbol{0}$。H_1 向 H_4 转移可以理解为在部件 2 维修时，部件 1 发生了故障，由于不能同时维修，所以部件 1 没有进入任何相位。此时状态转移矩阵为 $\boldsymbol{T}^0(1) \otimes \boldsymbol{I}$。

（7）H_2 向其他状态（H_0、H_1、H_3 和 H_4）转移。

H_2 向 H_0 转移可以理解为部件 1 以速率 $\boldsymbol{U}^0(1)$ 进行维修，并按照概率向量 $\boldsymbol{\alpha}(1)$ 进入工作相位，此时部件 2 处于工作相位，没有发生变化，状态转移矩阵可以表示为 $\boldsymbol{U}^0(1) \boldsymbol{\alpha}(1) \otimes \boldsymbol{I}$。$H_2$ 表示部件 1 发生故障，所以不能向 H_1 和

H_4 转移，此时状态转移矩阵为 $\boldsymbol{0}$。H_2 向 H_3 转移可以理解为在部件 1 维修时，部件 2 发生故障，由于不能同时维修，所以部件 2 没有进入任何相位。此时状态转移矩阵为 $\boldsymbol{I} \otimes \boldsymbol{T}^0(2)$。

（8）H_3 向其他状态（H_0、H_1、H_2 和 H_4）转移，因为 H_3 表示部件 1 正在维修，部件 2 等待维修，所以 H_3 只能向 H_1 转移，此时部件 1 以速率 $\boldsymbol{U}^0(1)$ 进行维修，并按照概率向量 $\boldsymbol{\alpha}(1)$ 进入工作相位，部件 2 按照概率向量 $\boldsymbol{\delta}(2)$ 进入维修相位，此时状态转移矩阵为 $\boldsymbol{U}^0(1)\boldsymbol{\alpha}(1) \otimes \boldsymbol{\delta}(2)$。$H_3$ 向 H_0、H_2 和 H_4 转移的状态转移矩阵为 $\boldsymbol{0}$。

（9）H_4 向其他状态（H_0、H_1、H_2 和 H_3）转移，因为 H_4 表示部件 2 正在维修，部件 1 等待维修，所以 H_4 只能向 H_2 转移，此时部件 2 以速率 $\boldsymbol{U}^0(2)$ 进行维修，并按照概率向量 $\boldsymbol{\alpha}(2)$ 进入工作相位，部件 1 按照概率向量 $\boldsymbol{\delta}(1)$ 进入维修相位，此时状态转移矩阵为 $\boldsymbol{\delta}(1) \otimes \boldsymbol{U}^0(2)\boldsymbol{\alpha}(2)$。$H_4$ 向 H_0、H_1 和 H_3 转移的状态转移矩阵为 $\boldsymbol{0}$。

整个系统的状态无穷小生成元矩阵 $\boldsymbol{Q}$ 为

$$\boldsymbol{Q} = \begin{array}{c} \\ H_0 \\ H_1 \\ H_2 \\ H_3 \\ H_4 \end{array} \begin{bmatrix} \overset{H_0}{\boldsymbol{T}(1) \oplus \boldsymbol{T}(2)} & \overset{H_1}{\boldsymbol{I} \otimes \boldsymbol{T}^0(2)\boldsymbol{\delta}(2)} & \overset{H_2}{\boldsymbol{T}^0(1)\boldsymbol{\delta}(1) \otimes \boldsymbol{I}} & \overset{H_3}{\boldsymbol{0}} & \overset{H_4}{\boldsymbol{0}} \\ \boldsymbol{I} \otimes \boldsymbol{U}^0(2)\boldsymbol{\alpha}(2) & \boldsymbol{T}(1) \oplus \boldsymbol{U}(2) & \boldsymbol{0} & \boldsymbol{0} & \boldsymbol{T}^0(1) \otimes \boldsymbol{I} \\ \boldsymbol{U}^0(1)\boldsymbol{\alpha}(1) \otimes \boldsymbol{I} & \boldsymbol{0} & \boldsymbol{U}(1) \oplus \boldsymbol{T}(2) & \boldsymbol{I} \otimes \boldsymbol{T}^0(2) & \boldsymbol{0} \\ \boldsymbol{0} & \boldsymbol{U}^0(1)\boldsymbol{\alpha}(1) \otimes \boldsymbol{\delta}(2) & \boldsymbol{0} & \boldsymbol{U}(1) & \boldsymbol{0} \\ \boldsymbol{0} & \boldsymbol{0} & \boldsymbol{\delta}(1) \otimes \boldsymbol{U}^0(2)\boldsymbol{\alpha}(2) & \boldsymbol{0} & \boldsymbol{U}(2) \end{bmatrix} \tag{3.19}$$

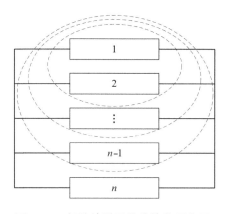

图 3.3　n 部件并联系统的简化示意图

根据多部件串联系统逐渐合并的思想，多部件并联系统也可以逐步合并为两部件并联系统。n 部件并联系统的简化示意图如图 3.3 所示。由于并联结构比串联结构复杂，所以在实际求解过程中，不会求解整个并联系统的状态无穷小生成元，而是会逐步求解两部件并联系统的无穷小生成元。

3.3　牵引系统案例分析

3.3.1　系统描述

本节以 PH 分布理论为基础，在考虑系统故障性维修的情况下，建立牵引系统的可靠性模型。在进行 PH 分布可靠性建模时，以列车为对象，以列车故障部件的发生频次为转移速率。绘制牵引系统的结构框图，如图 3.4 所示。可以将整个系统看作两个牵引动力单元并联后与主断路器和 ATP 串联的系统。

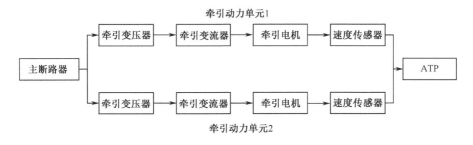

图 3.4　牵引系统的结构框图

在利用 PH 分布法进行系统的可靠性建模之前，需要确定各部件的非吸收态和吸收态。牵引系统故障数据如表 3.1 所示，由表 3.1 可知，牵引电机和速度传感器均为 3 状态部件，牵引变流器为 2 状态部件。这里将部件的 0 状态定为吸收态；0.5 状态为一般状态；假设部件在初始时是完好的，则为 1 状态。

表 3.1　牵引系统故障数据

部件	状态	故障数（次）	列车数（列）	故障率［次/（列·年）］
牵引电机	0.5	24		0.8
	0	16		0.533
牵引变流器	0	22	10	0.733
速度传感器	0.5	17		0.567
	0	1		0.033

根据式（3.1）和式（3.4）可以确定牵引系统各部件的初始概率向量和

状态无穷小生成元，进一步可以得到各部件工作时间服从的 PH 分布。在所给出的数据中，并没有主断路器和 ATP 的故障数据，牵引变压器的问题多为积灰等，不会对系统的可靠性造成影响，因此认为牵引变压器、主断路器和 ATP 是完好的部件。牵引系统部件工作时间服从的 PH 分布如表 3.2 所示。

表 3.2　牵引系统部件工作时间服从的 PH 分布

序号	部件	$\boldsymbol{\alpha}(i)$	$\boldsymbol{T}(i)$	$\boldsymbol{T}^0(i)$
1	牵引电机	(1,0)	$\begin{bmatrix} -1.333 & 0.8 \\ 0.8 & -0.8 \end{bmatrix}$	$\begin{bmatrix} 0.533 \\ 0 \end{bmatrix}$
2	牵引变流器	1	-0.733	0.733
3	速度传感器	(1,0)	$\begin{bmatrix} -0.6 & 0.567 \\ 0.567 & -0.567 \end{bmatrix}$	$\begin{bmatrix} 0.033 \\ 0 \end{bmatrix}$

当系统需要进行故障性维修时，说明部件已经失效，此时的维修是使部件由失效状态恢复到较好的状态，属于一种不完全维修活动。部件维修时间服从的 PH 分布可以用维修频次表示。假设整个系统的部件不会同时发生故障和同时维修，且按照先故障先维修的原则进行维修，系统的维修时间服从 $(\boldsymbol{\delta}, \boldsymbol{U})$ 的 PH 分布。

3.3.2　模型分析与建立

在进行牵引系统的可靠性建模时，可以将图 3.4 拆解为串联子系统和并联子系统，因为主断路器和 ATP 没有发生故障，所以可以将整个牵引系统看作牵引动力单元 1 和牵引动力单元 2 的并联，可以将每个牵引动力单元看作由牵引变流器、牵引电机和速度传感器组成的串联系统。在建模时可以先解算一个牵引动力单元的 PH 分布，再解算牵引系统的 PH 分布。

1. 牵引动力单元 PH 分布模型的构建

根据表 3.2 可以得到组成牵引动力单元的各部件工作时间服从的 PH 分布，牵引动力单元的故障部件有 3 个，根据串联系统 PH 分布建模思想，可以将其转化为两部件串联系统。由串联系统的定理和推论可知，牵引动力单元服从 PH 分布，可以表示为 $\left[\boldsymbol{b}(i), \boldsymbol{S}(i)\right]$。利用 MATLAB 进行求解，得到

牵引动力单元工作时间服从的 PH 分布为

$$
\begin{cases}
\boldsymbol{b}(1)=\boldsymbol{b}(2)=\boldsymbol{\alpha}(1)\otimes\boldsymbol{\alpha}(2)\otimes\boldsymbol{\alpha}(3)=\begin{bmatrix} 1 & 0 & 0 & 0 \end{bmatrix} \\
\boldsymbol{S}(1)=\boldsymbol{S}(2)=\boldsymbol{T}(1)\oplus\boldsymbol{T}(2)\oplus\boldsymbol{T}(3)=\begin{bmatrix} -2.666 & 0.567 & 0.8 & 0 \\ 0.567 & -2.633 & 0 & 0.8 \\ 0.8 & 0 & -2.133 & 0.567 \\ 0 & 0.8 & 0.567 & -2.1 \end{bmatrix}
\end{cases} \quad (3.20)
$$

2. 牵引系统 PH 分布模型的构建

可以将一个牵引动力单元看作一个部件，将整个牵引系统看作两部件并联系统，每个部件服从 $\left[\boldsymbol{b}(i),\boldsymbol{S}(i)\right]$ 的 PH 分布。牵引动力单元的维修时间服从（1，−1.3）的 PH 分布，将部件进入吸收态的速率看作部件的维修频次，并将其作为维修转移速率。牵引系统可能存在的状态为：两部件完好；牵引动力单元 1 完好，牵引动力单元 2 故障；牵引动力单元 2 完好，牵引动力单元 1 故障；牵引动力单元 1 正在维修，牵引动力单元 2 等待维修；牵引动力单元 2 正在维修，牵引动力单元 1 等待维修，分别用 H_0、H_1、H_2、H_3 和 H_4 表示。此时牵引系统的状态无穷小生成元为

$$
\boldsymbol{Q}=\begin{array}{c} H_0 \\ H_1 \\ H_2 \\ H_3 \\ H_4 \end{array}
\begin{array}{c}
\begin{array}{ccccc} H_0 & H_1 & H_2 & H_3 & H_4 \end{array} \\
\begin{bmatrix}
\boldsymbol{S}(1)\oplus\boldsymbol{S}(2) & \boldsymbol{I}\otimes\boldsymbol{S}^0(2)\delta & \boldsymbol{S}^0(1)\delta\otimes\boldsymbol{I} & \boldsymbol{0} & \boldsymbol{0} \\
\boldsymbol{I}\otimes\boldsymbol{U}^0\boldsymbol{b}(2) & \boldsymbol{S}(1)\oplus\boldsymbol{U} & \boldsymbol{0} & \boldsymbol{0} & \boldsymbol{S}^0(1)\otimes\boldsymbol{I} \\
\boldsymbol{U}^0\boldsymbol{b}(1)\otimes\boldsymbol{I} & \boldsymbol{0} & \boldsymbol{U}\oplus\boldsymbol{S}(2) & \boldsymbol{I}\otimes\boldsymbol{S}^0(2) & \boldsymbol{0} \\
\boldsymbol{0} & \boldsymbol{U}^0\boldsymbol{b}(1)\otimes\delta & \boldsymbol{0} & \boldsymbol{U} & \boldsymbol{0} \\
\boldsymbol{0} & \boldsymbol{0} & \delta\otimes\boldsymbol{U}^0\boldsymbol{b}(2) & \boldsymbol{0} & \boldsymbol{U}
\end{bmatrix}
\end{array} \quad (3.21)
$$

式中，$\boldsymbol{U}^0=-\boldsymbol{U}\boldsymbol{e}$，$\boldsymbol{S}^0=-\boldsymbol{S}\boldsymbol{e}$，$\boldsymbol{I}$ 表示对应阶数的单位矩阵，$\boldsymbol{e}$ 表示元素均为 1 的列向量。

3. 稳态概率向量的解算

当牵引系统趋于稳态时，其状态无穷小生成元中的各状态对应的概率构成了稳态概率向量 $\boldsymbol{\pi}_i$，与系统的状态空间 $\Omega=H_0\cup H_1\cup H_2\cup H_3\cup H_4$ 对应，可以表示为 $\boldsymbol{\pi}=(\boldsymbol{\pi}_0,\boldsymbol{\pi}_1,\boldsymbol{\pi}_2,\boldsymbol{\pi}_3,\boldsymbol{\pi}_4)$，将式（3.13）展开可以得到

$$\begin{cases} \boldsymbol{\pi}_0 \left[\boldsymbol{S}(1) \oplus \boldsymbol{S}(2) \right] + \boldsymbol{\pi}_1 \left[\boldsymbol{I} \otimes \boldsymbol{U}^0 \boldsymbol{b}(2) \right] + \boldsymbol{\pi}_2 \left[\boldsymbol{U}^0 \boldsymbol{b}(1) \otimes \boldsymbol{I} \right] = 0 \\ \boldsymbol{\pi}_0 \left[\boldsymbol{I} \otimes \boldsymbol{S}^0(2) \boldsymbol{\delta} \right] + \boldsymbol{\pi}_1 \left[\boldsymbol{S}(1) \oplus \boldsymbol{U} \right] + \boldsymbol{\pi}_3 \left[\boldsymbol{U}^0 \boldsymbol{b}(1) \otimes \boldsymbol{\delta} \right] = 0 \\ \boldsymbol{\pi}_0 \left[\boldsymbol{S}^0(1) \boldsymbol{\delta} \otimes \boldsymbol{I} \right] + \boldsymbol{\pi}_2 \left[\boldsymbol{U} \oplus \boldsymbol{S}(2) \right] + \boldsymbol{\pi}_4 \left[\boldsymbol{\delta} \otimes \boldsymbol{U}^0 \boldsymbol{b}(2) \right] = 0 \\ \boldsymbol{\pi}_2 \left[\boldsymbol{I} \otimes \boldsymbol{S}^0(2) \right] + \boldsymbol{\pi}_3 \left(\boldsymbol{U} \right) = 0 \\ \boldsymbol{\pi}_1 \left[\boldsymbol{S}^0(1) \otimes \boldsymbol{I} \right] + \boldsymbol{\pi}_4 \left(\boldsymbol{U} \right) = 0 \\ \boldsymbol{\pi}_0 \boldsymbol{e} + \boldsymbol{\pi}_1 \boldsymbol{e} + \boldsymbol{\pi}_2 \boldsymbol{e} + \boldsymbol{\pi}_3 \boldsymbol{e} + \boldsymbol{\pi}_4 \boldsymbol{e} = 1 \end{cases} \tag{3.22}$$

由于矩阵的计算量很大，在此用 MATLAB 解上述方程组，可以得到

$$\begin{cases} \boldsymbol{\pi}_0 = \begin{matrix} (0.0635, 0.018, 0.0276, 0.0143, 0.018, 0.0051, 0.0078, 0.0041, \\ 0.0276, 0.0078, 0.012, 0.0062, 0.0143, 0.0041, 0.0062, 0.0032) \end{matrix} \\ \boldsymbol{\pi}_1 = \left(0.1054, 0.0299, 0.0459, 0.0238 \right) \\ \boldsymbol{\pi}_2 = \left(0.1054, 0.0299, 0.0459, 0.0238 \right) \\ \boldsymbol{\pi}_3 = 0.1749 \\ \boldsymbol{\pi}_4 = 0.1749 \end{cases} \tag{3.23}$$

在得到稳态概率向量后，可以进行可靠性指标计算。

3.3.3　系统可靠性指标的计算

1. 平均无故障间隔时间

系统的平均无故障间隔时间是系统每次从工作状态 $H_0 \cup H_1 \cup H_2$ 转移到故障状态 $H_3 \cup H_4$ 的时间期望。由 PH 分布的定义和 PH 分布的封闭性可知，系统的工作时间服从 PH 分布，表示为 $(\boldsymbol{\gamma}, \boldsymbol{G})$（阶数为 $mn+ml+nl$，m 和 n 分别表示牵引动力单元 1 和牵引动力单元 2 的工作时间服从的 PH 分布的阶数，l 表示维修时间服从的 PH 分布的阶数），即

$$\begin{cases} \boldsymbol{\gamma} = \left(\dfrac{\boldsymbol{\pi}_0}{\displaystyle\sum_{i=0}^{2} \boldsymbol{\pi}_i \boldsymbol{e}}, \dfrac{\boldsymbol{\pi}_1}{\displaystyle\sum_{i=0}^{2} \boldsymbol{\pi}_i \boldsymbol{e}}, \dfrac{\boldsymbol{\pi}_2}{\displaystyle\sum_{i=0}^{2} \boldsymbol{\pi}_i \boldsymbol{e}} \right) \\ \boldsymbol{G} = \begin{bmatrix} \boldsymbol{S}(1) \oplus \boldsymbol{S}(2) & \boldsymbol{I} \otimes \boldsymbol{S}^0(2) \boldsymbol{\delta} & \boldsymbol{S}^0(1) \boldsymbol{\delta} \otimes \boldsymbol{I} \\ \boldsymbol{I} \otimes \boldsymbol{U}^0 \boldsymbol{b}(2) & \boldsymbol{S}(1) \oplus \boldsymbol{U} & \boldsymbol{0} \\ \boldsymbol{U}^0 \boldsymbol{b}(1) \otimes \boldsymbol{I} & \boldsymbol{0} & \boldsymbol{U} \oplus \boldsymbol{S}(2) \end{bmatrix} \end{cases} \tag{3.24}$$

在确定系统工作时间服从的 PH 分布后，可以根据式（3.16）求得系统的平均无故障间隔时间，即

$$u = -\gamma G^{-1} e = 1.7118 \text{年} \tag{3.25}$$

这里求的是列车数为 1 列时的平均无故障间隔时间，由于所选对象为 10 列，所以列车数为 10 列时的牵引系统的平均无故障间隔时间为 0.17118 年，即大约每过 62 天就有列车的牵引系统出现故障。

2. 可靠度

根据 PH 分布的可靠度公式 $R(t) = 1 - F(t) = \alpha \exp(Tt) e$，将牵引系统的可靠度参数 γ 和 G 输入可靠度公式，可以得到牵引系统的可靠度曲线，如图 3.5 所示。

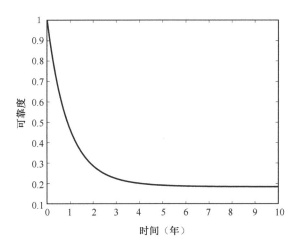

图 3.5　牵引系统的可靠度曲线

3.4　制动系统案例分析

3.4.1　系统描述

本节以空气制动系统为研究对象，建立基于 PH 分布的可靠性模型，空气制动系统的结构框图如图 3.6 所示。

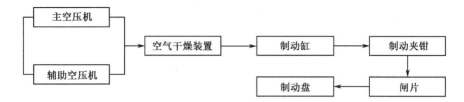

图 3.6 空气制动系统的结构框图

在进行空气制动系统的可靠性建模时,部件的状态转移速率为该部件在一年内发生故障的频率。由空气制动系统的结构框图可知,可以将整个系统看作空气压缩供给系统和基础制动系统的串联,空气压缩供给系统是由主空压机和辅助空压机形成的并联系统与空气干燥装置的串联,基础制动系统是由制动缸、制动夹钳、闸片和制动盘组成的串联系统。

在建模前,需要确定各部件工作时间服从的 PH 分布。需要对部件的故障状态进行分类,确定不同部件的吸收态。部件的故障状态一般分为 3 种:0 状态为部件的吸收态;0.5 状态为一般状态,发生故障不影响部件的功能;假设部件在初始时是完好的,则为 1 状态。空气制动系统的故障数据如表 3.3 所示。

根据式(3.1)和式(3.4)可以确定空气制动系统各部件的初始概率向量和状态无穷小生成元,进一步可以得到各部件工作时间服从的 PH 分布。在故障数据中并没有空气干燥装置的故障信息,因此认为空气干燥装置是完好的,空气制动系统部件工作时间服从的 PH 分布如表 3.4 所示。

表 3.3 空气制动系统的故障数据

部件	状态	故障数(次)	列车数(列)	故障率 [次/(列·年)]
辅助空压机	0.5	12		0.4
	0	37		1.233
主空压机	0.5	17		0.567
	0	0		0
制动缸	0.5	11	10	0.367
	0	3		0.1
制动夹钳	0.5	9		0.3
	0	0		0
制动盘	0.5	21		0.7
	0	0		0

表 3.4　空气制动系统部件工作时间服从的 PH 分布

序号	部件	$\boldsymbol{\alpha}(i)$	$\boldsymbol{T}(i)$	$\boldsymbol{T}^0(i)$
1	主空压机	$(1,0)$	$\begin{bmatrix} -0.567 & 0.567 \\ 0.567 & -0.567 \end{bmatrix}$	$\begin{bmatrix} 0 \\ 0 \end{bmatrix}$
2	辅助空压机	$(1,0)$	$\begin{bmatrix} -1.633 & 0.4 \\ 0.4 & -0.4 \end{bmatrix}$	$\begin{bmatrix} 1.233 \\ 0 \end{bmatrix}$
3	制动缸	$(1,0)$	$\begin{bmatrix} -0.467 & 0.367 \\ 0.367 & -0.367 \end{bmatrix}$	$\begin{bmatrix} 0.1 \\ 0 \end{bmatrix}$
4	制动夹钳	$(1,0)$	$\begin{bmatrix} -0.3 & 0.3 \\ 0.3 & -0.3 \end{bmatrix}$	$\begin{bmatrix} 0 \\ 0 \end{bmatrix}$
5	制动盘	$(1,0)$	$\begin{bmatrix} -0.7 & 0.7 \\ 0.7 & -0.7 \end{bmatrix}$	$\begin{bmatrix} 0 \\ 0 \end{bmatrix}$

当系统需要进行故障性维修时，说明部件已经失效，一般动车组采用不完全维修，将部件由失效状态恢复到较好的状态，部件维修时间服从的 PH 分布可以用维修频次表示。假设整个系统的部件不会同时发生故障和同时维修，且按照先故障先维修的原则进行维修，系统的维修时间服从 $(\boldsymbol{\delta}, \boldsymbol{U})$ 的 PH 分布。

3.4.2　模型分析与建立

在进行制动系统的可靠性建模时，可以将图 3.6 拆解为串联子系统和并联子系统，可以将整个制动系统看作空气压缩供给系统和基础制动系统的串联。因为空气干燥装置被认为是完好的，所以可以将空气压缩供给系统看作主空压机和辅助空压机的并联，可以将基础制动系统看作由制动缸、制动夹钳和制动盘组成的串联系统（在此不考虑闸片）。在建模时可以先解算空气压缩供给系统服从的 PH 分布，再解算基础制动系统服从的 PH 分布，最终得到整个空气制动系统服从的 PH 分布。

1. 空气压缩供给系统 PH 分布模型的构建

可以将空气压缩供给系统看作主空压机和辅助空压机的并联，根据表 3.4 可以得到主空压机和辅助空压机工作时间服从的 PH 分布。空气压缩供给系统的维修时间服从 $(1, -1.23)$ 的 PH 分布。此时空气压缩供给系统可能存

在的状态空间 Ω 为：主空压机和辅助空压机均完好；主空压机完好，辅助空压机故障；辅助空压机完好，主空压机故障；主空压机正在维修，辅助空压机等待维修；辅助空压机正在维修，主空压机等待维修。分别用 H_0、H_1、H_2、H_3 和 H_4 表示。此时空气压缩供给系统的状态无穷小生成元为

$$
Q = \begin{array}{c}
 \\
H_0 \\
H_1 \\
H_2 \\
H_3 \\
H_4
\end{array}
\begin{array}{ccccc}
H_0 & H_1 & H_2 & H_3 & H_4
\end{array}
\left[
\begin{array}{ccccc}
T(1)\oplus T(2) & I\otimes T^0(2)\delta_1 & T^0(1)\delta_1\otimes I & 0 & 0 \\
I\otimes U_1^{\,0}\alpha(2) & T(1)\oplus U_1 & 0 & 0 & T^0(1)\otimes I \\
U_1^{\,0}\alpha(1)\otimes I & 0 & U_1\oplus T(2) & I\otimes T^0(2) & 0 \\
0 & U_1^{\,0}\alpha(1)\otimes\delta_1 & 0 & U_1 & 0 \\
0 & 0 & \delta_1\otimes U_1^{\,0}\alpha(2) & 0 & U_1
\end{array}
\right]
\tag{3.26}
$$

系统的工作时间是系统在状态 $H_0\cup H_1\cup H_2$ 的停留时间，根据 PH 分布的定义，系统的工作时间服从 PH 分布，可以表示为 (γ, G)（阶数为 $mn+ml+nl$，m 和 n 表示辅助空压机和主空压机工作时间服从的 PH 分布的阶数，l 表示维修时间服从的 PH 分布的阶数），即

$$
\begin{cases}
\gamma = \left(\dfrac{\pi_0}{\sum\limits_{i=0}^{2}\pi_i e},\ \dfrac{\pi_1}{\sum\limits_{i=0}^{2}\pi_i e},\ \dfrac{\pi_2}{\sum\limits_{i=0}^{2}\pi_i e} \right) \\[4mm]
G = \begin{bmatrix}
T(1)\oplus T(2) & I\otimes T^0(2)\delta_1 & T^0(1)\delta_1\otimes I \\
I\otimes U_1^{\,0}\alpha(2) & T(1)\oplus U_1 & 0 \\
U_1^{\,0}\alpha(1)\otimes I & 0 & U_1\oplus T(2)
\end{bmatrix}
\end{cases}
\tag{3.27}
$$

当系统趋于稳态时，矩阵 Q 中各状态对应的概率构成了稳态概率向量 π，与系统的状态空间 $\Omega=H_0\cup H_1\cup H_2\cup H_3\cup H_4$ 对应，可以表示为 $\pi=(\pi_0,\pi_1,\pi_2,\pi_3,\pi_4)$，将式（3.13）展开可以得到

$$
\begin{cases}
\pi_0\left[T(1)\oplus T(2)\right]+\pi_1\left[I\otimes U_1^{\,0}\alpha(2)\right]+\pi_2\left[U_1^{\,0}\alpha(1)\otimes I\right]=0 \\
\pi_0\left[I\otimes T^0(2)\delta_1\right]+\pi_1\left[T(1)\oplus U_1\right]+\pi_3\left[U_1^{\,0}\alpha(1)\otimes\delta_1\right]=0 \\
\pi_0\left[S^0(1)\delta\otimes I\right]+\pi_2\left[U_1\oplus T(2)\right]+\pi_4\left[\delta_1\otimes U_1^{\,0}\alpha(2)\right]=0 \\
\pi_2\left[I\otimes T^0(2)\right]+\pi_3(U_1)=0 \\
\pi_1\left[T^0(1)\otimes I\right]+\pi_4(U_1)=0 \\
\pi_0 e+\pi_1 e+\pi_2 e+\pi_3 e+\pi_4 e=1
\end{cases}
\tag{3.28}
$$

由于矩阵的计算量很大，在此用 MATLAB 解上述方程组，可以得到 π_0 到 π_4 的值，这里不再一一列举。

2. 基础制动系统 PH 分布模型的构建

根据表 3.4 可以得到组成基础制动系统的各部件工作时间服从的 PH 分布，基础制动系统的主要故障部件有 3 个，根据串联系统 PH 分布的建模思想，可以将其组合为两部件串联系统。根据串联系统的定理和推论，基础制动系统的工作时间服从$(\boldsymbol{b}, \boldsymbol{S})$的 PH 分布，维修时间服从（1，-0.1）的 PH 分布。利用 MATLAB 求解得到基础制动系统的工作时间服从的 PH 分布为

$$\begin{cases} \boldsymbol{b} = \boldsymbol{\alpha}(1) \otimes \boldsymbol{\alpha}(2) \otimes \boldsymbol{\alpha}(3) \\ \boldsymbol{S} = \boldsymbol{T}(1) \oplus \boldsymbol{T}(2) \oplus \boldsymbol{T}(3) \end{cases} \tag{3.29}$$

3. 空气制动系统 PH 分布模型的构建

空气制动系统由空气压缩供给系统和基础制动系统串联而成，空气压缩供给系统的工作时间服从$(\boldsymbol{\gamma}, \boldsymbol{G})$的 PH 分布，基础制动系统的工作时间服从$(\boldsymbol{b}, \boldsymbol{S})$的 PH 分布，空气压缩供给系统的维修时间服从$(\boldsymbol{\delta}_1, \boldsymbol{U}_1)$的 PH 分布，基础制动系统的维修时间服从$(\boldsymbol{\delta}_2, \boldsymbol{U}_2)$的 PH 分布。此时空气制动系统可能存在的状态空间 Ω 为：空气压缩供给系统和基础制动系统均完好；空气压缩供给系统故障停机；基础制动系统故障停机。分别用 H_1 和 H_2 表示，H_2 可进一步划分为(h_1, h_2)。此时制动系统的状态无穷小生成元为

$$\boldsymbol{Q} = \begin{array}{c} \\ H_1 \\ h_1 \\ h_2 \end{array} \begin{array}{c} H_1 \qquad\quad h_1 \qquad\qquad h_2 \\ \begin{bmatrix} \boldsymbol{G} \oplus \boldsymbol{S} & \boldsymbol{G}^0 \boldsymbol{\delta}_2 \otimes \boldsymbol{I}_2 & \boldsymbol{I}_1 \otimes \boldsymbol{S}^0 \boldsymbol{\delta}_2 \\ \boldsymbol{U}_2^0 \boldsymbol{\gamma} \otimes \boldsymbol{I}_2 & \boldsymbol{U}_2 \otimes \boldsymbol{I}_2 & \boldsymbol{0} \\ \boldsymbol{I}_1 \otimes \boldsymbol{U}_2^0 \boldsymbol{\beta} & \boldsymbol{0} & \boldsymbol{I}_1 \otimes \boldsymbol{U}_2 \end{bmatrix} \end{array} \tag{3.30}$$

式中，$\boldsymbol{U}_2^0 = -\boldsymbol{U}_2 \boldsymbol{e}$，$\boldsymbol{S}^0 = -\boldsymbol{S}\boldsymbol{e}$，$\boldsymbol{G}^0 = -\boldsymbol{G}\boldsymbol{e}$，$\boldsymbol{I}$ 表示对应阶数的单位矩阵，$\boldsymbol{e}$ 表示元素均为 1 的列向量。

由式（3.30）可知，系统仅在 H_1 下工作，根据串联系统的定理和推论可知，系统的工作时间服从 PH 分布，可以表示为$(\boldsymbol{\beta}, \boldsymbol{C})$，其中 $\boldsymbol{\beta} = \boldsymbol{\gamma} \otimes \boldsymbol{b}$，$\boldsymbol{C} = \boldsymbol{G} \oplus \boldsymbol{S}$。

3.4.3　系统可靠性指标的计算

1. 平均无故障间隔时间

系统的平均无故障间隔时间是系统每次从工作状态 H_1 转移到故障状态 $h_1 \cup h_2$ 的平均时间。因为系统的工作时间服从 PH 分布，分布形式为($\boldsymbol{\beta}$, $\boldsymbol{C}$)，所以可以根据式（3.16）求得系统的平均无故障间隔时间，即

$$u = -\boldsymbol{\beta}\boldsymbol{C}^{-1}\boldsymbol{e} = 2.297 \text{ 年} \tag{3.31}$$

这里求的是列车数为 1 列时的平均无故障间隔时间，由于所选对象为 10 列，所以列车数为 10 列时的空气制动系统的平均无故障间隔时间为 0.2297 年，即大约每过 84 天就有列车的空气制动系统出现故障。

2. 可靠度

根据 PH 分布的可靠度公式 $R(t) = 1 - F(t) = \boldsymbol{\alpha}\exp(\boldsymbol{T}t)\boldsymbol{e}$，将空气制动系统的可靠度参数 $\boldsymbol{\beta}$ 和 $\boldsymbol{C}$ 输入可靠度公式，可以得到空气制动系统的可靠度曲线，如图 3.7 所示。

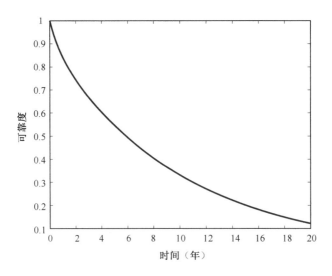

图 3.7　空气制动系统的可靠度曲线

3.4.4　可靠性与维修策略对比分析

空气压缩供给系统的维修周期如表 3.5 所示。由表 3.5 可知，空气压缩供给系统的维修内容主要有两项，分别是主空压机和辅助空压机的预防性维修。按照原维修周期，空气压缩供给系统一年的预防性维修次数为 12 次，此时在考虑预防性维修和故障性维修的情况下，空气压缩供给系统的维修时间服从（1，–13.23）的 PH 分布，故障部件工作时间服从的 PH 分布形式保持不变。优化后空气压缩供给系统一年的预防性维修次数为 6 次，此时在考虑预防性维修和故障性维修的情况下，空气压缩供给系统的维修时间服从（1，–7.23）的 PH 分布，故障部件工作时间服从的 PH 分布形式保持不变。将参数代入空气制动系统的可靠性分析模型，得到考虑不同维修周期的空气制动系统的可靠度曲线，如图 3.8 所示。

表 3.5　空气压缩供给系统的维修周期

维修部件	维修内容	原维修周期（天）	优化维修周期（天）
主空压机	预防性维修	30	60
辅助空压机	预防性维修	30	60

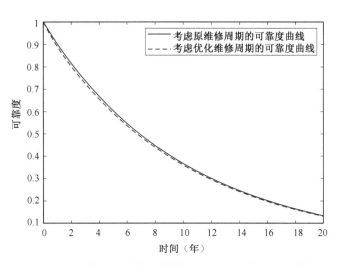

图 3.8　考虑不同维修周期的空气制动系统可靠度曲线

由图 3.8 可知，在考虑优化维修周期与考虑原维修周期的情况下，系统

的可靠度保持能力没有发生明显变化，说明维修周期的延长未对系统的可靠度保持能力产生很大影响，但降低了维修费用、提高了维修效率。验证了维修周期优化的合理性。

3.5　车门系统案例分析

3.5.1　系统描述

本节以动车组车门系统为研究对象，依据 PH 分布对车门系统进行可靠性分析。由图 2.8 和图 2.9 可知，可以将整个车门系统看作子系统 2 和子系统 3 并联，再与子系统 1 串联组成的系统，子系统 2 的主要故障部件是丝杆、导轨/摆臂、滑道、98%限位开关、主锁、辅助锁；子系统 3 的主要故障部件是辅助锁、主锁、丝杆、导轨/摆臂、滑道；子系统 2 和子系统 3 均为串联系统。

在建模前，需要确定各部件的 PH 分布，这里认为车门系统的部件均为 2 状态部件，将 0 状态定为吸收态。假设部件在初始时是完好的，车门系统各部件的故障数据如表 3.6 所示。

表 3.6　车门系统各部件的故障数据

部件	状态	故障数（次）	列车数（列）	故障率［次/（列·年）］
丝杆	0	2		0.067
导轨/摆臂	0	68		2.267
滑道	0	30		1
98%限位开关	0	33	10	1.1
主锁	0	67		2.233
辅助锁	0	76		2.533
门控器	0	5		0.167

根据式（3.1）和式（3.4）可以确定车门系统各部件的初始概率向量和状态无穷小生成元，进一步可以得到各部件工作时间服从的 PH 分布。在故障数据中并没有驱动电机、螺母组件、长短导柱、携门架和门页的故障信息，因此认为这些部件是完好的，车门系统部件工作时间服从的 PH 分布如表 3.7 所示。

表 3.7　车门系统部件工作时间服从的 PH 分布

序号	部件	$\alpha(i)$	$T(i)$	$T^0(i)$
1	丝杆	1	−0.067	0.067
2	导轨/摆臂	1	−2.267	2.267
3	滑道	1	−1	1
4	98%限位开关	1	−1.1	1.1
5	主锁	1	−2.233	2.233
6	辅助锁	1	−2.533	2.533
7	门控器	1	−0.167	0.167

当系统需要进行故障性维修时，说明部件已经失效，此时认为部件的维修是不完全维修，即部件由失效状态恢复到较好的状态。部件维修时间服从的 PH 分布可以用维修频次表示。假设整个系统的部件不会同时发生故障和同时维修，且按照先故障先维修的原则进行维修，系统的维修时间服从 (δ, U) 的 PH 分布。

3.5.2　模型分析与建立

在进行车门系统的可靠性建模时，可以将车门系统拆解为串联子系统和并联子系统，整个车门系统的可靠性建模可以分为以下 3 个部分。

1. 子系统 2 和子系统 3 PH 分布模型的构建

子系统 2 和子系统 3 均为串联系统。由串联系统的定理和推论可知，子系统 3 和子系统 2 服从 PH 分布，可以表示为 (b, S)。利用 MATLAB 进行求解，得到子系统 3 和子系统 2 的工作时间服从的 PH 分布为

$$\begin{cases} \boldsymbol{b}(1) = \boldsymbol{\alpha}(1) \otimes \boldsymbol{\alpha}(2) \otimes \boldsymbol{\alpha}(3) \otimes \boldsymbol{\alpha}(5) \otimes \boldsymbol{\alpha}(6) = 1 \\ \boldsymbol{S}(1) = \boldsymbol{T}(1) \oplus \boldsymbol{T}(2) \oplus \boldsymbol{T}(3) \oplus \boldsymbol{T}(5) \oplus \boldsymbol{T}(6) = 8.1 \\ \boldsymbol{b}(2) = \boldsymbol{\alpha}(1) \otimes \boldsymbol{\alpha}(2) \otimes \boldsymbol{\alpha}(3) \otimes \boldsymbol{\alpha}(4) \otimes \boldsymbol{\alpha}(5) \otimes \boldsymbol{\alpha}(6) = 1 \\ \boldsymbol{S}(2) = \boldsymbol{T}(1) \oplus \boldsymbol{T}(2) \oplus \boldsymbol{T}(3) \oplus \boldsymbol{T}(4) \oplus \boldsymbol{T}(5) \oplus \boldsymbol{T}(6) = 9.1 \end{cases} \quad (3.32)$$

2. 子系统 2 与子系统 3 并联的 PH 分布模型的构建

在计算出子系统 2 和子系统 3 的 PH 分布后，需要构建两者并联的 PH 分布模型，可以将子系统 2 和子系统 3 分别看作一个部件，均服从$(\boldsymbol{b}, \boldsymbol{S})$的 PH 分布。因为子系统 2 和子系统 3 的故障部件几乎相同，所以可以认为每个子系统的维修时间服从相同的 PH 分布，分布形式为$(1, -9.2)$。此时系统可能存在的状态空间 Ω 为：两个子系统完好；子系统 2 完好，子系统 3 故障；子系统 3 完好，子系统 2 故障；子系统 2 正在维修，子系统 3 等待维修；子系统 3 正在维修，子系统 2 等待维修，分别用 H_0、H_1、H_2、H_3 和 H_4 表示。此时的状态无穷小生成元为

$$\boldsymbol{Q} = \begin{array}{c} \\ H_0 \\ H_1 \\ H_2 \\ H_3 \\ H_4 \end{array} \begin{array}{c} \begin{array}{ccccc} H_0 & H_1 & H_2 & H_3 & H_4 \end{array} \\ \begin{bmatrix} \boldsymbol{S}(1) \oplus \boldsymbol{S}(2) & \boldsymbol{I} \otimes \boldsymbol{S}^0(2)\delta_1 & \boldsymbol{S}^0(1)\delta_1 \otimes \boldsymbol{I} & 0 & 0 \\ \boldsymbol{I} \otimes \boldsymbol{U}_1^0 \boldsymbol{b}(2) & \boldsymbol{S}(1) \oplus \boldsymbol{U}_1 & 0 & 0 & \boldsymbol{S}^0(1) \otimes \boldsymbol{I} \\ \boldsymbol{U}_1^0 \boldsymbol{b}(1) \otimes \boldsymbol{I} & 0 & \boldsymbol{U}_1 \oplus \boldsymbol{S}(2) & \boldsymbol{I} \otimes \boldsymbol{S}^0(2) & 0 \\ 0 & \boldsymbol{U}_1^0 \boldsymbol{b}(1) \otimes \delta_1 & 0 & \boldsymbol{U}_1 & 0 \\ 0 & 0 & \delta_1 \otimes \boldsymbol{U}_1^0 \boldsymbol{b}(2) & 0 & \boldsymbol{U}_1 \end{bmatrix} \end{array} \quad (3.33)$$

式中，$\boldsymbol{U}_1^0 = -\boldsymbol{U}_1 \boldsymbol{e}$，$\boldsymbol{S}^0 = -\boldsymbol{S}\boldsymbol{e}$，$\boldsymbol{I}$ 表示对应阶数的单位矩阵，$\boldsymbol{e}$ 表示元素均为 1 的列向量。

系统的工作时间是系统在状态 $H_0 \cup H_1 \cup H_2$ 的停留时间，根据 PH 分布的定义，系统的工作时间服从 PH 分布，可以表示为$(\boldsymbol{\gamma}, \boldsymbol{G})$（阶数为 $mn+ml+nl$，m 和 n 表示子系统 2 和子系统 3 的工作时间服从的 PH 分布的阶数，l 表示维修时间服从的 PH 分布的阶数），即

$$\begin{cases} \boldsymbol{\gamma} = \left(\dfrac{\boldsymbol{\pi}_0}{\sum\limits_{i=0}^{2} \boldsymbol{\pi}_i \boldsymbol{e}}, \dfrac{\boldsymbol{\pi}_1}{\sum\limits_{i=0}^{2} \boldsymbol{\pi}_i \boldsymbol{e}}, \dfrac{\boldsymbol{\pi}_2}{\sum\limits_{i=0}^{2} \boldsymbol{\pi}_i \boldsymbol{e}} \right) \\ \boldsymbol{G} = \begin{bmatrix} -17.3 & 9.2 & 8.1 \\ 9.2 & -17.3 & 0 \\ 9.2 & 0 & -18.4 \end{bmatrix} \end{cases} \quad (3.34)$$

当系统趋于稳态时，矩阵 $\boldsymbol{Q}$ 中各状态对应的概率构成了稳态概率向量 $\boldsymbol{\pi}_i$，与系统的状态空间 $\Omega = H_0 \cup H_1 \cup H_2 \cup H_3 \cup H_4$ 相对应，可以表示为 $\boldsymbol{\pi} = (\boldsymbol{\pi}_0, \boldsymbol{\pi}_1, \boldsymbol{\pi}_2, \boldsymbol{\pi}_3, \boldsymbol{\pi}_4)$，将式（3.13）展开可以得到

$$
\begin{cases}
\boldsymbol{\pi}_0 \big[\boldsymbol{S}(1) \oplus \boldsymbol{S}(2) \big] + \boldsymbol{\pi}_1 \big[\boldsymbol{I} \otimes \boldsymbol{U}_1^0 \boldsymbol{b}(2) \big] + \boldsymbol{\pi}_2 \big[\boldsymbol{U}_1^0 \boldsymbol{b}(1) \otimes \boldsymbol{I} \big] = 0 \\
\boldsymbol{\pi}_0 \big[\boldsymbol{I} \otimes \boldsymbol{S}^0(2)\boldsymbol{\delta}_1 \big] + \boldsymbol{\pi}_1 \big[\boldsymbol{S}(1) \oplus \boldsymbol{U} \big] + \boldsymbol{\pi}_3 \big[\boldsymbol{U}_1^0 \boldsymbol{b}(1) \otimes \boldsymbol{\delta}_1 \big] = 0 \\
\boldsymbol{\pi}_0 \big[\boldsymbol{S}^0(1)\boldsymbol{\delta}_1 \otimes \boldsymbol{I} \big] + \boldsymbol{\pi}_2 \big[\boldsymbol{U}_1 \oplus \boldsymbol{S}(2) \big] + \boldsymbol{\pi}_4 \big[\boldsymbol{\delta}_1 \otimes \boldsymbol{U}_1^0 \boldsymbol{b}(2) \big] = 0 \\
\boldsymbol{\pi}_2 \big[\boldsymbol{I} \otimes \boldsymbol{S}^0(2) \big] + \boldsymbol{\pi}_3 (\boldsymbol{U}_1) = 0 \\
\boldsymbol{\pi}_1 \big[\boldsymbol{S}^0(1) \otimes \boldsymbol{I} \big] + \boldsymbol{\pi}_4 (\boldsymbol{U}_1) = 0 \\
\boldsymbol{\pi}_0 \boldsymbol{e} + \boldsymbol{\pi}_1 \boldsymbol{e} + \boldsymbol{\pi}_2 \boldsymbol{e} + \boldsymbol{\pi}_3 \boldsymbol{e} + \boldsymbol{\pi}_4 \boldsymbol{e} = 1
\end{cases}
\tag{3.35}
$$

由于矩阵的计算量很大，在此用 MATLAB 解上述方程组，可以得到 $\boldsymbol{\pi}_0$ 到 $\boldsymbol{\pi}_4$ 的值，这里不再一一列举。

3. 车门系统 PH 分布模型的构建

子系统 3 和子系统 2 的并联系统服从 $(\boldsymbol{\gamma}, \boldsymbol{G})$ 的 PH 分布，子系统 1 中的故障部件只有门控器，所以子系统 1 服从 $[\boldsymbol{\alpha}(7), \boldsymbol{T}(7)]$ 的 PH 分布，子系统 2 和子系统 3 并联系统的维修时间服从 $(\boldsymbol{\delta}_1, \boldsymbol{U}_1)$ 的 PH 分布。门控器的维修时间服从（1, –0.1167）的 PH 分布。此时车门系统可能存在的状态空间 Ω 有两种情况：一是完好系统正常工作；二是故障系统停机。分别用 H_1 和 H_2 表示，H_2 可进一步划分为 (h_1, h_2)。此时车门系统的状态无穷小生成元为

$$
\boldsymbol{Q} = \begin{array}{c} H_1 \\ h_1 \\ h_2 \end{array} \begin{array}{c} H_1 \qquad\qquad h_1 \qquad\qquad h_2 \\ \begin{bmatrix} \boldsymbol{G} \oplus \boldsymbol{T}(7) & \boldsymbol{G}^0 \boldsymbol{\delta}_1 \otimes \boldsymbol{I}_2 & \boldsymbol{I}_1 \otimes \boldsymbol{T}^0(7)\boldsymbol{\delta}_2 \\ \boldsymbol{U}_1^0 \boldsymbol{\gamma} \otimes \boldsymbol{I}_2 & \boldsymbol{U}_1 \otimes \boldsymbol{I}_2 & \boldsymbol{0} \\ \boldsymbol{I}_1 \otimes \boldsymbol{U}_2^0 \boldsymbol{\alpha}(7) & \boldsymbol{0} & \boldsymbol{I}_1 \otimes \boldsymbol{U}_2 \end{bmatrix} \end{array}
\tag{3.36}
$$

由式（3.36）可知，系统仅在状态 H_1 下工作，此时根据串联系统的定理和推论可知，系统的工作时间服从 PH 分布，可以表示为 $(\boldsymbol{\beta}, \boldsymbol{C})$，其中 $\boldsymbol{\beta} = \boldsymbol{\gamma} \otimes \boldsymbol{\alpha}(7)$，$\boldsymbol{C} = \boldsymbol{G} \oplus \boldsymbol{T}(7)$。

3.5.3　系统可靠性指标的计算

1. 平均无故障间隔时间

系统的平均无故障间隔时间指系统每次从工作状态 H_1 转移到故障状态 $h_1 \cup h_2$ 的平均时间。因为系统的工作时间服从 PH 分布，分布形式为 $(\boldsymbol{\beta}, \boldsymbol{C})$，所以可以根据式（3.16）求得系统的平均无故障间隔时间，即

$$u = -\boldsymbol{\beta C}^{-1}\boldsymbol{e} = 0.1918 \text{ 年} \tag{3.37}$$

这里求的是列车数为 1 列时的车门系统的平均无故障间隔时间，由于所选对象为 10 列，所以以列车数为 10 列时的车门系统的平均无故障间隔时间为 0.01918 年，即大约每过 7 天就有列车的车门系统出现故障。

2. 可靠度

根据 PH 分布的可靠度公式 $R(t) = 1 - F(t) = \boldsymbol{\alpha}\exp(\boldsymbol{T}t)\boldsymbol{e}$，将车门系统的可靠度参数 $\boldsymbol{\beta}$ 和 $\boldsymbol{C}$ 输入可靠度公式，得到车门系统的可靠度曲线，如图 3.9 所示。

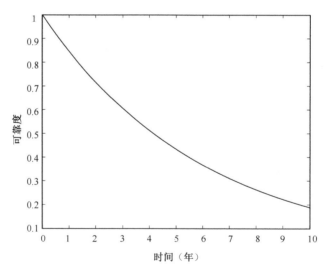

图 3.9　车门系统的可靠度曲线

3.5.4　可靠性与维修策略对比分析

车门系统维修周期如表 3.8 所示，由表 3.8 可知，车门系统的维修内容主要有两项，分别是客室车门的检测与清洁、客室车门润滑等。按照原维修周期，在考虑预防性维修和故障性维修的情况下，子系统 2 和子系统 3 的维修时间服从（1，-19.2）的 PH 分布，门控器的维修时间服从（1，-10.1167）的 PH 分布，部件工作时间服从的 PH 分布形式保持不变。优化后在考虑预防性维修和故障性维修的情况下，子系统 2 和子系统 3 的维修时间服从（1，-16.2）的 PH 分布，门控器的维修时间服从（1，-7.1167）的 PH 分布，部件工作时间服从的 PH 分布形式保持不变。将参数代入车门系统的可靠性分析模型，得到考虑不同维修周期的车门系统的可靠度曲线，如图 3.10 所示。

表 3.8　车门系统维修周期

维修部件	维修内容	原维修周期（天）	优化维修周期（天）
客室车门	检测与清洁	60	90
客室车门	润滑	90	120

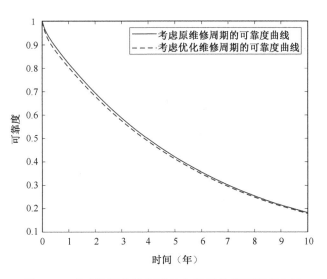

图 3.10　考虑不同维修周期的车门系统的可靠度曲线

由图 3.10 可知，在考虑优化维修周期与考虑原维修周期的情况下，系统的可靠度保持能力没有发生明显变化，说明维修周期的延长未对系统的可靠度保持能力产生很大影响，但降低了维修费用、提高了维修效率。验证了维修周期优化的合理性与适用性。

3.6　本章小结

本章以动车组牵引系统、制动系统和车门系统为研究对象，在考虑故障性维修的情况下，利用 PH 分布对 3 个系统进行可靠性建模，得到 3 个系统的可靠性指标，与利用马尔可夫过程—通用生成函数法求得的系统可靠度进行对比，分析系统的可靠度变化规律，发现在考虑故障性维修的情况下，系统的可靠度保持能力明显提高。综合考虑故障性维修与预防性维修，将考虑原维修周期与考虑优化维修周期的情况下的系统的可靠度进行对比，发现系统的可靠度保持能力没有发生明显变化，在可靠度保持能力变化不大的情况下，优化维修周期的预防性维修次数变少、维修费用降低、维修效率提高。验证了维修周期优化的合理性。

参考文献

[1]　Neuts M F. Matrix-geometric Solutions in Stochastic Models: An Algorithmic Approach[M]. Maryland: Johns Hopkins University Press, 1981.

[2]　Solo C J. Phase-Type Approximations for Wear Processes in A Semi-Markov Environment.[M]. Ohio: Air University, 2004.

[3]　Ruiz-Castro J E, Pérez-Ocón R, Fernández-Villodre G. Modelling a Reliability System Governed by Discrete Phase-Type Distributions[J].

Reliability Engineering & System Safety, 2008, 93(11):1650-1657.

[4]　田乃硕. 休假随机服务系统[M]. 北京：北京大学出版社, 2001.

[5]　田乃硕, 岳德权. 拟生灭过程与矩阵几何解[M]. 北京：科学出版社, 2002.

[6]　Kao E P C. An Introduction to Stochastic Processes[M]. New York: Courier Dover Publications, 2019.

[7]　陈童, 黎放, 谢永刚. 采用 PH 分布的改进可修串联系统可靠性模型研究[J]. 海军工程大学学报, 2016, 28(2):26-30.

[8]　尹东亮, 黎放, 陈童. 基于 PH 分布的两部件并联系统可靠性模型分析[J]. 工程设计学报, 2016, 23(2):6.

第 4 章

基于冲击理论的维修策略优化

冲击理论通过从微观上描述设备累积损伤（或性能退化）解释了故障机理。这种累积损伤（或性能退化）也可用于建立产品可靠性模型，为故障机理与可靠度变化规律研究提供有力工具。近年来，基于冲击的产品可靠性建模研究越来越受关注，利用冲击理论能够较好地解释设备的故障机理，描述故障规律。本章基于冲击理论，通过分析车辆轮对的磨耗特点和维修效果，利用复合泊松分布描述退化特征，根据车辆轮对维护需要，提出定期维修和视情维修的组合优化策略，综合考虑轮缘、轮对直径和轮对踏面问题，构建组合维修概率模型，以轮缘厚度不超限为约束，建立以使费用率最低为目标的优化模型，优化轮对检修周期及轮对镟修的控制阈值。对车辆轮对退化数据进行分析，结果表明所提维修策略能够延长轮对使用时间，降低维修成本。

4.1 冲击理论概述

4.1.1 故障机理分析

故障机理指故障的物理、化学变化本质。故障机理分析是对故障的本质、必然性和规律进行研究，可以推动人们对故障本质认识的提高。根据业内长期进行故障机理分析取得的成果,结合长期工程实践对大量故障事件的总结,可以将故障原因归纳为累积损伤和性能退化两大类。常见的累积损伤模式如表 4.1 所示。

表 4.1　常见的累积损伤模式

累积损伤模式	影响因素	宏观现象
变形	力学因素、环境温度、材料变形抗力	形状和尺寸的永久改变
断裂	力学因素、环境温度、材料抗断裂品质	韧性断裂:先变形、后断裂;脆性断裂:没有宏观的塑性变形,先形成裂纹,在裂纹扩展到一定程度后断裂
磨损	表面接触应力和相对运动,材料耐磨品质和表面状态	磨损导致材料表面消耗,表面划伤、撕裂,形状和尺寸发生变化,发热严重时会出现摩擦副咬死
腐蚀	介质种类和浓度、温度、湿度,材料耐腐蚀品质	损伤由表及里,材料耗损,出现腐蚀产物,材料增重或失重,失去金属光泽
老化	环境温度、湿度、辐照、介质、力学因素	有机材料变色,体积增大,表面龟裂、发黏、霉变
烧蚀	温度、介质、材料熔点、材料沸点	出现烧蚀坑、热变色、熔坑、熔流
电侵蚀	电学因素、环境、材料的电接触品质	出现电蚀斑、拉弧熔球、材料喷溅

许多产品在发生故障时不会出现材料的累积损伤,而是表现为性能退化。常见的性能退化类型如表 4.2 所示。

表 4.2　常见的性能退化类型

属性	复杂度	类别		具体内容
材料性能	简单性能	物理性能	热学性能	热导率、热膨胀系数、比热容
			声学性能	声的吸收、反射
			光学性能	折射率黑度
			电学性能	电导率、电介系数绝缘性
			磁学性能	磁导率矫顽力
			辐射性能	中子吸收截面积、衰减系数、中子散射
		力学性能		强度、弹性、塑性、韧性
		化学性能		抗氧化性、耐腐蚀性、抗渗入性

续表

属性	复杂度	类别	具体内容
材料性能	复杂性能	复合性能	简单性能的组合,如高温疲劳和强度等
		工艺性能	可塑性、可锻性、可焊性、切削性
		使用性能	抗弹穿入性、耐磨性、消振性

大量的故障机理研究表明,无论是累积损伤还是性能退化,产品故障均以外界条件的作用为前提,外界条件的不断作用,使产品的结构发生变化或使产品性能不断下降,最终导致产品故障,即累积损伤与性能退化的原因在本质上是一致的,均由外界条件导致。

外界条件对产品的作用方式是随机冲击。一方面,外界条件主要通过物理或化学方式影响产品,使产品的结构或性能发生变化,即外界条件通过对产品产生冲击,形成对产品的冲击流;另一方面,外界条件是否对产品产生冲击受许多随机因素的影响,因此产品在给定工作时间内面对的冲击流是随机的,通常可以用随机过程描述。对于大多数产品来说,其面对的随机冲击流是离散型的,通常用 Poisson 过程描述;一些产品面对的随机冲击流是连续型的,可以用 Brown 过程等随机过程描述。在不引起混淆的情况下,通常将随机冲击简称为冲击,有时也用随机过程描述,如 Poisson 冲击流、Brown 冲击流等。

外界条件对产品的冲击效果主要表现为使产品的结构或性能发生变化。总的来说,每次冲击都会对产品的结构或性能造成一定的影响,随着时间的推移,这些影响逐渐累积,最终导致产品发生故障。对于冲击使产品出现结构损伤的情况,可能一次冲击就会使产品无法正常工作,也可能多次冲击的累积才会使产品无法正常工作,这类冲击对产品结构的损伤效果通常十分明显,产品故障主要与产品受到冲击的次数有关,这类问题的可靠性研究主要关注冲击的特征及冲击对产品的累积损伤机理。对于冲击使产品出现性能退化的情况,一次冲击对产品性能的影响是极其微小的,且常常具有随机性,即对产品性能的影响可能是减小的,也可能是增大的,但从统计的角度来看,对产品性能的影响是减小的,因此人们通常用随机变量描述一次冲击对产品性能的影响。

根据上述分析，有学者建立了累积故障模型，以描述产品的故障（退化）过程。该模型将外界条件（如温度、湿度和振动等）视为一个整体，认为外界条件会对产品产生随机冲击。当冲击使产品出现结构损伤时，可以认为冲击类型为致命冲击，即每次冲击都会对产品造成很大影响，此时产品故障直接与其承受外界冲击的能力有关，一次或多次冲击到来的时刻即故障时刻。当冲击使产品性能发生微小变化时，往往可以假设微小变化量互相独立。随着时间的推移，产品受到冲击的次数增多，性能微小变化量逐渐累加，当累加到某个规定值时，产品便会发生故障。综上所述，可以认为故障是由外界冲击引起的，因此累积故障模型又称冲击模型[1]。

4.1.2　基于 Poisson 冲击流的累积损伤模型

在使用过程中，产品始终会受到来自外部或内部的各种冲击，如内部的磨损、外部的环境变化冲击等。在这些冲击中，有些为致命冲击或强烈冲击，在传统的可靠性理论研究中，所指的冲击均为这种致命冲击或强烈冲击。但在实际使用过程中，大多数冲击不会对产品的正常使用造成很大影响，甚至影响甚微，如轴承的微小磨损不会对轴承的正常运行造成很大影响，但这种微小冲击具有累积效应，即当这些微小冲击累积到一定程度时，会表现为产品的性能退化甚至故障。因此，在不考虑致命冲击或强烈冲击的情况下，可以通过考虑各种微小冲击对产品性能退化的累积效应，来建立产品性能退化模型。

由故障机理分析可知，产品发生故障的根本原因是受到外界冲击流的影响。当外界冲击表现为致命冲击时，外界冲击到来的时刻便是产品发生故障的时刻。此时，利用冲击规律往往能够得到产品的故障规律，可据此建立可靠性模型。

为了定量描述外界冲击规律，本节假设外界冲击流服从 Poisson 过程，这主要出于以下两点考虑：①大量的故障统计结果表明，Poisson 过程能够很好地描述外界冲击规律；②Poisson 过程具有良好的性质，如具有独立增量和在极短时间内发生两次冲击的可能性为零等，这些性质给建模工作带来了很大便利。

设备受到的外界冲击服从强度为 abt^{b-1} 的非齐次 Poisson 过程，即产品在 $(s,s+t]$ 受到外界冲击的次数满足

$$P(N_{s,s+t}=n)=\frac{a(s+t)^b-at^b}{n!}\exp\{-[a(s+t)^b-at^b]\} \qquad (4.1)$$

式中，a 表示产品在单位时间内受到的外界冲击的次数，$a>0$；b 表示冲击次数与工作时间的关系，$b\geqslant1$。

产品性能退化是由各种冲击导致的。每次冲击都会对产品的性能指标造成微小影响，假设每次冲击使产品性能变化 Y_i，即第 i 次冲击引起的产品性能变化量 Y_i 满足 $Y_i \sim N(\mu,\sigma^2)$，其中均值 μ 常常接近零。产品在一段时间内受到的冲击具有累积效应，即各种冲击对产品性能的影响具有可加性。

由上述假设可知，如果产品在时间 $[0,t]$ 受到冲击的次数为 $N_{t_{k-1,t}}$，则产品性能退化量 $X_{t_{k-1,t}}$ 可以表示为 $N_{t_{k-1,t}}$ 次冲击造成的产品性能变化量 Y_i 的和，即

$$X_{t_{k-1,t}}=\sum_{i=1}^{N_{t_{k-1,t}}}Y_i \qquad (4.2)$$

性能退化量 $X_{t_{k-1,t}}$ 是无穷个正态分布的线性组合，根据正态分布的可加性，在定期维修条件下，可以认为产品性能退化量 $X_{t_{k-1,t}}$ 仍服从正态分布，即

$$X_{t_{k-1,t}}\sim N(\mu_{t_{k-1,t}},\sigma^2_{t_{k-1,t}}) \qquad (4.3)$$

式中，$\mu_{t_{k-1,t}}$ 和 $\sigma^2_{t_{k-1,t}}$ 为时变参数，表达式为

$$\begin{cases} \mu_{t_{k-1,t}}=a\mu(t^b-t_{k-1}^{b-1}) \\ \sigma^2_{t_{k-1,t}}=a(\mu^2+\sigma^2)(t^b-t_{k-1}^{b-1}) \end{cases} \qquad (4.4)$$

由式（4.3）和式（4.4）可得，在定期维修条件下，产品在任意工作时刻的性能退化量 $X(t)$ 的数值变化规律 $P[X(t)\leqslant x]$ 满足

$$P[X(t)\leqslant x]=\Phi\left(\frac{x-\mu_{t_{k-1,t}}}{\sigma_{t_{k-1,t}}}\right) \qquad (4.5)$$

性能退化量的数值变化规律与维修周期 $t_1,t_2,\cdots,t_e$ 和工作时刻 t 具有密切关系，表现为时变参数 $\mu_{t_{k-1,t}}$ 和 $\sigma^2_{t_{k-1,t}}$ 是维修周期和工作时刻的函数。

设备的故障阈值为 Ls，结合定期维修要求，产品在任意时刻的可靠度 $R(t)$ 等价于"产品在前 $k-1$ 个维修周期的性能退化量均未达到故障阈值，在维修时刻将性能退化量恢复到零后，产品继续工作，且产品在 $(t-1,t]$ 的性能

退化量仍未达到故障阈值"。利用式（4.5）可以得到定期维修条件下产品的可靠度 $R(t)$ 满足

$$R(t) = P\big[X(t_1) < \mathrm{Ls}, X(t_2) < \mathrm{Ls}, \cdots, X(t_{k-1}) < \mathrm{Ls}, X(t) < \mathrm{Ls}\big]$$

$$= P\big[X(t) < \mathrm{Ls}\big]\prod_{i=1}^{k} P\big[X(t_i) < \mathrm{Ls}\big] \tag{4.6}$$

$$= \Phi\left(\frac{\mathrm{Ls} - \mu_{t_{k-1,t}}}{\sigma_{t_{k-1,t}}}\right)\prod_{i=1}^{k}\Phi\left(\frac{\mathrm{Ls} - \mu_{t_{i-1},t_i}}{\sigma_{t_{i-1},t_i}}\right)$$

在定期维修条件下，产品的可靠度不仅与工作时间有关，还与维修周期有关。在式（4.6）的基础上，可以得到产品的寿命分布函数 $F(t)$、概率密度函数 $f(t)$，即

$$\begin{cases} F(t) = 1 - R(t) \\ f(t) = \big[1 - R(t)\big]' \end{cases} \tag{4.7}$$

特殊地，产品在第 1 个维修周期（即 $t \in (0, t_1]$）的可靠度 $R(t)$ 满足

$$R(t) = P\big[X(t) < \mathrm{Ls}\big] = \Phi\left(\frac{\mathrm{Ls} - \mu_{0,t}}{\sigma_{0,t}}\right) \tag{4.8}$$

此时，由于没有进行维修，所以产品的可靠度仅与工作时间有关。

4.2　基于冲击理论的组合维修概率模型

4.2.1　轮对磨耗及维修效果分析

列车与轨道之间的作用是通过转向架实现的。转向架支撑整个车体，使列车在轨道上快速运行。转向架的结构如图 4.1 所示，主要由构架、轮对、轴箱、一系悬挂、二系悬挂、牵引电机和制动单元构成。轮对是转向架的重要组成部分，将列车的质量直接传到铁轨上。

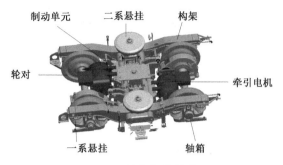

图 4.1　转向架的结构

　　随着车辆运营里程的增加，轮对的轮缘和踏面会有不同程度的磨耗，轮缘和踏面磨耗是车辆轮对的主要失效形式。轮对的磨耗通常是渐进累积的，轮对的主要参数如图 4.2 所示，轮对直径为 D，轮缘厚度为 S_d，轮缘高度为 S_h，Q_r 为轮缘综合值。对于轨道交通车辆，轮缘的磨损主要发生在曲线段，在弯道处，轮缘与轨道相互挤压，导致轮缘发生较大磨损。轮对直径的磨损主要发生在行驶过程中，轮对与钢轨表面接触，两者之间较大的蠕滑力使轮对表面的材料逐渐减少。此外，列车制动是闸瓦制动与轮对之间的作用，也会使轮对磨损，特别是对于停车频繁的车辆[2]。磨耗使轮缘厚度和轮对直径减小，以及镟修的消耗作用，严重影响了轮对寿命[3-5]。轮对踏面经常出现擦伤、剥离等，如果不及时消除，会加剧轮对损伤。因此，需要定期对轮对参数进行测量，以保证车辆安全运行，可以采用预防性维修方式，在轮缘厚度超出使用限度前进行镟修，避免出现超限运行的状况。

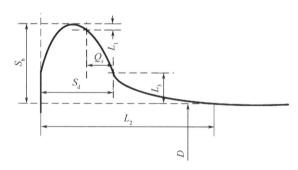

图 4.2　轮对的主要参数

车轮直径和法兰尺寸在磨损的作用下逐渐减小。因此，定期测量轮对参数可以保证车辆安全运行。当轮缘厚度小于一定的值时，可以进行镟修。镟修会导致轮缘厚度增大，轮对直径减小，镟修的影响如图 4.3 所示。应在到达阈值前对车轮进行预防性维修，以免脱轨。

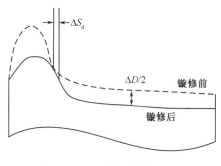

图 4.3　镟修的影响

4.2.2　维修策略描述

目前轮对的维修策略是以定期维修为主，在车辆回库时巡检，检查轮对踏面损伤；定期对轮对进行清洁和检测，测量轮对主要部位的参数是否超限，如果超限则进行镟修。在车辆运行一段时间或一定里程后，对轮对进行定期镟修。目前的维修策略在一定程度上保障了轮缘厚度不超限，但镟修较为频繁会缩短轮对的使用寿命。基于目前轮对以定期维修为主的维修策略，结合轮对状态，提出将定期维修与视情维修组合的维修策略，具体如下。

（1）在巡检时检查轮对外观，如果有踏面擦伤、剥离、磨耗超限等情况，则对轮缘进行修复性镟修，将轮缘厚度恢复至预防性镟修的上限 S_{dH}。

（2）定期对轮对进行清洁和检测，如果轮缘厚度不小于预防性镟修的下限 S_{dL}，则只进行普通维护，去除轮缘的缺陷，如毛刺和锋利的边角等；如果轮缘厚度小于预防性镟修的下限，则对轮缘进行预防性镟修，将轮缘厚度恢复至预防性镟修的上限 S_{dH}。

（3）定期检测，如果发现轮对直径超限，则更换轮对。

所提维修策略考虑了轮对状态，在一定程度上避免了过修或欠修情况。维修策略的对比如表 4.3 所示。

表 4.3　维修策略的对比

现有维修策略	所提维修策略
定期对轮对进行镟修	根据轮对状态判断是否进行镟修
当检测发现轮缘厚度超限时进行镟修	当检测发现轮缘厚度小于 S_{dL} 时，进行镟修
将轮缘恢复至标准型面	将轮缘厚度恢复至预防性镟修的上限 S_{dH}
都需要进行巡检，如果发现轮对表面故障，则及时进行镟修；都在轮对直径超限时更换轮对	

在将定期维修与视情维修组合的维修策略中，轮对主要处于工作、巡检、定期维修、修复性维修、视情维修和更换等状态。轮对在使用中经历的过程如图 4.4 所示。

（1）工作事件 o：轮对处于正常工作状态。

（2）巡检事件 x：在车辆回库时巡检，检查轮对表面损伤。

（3）定期维修事件 s：定期对轮对进行清洁，并检测轮缘磨损情况，以决定是否开展视情维修。

（4）修复性维修事件 c：当巡检发现轮对踏面擦伤、剥离、磨耗超限等情况时，进行修复性镟修，消除故障。

（5）视情维修事件 r：定期检测，如果轮缘厚度小于预防性镟修的阈值，则进行预防性镟修。视情维修为不完全维修，可以部分恢复轮对性能，随着视情维修次数的增加，维修效果逐渐变差，发生故障的概率逐渐增大。

（6）更换事件 g：定期检测，如果发现轮对直径超限，则对轮对进行更换。

图 4.4　轮对在使用中经历的过程

在实施将定期维修与视情维修组合的维修策略时，轮对在整个生命周期内的性能退化轨迹是间断的。在工作阶段，轮缘厚度和轮对直径的磨耗不断累积，镟修轮对可以完全消除踏面故障，使轮缘的退化量在一定程度上得到恢复，但会消耗轮对直径。轮缘厚度及轮对直径在整个生命周期内的变化情况分别如图 4.5 和图 4.6 所示。S_D 表示全新状态下的轮缘厚度，S_{DL} 表示可接受的轮缘厚度下限，如果轮缘厚度小于 S_{DL}，则无法正常使用。

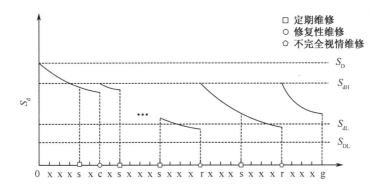

图 4.5　轮缘厚度在整个生命周期内的变化情况

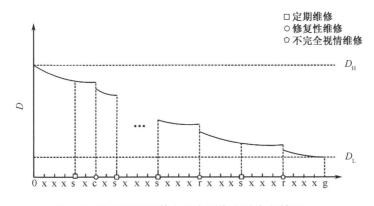

图 4.6　轮对直径在整个生命周期内的变化情况

由图 4.5 和图 4.6 可知，巡检和定期维修不能消除轮对的退化量。

4.2.3　组合维修概率模型

在车辆运行过程中，轮对的磨耗主要表现为轮缘的磨耗及轮对直径的减小。非齐次 Poisson 过程能够较好地描述外界随机过程，在工程上常用于表示外界作用规律[6-7]。轮缘和轮对的磨耗是由外界冲击造成的，符合前面关于冲击理论的描述。轮缘厚度和轮对直径，在检测周期 $i\Delta t$ 内的退化量分别为 $X^{f}_{t_{(i-1)\Delta t, i\Delta t}}$ 和 $X^{d}_{t_{(i-1)\Delta t, i\Delta t}}$。如果轮对在第 $i-k$（$1 \le k < i$）个周期进行了一次镟修，

由于维护清洁不能消除退化量，所以 $i\Delta t$ 时刻的轮缘退化量为 $[(i-k)\Delta t, i\Delta t]$ 的累积值，即 $\sum_{j=i-k}^{i} X_{t_{(j-1)\Delta t, j\Delta t}}^{\mathrm{f}}$ 。而对于轮对直径，其退化量一直累积，$i\Delta t$ 时刻的退化量为 $\sum_{j=1}^{i} X_{t_{(j-1)\Delta t, j\Delta t}}^{\mathrm{d}}$ 。

车辆滑行可能导致轮对出现踏面擦伤等，车辆巡检维修班组每天会在车辆入库时进行巡检，观察轮对表面是否有擦伤、剥离等情况，由于几乎每天都进行巡检，所以认为可以在任意时刻 t 发现轮对踏面故障。据统计，轮对踏面故障的出现服从威布尔分布，其概率密度函数为

$$f(t) = \frac{m}{\eta}\left(\frac{t}{\eta}\right)^{m-1}\exp\left[-\left(\frac{t}{\eta}\right)^{m}\right], \quad t \geqslant 0 \tag{4.9}$$

式中，m 为形状参数；η 为尺度参数。

1. 役龄回退因子

轮对视情维修的效果为不完全维修，镟修只是在一定程度上恢复轮对型面，但未根据故障机理进行消除。在维修后，轮对的状态介于"修复如新"与"修复如旧"之间。为了描述不完全维修的效果，引入经典的役龄回退因子。役龄回退因子由 Kijima 等提出[8]，认为维修可缩短实际工作时间。第 j 次不完全维修的役龄回退因子为 $\alpha_j \in [0,1]$，$\alpha_j = 0$ 表示维修将实际工作时间恢复至零时刻，$\alpha_j = 1$ 表示维修没有缩短实际工作时间。记第 j 次不完全视情维修为时刻为 $i_j\Delta t$（$j = 1, 2, 3, \cdots$），实际工作时间 T_j 为

$$\begin{cases} T_1 = \alpha_1 i_1 \Delta t \\ T_2 = \alpha_2[T_1 + (i_2 - i_1)\Delta t] = \alpha_2 i_2 \Delta t + \alpha_2(\alpha_1 - 1)i_1\Delta t \\ T_3 = \alpha_3[T_2 + (i_3 - i_2)\Delta t] = \alpha_3 i_3 \Delta t + \alpha_3(\alpha_2 - 1)i_2\Delta t + \alpha_3\alpha_2(\alpha_1 - 1)i_1\Delta t \\ \quad\vdots \end{cases} \tag{4.10}$$

2. 预防性维修概率模型

1）在预防性维修条件下，进行预防性镟修

事件 $\mathrm{A}(i^{m-1}\Delta t, i^m \Delta t)$ 表示在第 $i^m\Delta t$ 个周期检测的轮缘厚度退化量大于等于 Lp，需要进行第 m 次预防性镟修。在上一次镟修完成后，轮缘厚度为 S_{d}，

即 $\mathrm{Lp}=S_{\mathrm{d}}-S_{\mathrm{dL}}$；特别地，第一次进行镟修时的 $\mathrm{Lp}=S_{\mathrm{D}}-S_{\mathrm{dL}}$。轮缘在第 $i^{m-1}\Delta t$ 个周期经过第 $m-1$ 次预防性镟修，实际役龄恢复至 T_{m-1}，在时间 $\left[i^{m-1}\Delta t,(i^m-1)\Delta t\right]$ 的性能退化量均小于 Lp，且轮对踏面故障没有超限。

根据两次不完全维修时刻 $i^{m-1}\Delta t$ 和 $(i^m-1)\Delta t$ 所处维修周期的关系，分两种情况进行讨论。

（1）如果 $i^m=i^{m-1}+1$，则表示两次不完全维修所处的维修周期相邻，此时事件 $A(i^{m-1}\Delta t,i^m\Delta t)$ 满足

$$\begin{aligned}
&\left\{\mathrm{Lp}\leqslant X(i^m\Delta t),Q(i^{m-1}\Delta t,i^m\Delta t),i^m\Delta t=(i^{m-1}+1\ )\Delta t\right\}\\
&=\left\{\mathrm{Lp}\leqslant X_{T_{m-1},T_{m-1}+\Delta t},Q(T_{m-1},T_{m-1}+\Delta t)\right\}
\end{aligned} \tag{4.11}$$

式中，$X(i\Delta t)$ 表示轮缘厚度在第 i 个周期检测的退化量，$Q(t_1,t_2)$ 表示在时间 $[t_1,t_2]$ 踏面故障没有超限。

（2）如果 $i^m>i^{m-1}+1$，则表示两次不完全维修所处的维修周期不相邻，在进行中间检测时，轮缘的退化量小于 Lp，此时事件 $A(i^{m-1}\Delta t,i^m\Delta t)$ 满足

$$\begin{aligned}
&\left\{\mathrm{Lp}\leqslant X(i^m\Delta t),X\left[(i^{m-1}+1)\Delta t\right]<\mathrm{Lp},\cdots,X\left[(i^m-1)\Delta t\right]<\mathrm{Lp},\right.\\
&\left.Q(i^{m-1}\Delta t,i^m\Delta t),i^{m-1}+1<i^m\right\}
\end{aligned} \tag{4.12}$$

$$\begin{aligned}
&=\left\{\mathrm{Lp}\leqslant X_{T_{m-1},T_{m-1}+(i^m-i^{m-1})\Delta t},X_{T_{m-1},T_{m-1}+\Delta t}<\mathrm{Lp},\cdots,X_{T_{m-1},T_{m-1}+(i^m-i^{m-1}-1)\Delta t}<\mathrm{Lp},\right.\\
&\left.Q\left[T_{m-1},T_{m-1}+(i^m\Delta t-i^{m-1}\Delta t)\right]\right\}
\end{aligned}$$

综上所述，利用性能退化规律得到事件 $A(i^{m-1}\Delta t,i^m\Delta t)$ 的概率为

$$P\left[A(i^{m-1}\Delta t,i^m\Delta t)\right]$$

$$=\begin{cases}
\left[1-\varPhi\left(\dfrac{\mathrm{Lp}-\mu^f_{T_{m-1},T_{m-1}+\Delta t}}{\sigma^t_{T_{m-1},T_{m-1}+\Delta t}}\right)\right]\left[1-\displaystyle\int_{T_{m-1}}^{T_{m-1}+\Delta t}f(t)\mathrm{d}t\right],\quad i^{m-1}=i^{m-1}+1\\[4mm]
\left[1-\varPhi\left(\dfrac{\mathrm{Lp}-\mu^f_{T_{m-1},T_{m-1}+(i^m-i^{m-1})\Delta t}}{\sigma^f_{T_{m-1},T_{m-1}+(i^m-i^{m-1})\Delta t}}\right)\right]\displaystyle\prod_{p=1}^{i^m-i^{m-1}-1}\varPhi\left(\dfrac{\mathrm{Lp}-\mu^f_{T_{m-1},T_{m-1}+(i^{m-1}+p)\Delta t}}{\sigma^f_{T_{m-1},T_{m-1}+(i^{m-1}+p)\Delta t}}\right)\\[4mm]
\left[1-\displaystyle\int_{T_{m-1}}^{T_{m-1}+(i^m-i^{m-1})\Delta t}f(t)\mathrm{d}t\right],\quad i^m>i^{m-1}+1
\end{cases} \tag{4.13}$$

2）在预防性维修条件下，进行修复性镟修

事件 $B(i^{m-1}\Delta t, t^m)$ 表示在 $i^{m-1}\Delta t$ 时刻进行预防性维修，在 $[(k-1)\Delta t, k\Delta t]$ 巡检发现踏面损伤，需要对轮对进行修复性镟修。

根据 $i^{m-1}\Delta t$ 与 $k\Delta t$ 的关系，可以分为以下两种情况进行讨论。

（1）如果 $i^{m-1}=k-1$，则表示在进行预防性维修的下一个周期，需要进行修复性镟修，此时事件 $B(i^m\Delta t, t)$ 满足

$$\left\{\overline{Q}\big[(k-1)\Delta t, t^m\big], i^{m-1}=k-1\right\}=\left\{\overline{Q}(T_{m-1}, T_{m-1}+t^m-i^{m-1}\Delta t)\right\} \tag{4.14}$$

式中，$\overline{Q}(t_1, t_2)$ 表示在时间 $[t_1, t_2]$ 发现踏面损伤超限，$\overline{Q}(t_1, t_2)=1-Q(t_1, t_2)$。

（2）如果 $i^{m-1}<k-1$，则表示在进行预防性维修后，故障时刻所处的维修周期与第 i^{m-1} 个进行预防性维修的周期不相邻。此时事件 $B(i^{m-1}\Delta t, t^m)$ 满足

$$\left\{X\big[(i^{m-1}+1)\Delta t\big]<\mathrm{Lp}, \cdots, X\big[(k-1)\Delta t\big]<\mathrm{Lp},\right.$$
$$\left.i^m\Delta t<(k-1)\Delta t<t^m\overline{Q}\big[(k-1)\Delta t, t^m\big]\right\} \tag{4.15}$$
$$=\left\{X_{T_{m-1}, T_{m-1}+\Delta t}<\mathrm{Lp}, \cdots, X_{T_{m-1}, T_{m-1}+(k-1-i^{m-1})\Delta t}<\mathrm{Lp}, \overline{Q}(T_{m-1}, T_{m-1}+t^m-i^m\Delta t)\right\}$$

综上所述，利用性能退化规律与役龄回退因子，得到事件 $B(i^{m-1}\Delta t, t^m)$ 的概率为

$$P\Big[B(i^{m-1}\Delta t, t^m)\Big]=\begin{cases}\displaystyle\int_{T^{m-1}}^{T^{m-1}+(t^m-i^{m-1}\Delta t)}f(t)\mathrm{d}t, & i^{m-1}=k-1\\[2ex]\displaystyle\prod_{p=1}^{k-i^{m-1}-1}\Phi\left(\frac{\mathrm{Lp}-\mu_{T_{m-1}, T_{m-1}+p\Delta t}^{f}}{\sigma_{T_{m-1}, T_{m-1}+p\Delta t}^{f}}\right)\int_{T^{m-1}}^{T^{m-1}+(t^m-i^{m-1}\Delta t)}f(t)\mathrm{d}t, & i^{m-1}<k-1\end{cases} \tag{4.16}$$

3）在修复性维修条件下，进行预防性镟修

事件 $A(t^{m-1}, i^m\Delta t)$ 表示在 t^{m-1} 时刻进行第 $m-1$ 次修复性维修，$t^{m-1}\in[(k-1)\Delta t, k\Delta t]$，役龄恢复为 T_{m-1}；在时间 $\big[k\Delta t, (i^m-1)\Delta t\big]$ 检测发现轮缘退化量小于 Lp，在 $i^m\Delta t$ 时刻，轮缘退化量大于等于 Lp，需要进行预防性镟修。

根据 $k\Delta t$ 与 $i^m\Delta t$ 的关系，可以分为以下两种情况进行讨论。

（1）如果 $k=i^m$，则表示进行修复性维修的周期与需要进行预防性镟修的周期相同，此时事件 $A(t, i^m\Delta t)$ 满足

$$\{\mathrm{Lp} \leqslant X(i^m \Delta t), Q(t^{m-1}, i^m \Delta t), t^{m-1} < k\Delta t = i^m \Delta t\}$$
$$= \left\{ \mathrm{Lp} \leqslant X_{T_{m-1}, T_{m-1}+(i^m \Delta t - t^{m-1})}, Q\left[T_{m-1}, T_{m-1}+(i^m \Delta t - t^{m-1}) \right] \right\} \tag{4.17}$$

（2）如果 $k < i^m$，则表示修复性维修所处的维修周期与预防性镟修不同。此时事件 $\mathrm{A}(t, i^m \Delta t)$ 满足

$$\{\mathrm{Lp} \leqslant X(i^m \Delta t), X(k\Delta t) < \mathrm{Lp}, \cdots, X\left[(i^m - 1)\Delta t\right] < \mathrm{Lp}, Q(t^{m-1}, i^m \Delta t), t^{m-1} < k\Delta t < i^m \Delta t\}$$
$$= \{\mathrm{Lp} \leqslant X_{T_{m-1}, T_{m-1}+(i^m \Delta t - t^{m-1})}, X_{T_{m-1}, T_{m-1}+(k\Delta t - t^{m-1})} < \mathrm{Lp}, \cdots, X_{T_{m-1}, T_{m-1}+\left[(i^m - 1)\Delta t - t^{m-1}\right]} < \mathrm{Lp},$$
$$Q(T_{m-1}, T_{m-1} + i^m \Delta t - t^{m-1})\}$$

$$\tag{4.18}$$

综上所述，利用性能退化规律与役龄回退因子，得到事件 $\mathrm{A}(t^{m-1}, i^m \Delta t)$ 的概率为

$$P\left[\mathrm{A}(t^{m-1}, i^m \Delta t) \right]$$

$$= \begin{cases} \left[1 - \Phi\left(\dfrac{\mathrm{Lp} - \mu^f_{T_{m-1}, T_{m-1}+(i^m \Delta t - t^{m-1})}}{\sigma^f_{T_{m-1}, T_{m-1}+(i^m \Delta t - t^{m-1})}} \right) \right] \cdot \left[1 - \displaystyle\int_{T_{m-1}}^{T_{m-1}+(i^m \Delta t - t^{m-1})} f(t)\mathrm{d}t \right], & k = i^m \\[4mm] \left[1 - \Phi\left(\dfrac{\mathrm{Lp} - \mu^f_{T_{m-1}, T_{m-1}+(i^m \Delta t - t^{m-1})}}{\sigma^f_{T_{m-1}, T_{m-1}+(i^m \Delta t - t^{m-1})}} \right) \right] \\[4mm] \displaystyle\prod_{p=1}^{i^m - k - 1} \Phi\left(\dfrac{\mathrm{Lp} - \mu^f_{T_{m-1}, T_{m-1}+(p\Delta t - t^{m-1})}}{\sigma^f_{T_{m-1}, T_{m-1}+(p\Delta t - t^{m-1})}} \right) \left[1 - \displaystyle\int_{T_{m-1}}^{T_{m-1}+(i^m \Delta t - t^{m-1})} f(t)\mathrm{d}t \right], & k < i^m \end{cases} \tag{4.19}$$

4）在修复性维修条件下，进行修复性镟修

事件 $\mathrm{B}(t^{m-1}, t^m)$ 表示在 t^{m-1} 时刻进行 $m-1$ 次修复性维修，$t^{m-1} \in \left[(k'-1)\Delta t, k'\Delta t\right]$，实际役龄恢复为 T_{m-1}；在时间 $\left[(k-1)\Delta t, k\Delta t\right]$ 巡检发现轮对需要进行镟修，进行第 m 次修复性镟修。

根据 k' 与 k 的关系，可以分为以下两种情况进行讨论。

（1）如果 $k' = k$，则表示两次维修在同一个周期内，此时事件 $\mathrm{B}(t^{m-1}, t^m)$ 满足

$$\left\{ \overline{Q}(t^{m-1}, t^m), k = k' \right\} = \left\{ \overline{Q}(T_{m-1}, T_{m-1} + t^m - t^{m-1}) \right\} \tag{4.20}$$

（2）如果 $k \geqslant k' + 1$，则表示两次维修分别在两个不同的周期内，此时事

件 B(t^{m-1},t^m) 满足

$$\left\{ X(k'\Delta t) < Lp, \cdots, X\big[(k-1)\Delta t\big] < Lp, \overline{Q}(t^{m-1},t^m), t^{m-1} < k'\Delta t < (k-1)\Delta t < t^m \right\}$$
$$= \left\{ \begin{array}{l} X_{T_{m-1},T_{m-1}+(k'\Delta t-t^{m-1})} < Lp, \cdots, X_{T_{m-1},T_{m-1}+[(k-1)\Delta t-t^{m-1}]} < Lp, \\ \overline{Q}(T_{m-1},T_{m-1}+t^m-t^{m-1}), t^{m-1} < k'\Delta t < (k-1)\Delta t < t^m \end{array} \right\} \quad (4.21)$$

综上所述，利用性能退化规律与役龄回退因子，得到事件 B(t^{m-1},t^m) 的概率为

$$P\Big[B(t^{m-1},t^m)\Big] = \begin{cases} \displaystyle\int_{T^{m-1}}^{T^{m-1}+(t^m-t^{m-1})} f(t)\mathrm{d}t, & k'=k \\[4mm] \displaystyle\prod_{p=1}^{k-k'} \Phi\left(\dfrac{Lp - \mu^f_{T_{m-1},T_{m-1}+[(k'-1+p)\Delta t-t^{m-1}]}}{\sigma^f_{T_{m-1},T_{m-1}+[(k'-1+p)\Delta t-t^{m-1}]}} \right) \cdot \displaystyle\int_{T^{m-1}}^{T^{m-1}+(t^m-t^{m-1})} f(t)\mathrm{d}t, \\[4mm] \qquad\qquad t^{m-1} < k'\Delta t \leqslant (k-1)\Delta t < t^m \end{cases} \quad (4.22)$$

5）在预防性镟修情况下，轮缘超限运行

事件 C($i^{m-1}\Delta t, i^m\Delta t$) 表示在 $i^{m-1}\Delta t$ 时刻进行 $m-1$ 次镟修，役龄恢复为 T_{m-1}；在第 i^m 个周期内出现轮缘超过使用限度 Ls 运行的情况，即 Ls = $S_d - S_{dL}$；特别地，第 1 次进行镟修时，Ls = $S_D - S_{dL}$。

根据 $i^{m-1}\Delta t$ 与 $i^m\Delta t$ 的关系，可以分为以下两种情况进行讨论。

（1）如果 $i^m = i^{m-1}+1$，则表示进行镟修后的相邻周期出现轮缘超限运行的情况，此时事件 C($t^{m-1},i^m\Delta t$) 满足

$$\left\{ Ls \leqslant X(i^m\Delta t), Q(i^{m-1},i^m), i^m\Delta t = (i^{m-1}+1)\Delta t \right\}$$
$$= \left\{ Ls \leqslant X_{T_{m-1},T_{m-1}+\Delta t}, Q(T_{m-1},T_{m-1}+\Delta t) \right\} \quad (4.23)$$

（2）如果 $i^m > i^{m-1}+1$，则表示上一次预防性镟修所在周期与第 i^m 个周期不相邻。此时事件 C($t^{m-1},i^m\Delta t$) 满足

$$\left\{ \begin{array}{l} Ls \leqslant X(i^m\Delta t), X\big[(i^{m-1}+1)\Delta t\big] < Lp, \cdots, X\big[(i^m-1)\Delta t\big] < Lp, \\ Q(i^{m-1}\Delta t, i^m\Delta t), i^{m-1}+1 < i^m \end{array} \right\}$$
$$= \left\{ \begin{array}{l} Ls \leqslant X_{T_{m-1},T_{m-1}+(i^m-i^{m-1})\Delta t}, X_{T_{m-1},T_{m-1}+\Delta t} < Lp, \cdots, X_{T_{m-1},T_{m-1}+(i^m-i^{m-1}-1)\Delta t} < Lp, \\ Q(T_{m-1},T_{m-1}+(i^m-i^{m-1})\Delta t) \end{array} \right\} \quad (4.24)$$

综上所述，利用性能退化规律与役龄回退因子，得到事件 $C(i^{m-1}\Delta t, i^m\Delta t)$ 的概率为

$$
P\Big[C(i^{m-1}\Delta t, i^m\Delta t) \Big]
$$

$$
= \left\{
\begin{aligned}
&\left[1 - \varPhi\left(\frac{\mathrm{Ls} - \mu^f_{T_{m-1}, T_{m-1}+\Delta t}}{\sigma^f_{T_{m-1}, T_{m-1}+\Delta t}} \right) \right]\left[1 - \int_{T_{m-1}}^{T_{m-1}+\Delta t} f(t)\mathrm{d}t \right], \quad i^{m-1} = i^{m-1}+1 \\
&\left[1 - \varPhi\left(\frac{\mathrm{Ls} - \mu^f_{T_{m-1}, T_{m-1}+(i^m-i^{m-1})\Delta t}}{\sigma^f_{T_{m-1}, T_{m-1}+(i^m-i^{m-1})\Delta t}} \right) \right]\prod_{p=1}^{i^m-i^{m-1}-1} \varPhi\left(\frac{\mathrm{Lp} - \mu^f_{T_{m-1}, T_{m-1}+(i^{m-1}+p)\Delta t}}{\sigma^f_{T_{m-1}, T_{m-1}+(i^{m-1}+p)\Delta t}} \right) \\
&\left[1 - \int_{T_{m-1}}^{T_{m-1}+(i^m-i^{m-1})\Delta t} f(t)\mathrm{d}t \right], \quad i^m > i^{m-1}+1
\end{aligned}
\right.
\tag{4.25}
$$

6）在修复性镟修情况下，轮缘超限运行

事件 $C(t^{m-1}, i^m\Delta t)$ 表示在 t^{m-1} 时刻进行第 $m-1$ 次修复性镟修，$t^{m-1} \in \big[(k-1)\Delta t, k\Delta t\big]$，役龄恢复为 T_{m-1}；在时间 $[k\Delta t,(i^m-1)\Delta t]$ 检测发现轮缘退化量均小于 Lp，在第 i^m 个周期，轮缘超限运行。

根据 $k\Delta t$ 与 $i^m\Delta t$ 的关系，可以分为以下两种情况进行讨论。

（1）如果 $k = i^m$，则表示进行修复性镟修与轮缘超限运行处于同一个周期，此时事件 $C(t^{m-1}, i^m\Delta t)$ 满足

$$
\begin{aligned}
&\{ \mathrm{Ls} \leqslant X(i^m\Delta t), Q(t^{m-1}, i^m\Delta t), t^{m-1} < k\Delta t = i^m\Delta t \} \\
&= \Big\{ \mathrm{Ls} \leqslant X_{T_{m-1}, T_{m-1}+(i^m\Delta t-t^{m-1})}, Q\big[T_{m-1}, T_{m-1}+(i^m\Delta t-t^{m-1}) \big] \Big\}
\end{aligned}
\tag{4.26}
$$

（2）如果 $k < i^m$，则表示修复性镟修与轮缘超限运行不处于同一个周期，此时事件 $C(t, i^m\Delta t)$ 满足

$$
\begin{aligned}
&\Big\{ \mathrm{Ls} \leqslant X(i^m\Delta t), X(k\Delta t) < \mathrm{Lp}, \cdots, X\big[(i^m-1)\Delta t\big] < \mathrm{Lp}, \\
&\quad Q(t^{m-1}, i^m\Delta t), t^{m-1} < k\Delta t < i^m\Delta t \Big\} \\
&= \{ \mathrm{Ls} \leqslant X_{T_{m-1}, T_{m-1}+(i^m\Delta t-t^{m-1})}, X_{T_{m-1}, T_{m-1}+(k\Delta t-t^{m-1})} < \mathrm{Lp}, \cdots, X_{T_{m-1}, T_{m-1}+[(i^m-1)\Delta t-t^{m-1}]} < \mathrm{Lp}, \\
&\quad Q(T_{m-1}, T_{m-1}+i^m\Delta t-t^{m-1}) \}
\end{aligned}
\tag{4.27}
$$

综上所述，利用性能退化规律与役龄回退因子，得到事件 $C(t^{m-1}, i^m\Delta t)$ 的概率为

$$P\left[\mathrm{C}(t^{m-1}, i^m \Delta t)\right]$$

$$
= \begin{cases}
\left[1 - \Phi\left(\dfrac{\mathrm{Ls} - \mu^f_{T_{m-1}, T_{m-1}+(i^m \Delta t - t^{m-1})}}{\sigma^f_{T_{m-1}, T_{m-1}+(i^m \Delta t - t^{m-1})}}\right)\right]\left[1 - \displaystyle\int_{T_{m-1}}^{T_{m-1}+(i^m \Delta t - t^{m-1})} f(t)\mathrm{d}t\right], \quad k = i^m \\[4mm]
\left[1 - \Phi\left(\dfrac{\mathrm{Ls} - \mu^f_{T_{m-1}, T_{m-1}+(i^m \Delta t - t^{m-1})}}{\sigma^f_{T_{m-1}, T_{m-1}+(i^m \Delta t - t^{m-1})}}\right)\right]\displaystyle\prod_{p=1}^{i^m - k - 1} \Phi\left(\dfrac{\mathrm{Lp} - \mu^f_{T_{m-1}, T_{m-1}+(p \Delta t - t^{m-1})}}{\sigma^f_{T_{m-1}, T_{m-1}+(p \Delta t - t^{m-1})}}\right) \\[4mm]
\left[1 - \displaystyle\int_{T_{m-1}}^{T_{m-1}+(i^m \Delta t - t^{m-1})} f(t)\mathrm{d}t\right], \quad k < i^m
\end{cases}
\tag{4.28}
$$

7）轮对直径超出使用限度

当巡检发现踏面故障或轮缘厚度超出预防性维修的阈值时，可以通过镟修将轮缘厚度恢复至阈值上限；当对轮对踏面故障进行修复性维修时，如果轮缘厚度 S_d 大于 S_dH，则只对轮径进行 1.5～2mm 的最小切削，修复表面损伤；否则，将轮缘厚度恢复至阈值上限 S_dH，则轮径切削量为 $(S_\mathrm{dH} - S_\mathrm{d})B$，$B$ 为比例系数，表示在恢复 1mm 轮缘厚度时轮对直径的消耗值。当进行第 m 次镟修时，轮对直径的切削量为

$$
\mathrm{Cut}(m) = \begin{cases}
1.5 \sim 2, & S_\mathrm{d} \geqslant S_\mathrm{dH} \\
(S_\mathrm{dH} - S_\mathrm{d})B, & S_\mathrm{d} < S_\mathrm{dH}
\end{cases}
\tag{4.29}
$$

事件 $\mathrm{L}(t^{m-1}, i\Delta t)$ 表示在 t^{m-1} 时刻进行第 $m-1$ 次镟修，$t^{m-1} \in [(k-1)\Delta t, k\Delta t]$，上一次镟修后役龄恢复为 T_{m-1}。在 $i\Delta t$ 时刻检查发现轮对直径超过使用限度。在 t^{m-1} 时刻进行镟修，对轮对直径的阈值进行更新。轮对直径的初始使用限度为 Lsw，$\mathrm{Lsw}' = \mathrm{Lsw} - \displaystyle\sum_{j=1}^{m-1} \mathrm{Cut}(j)$。

根据两次镟修所处周期的关系，可以分为以下三种情况进行讨论。

（1）如果 $k = i$，则表示镟修与检查处于同一个周期，此时事件 $\mathrm{L}(t^{m-1}, i\Delta t)$ 满足

$$
\{\mathrm{Xw}(t, k\Delta t) > \mathrm{Lsw}'\} = \{X^d_{t^{m-1}, i\Delta t - t^{m-1}} > \mathrm{Lsw}', k = k'\}
\tag{4.30}
$$

式中，$\mathrm{Xw}(t_1, t_2)$ 表示轮对直径在时间 (t_1, t_2) 的磨耗量。

（2）如果 $i = k+1$，则表示镟修所在周期与检查周期相邻，此时事件 $\mathrm{L}(t^{m-1}, i\Delta t)$ 满足

$$\{\mathrm{Xw}(t^{m-1}, i\Delta t) > \mathrm{Lsw}', \mathrm{Xw}(t^{m-1}, k\Delta t) < \mathrm{Lsw}', i = k+1\}$$

$$= \{X^d_{T_{m-1}, T_{m-1}+(i\Delta t - t^{m-1})} > \mathrm{Lsw}', X^d_{T_{m-1}, T_{m-1}+(k\Delta t - t^{m-1})} < \mathrm{Lsw}'\} \tag{4.31}$$

（3）如果 $i > k+1$，则表示镟修所在周期与检查周期不相邻，此时事件 $\mathrm{L}(t^{m-1}, i\Delta t)$ 满足

$$\{\mathrm{Xw}(t^{m-1}, i\Delta t) > \mathrm{Lsw}', \mathrm{Xw}(t^{m-1}, k\Delta t) < \mathrm{Lsw}', \cdots, \mathrm{Xw}\left[t^{m-1}, (i-1)\Delta t\right] < \mathrm{Lsw}',$$

$$t^{m-1} < k\Delta t < (i-1)\Delta t\} \tag{4.32}$$

$$= \{X^d_{T_{m-1}, T_{m-1}+(i\Delta t - t^{m-1})} > \mathrm{Lsw}', X^d_{T_{m-1}, T_{m-1}+(k\Delta t - t^{m-1})} < \mathrm{Lsw}', \cdots, X^d_{T_{m-1}, T_{m-1}+\left[(i-1)\Delta t - t^{m-1}\right]} < \mathrm{Lsw}',$$

$$t^{m-1} < k\Delta t < (i-1)\Delta t\}$$

综上所述，利用性能退化规律与役龄回退因子，得到事件 $\mathrm{L}(t^{m-1}, i\Delta t)$ 的概率为

$$P\left[\mathrm{L}(t^{m-1}, i\Delta t)\right]$$

$$= \begin{cases} 1 - \Phi\left(\dfrac{\mathrm{Lsw}' - \mu^d_{T_{m-1}, T_{m-1}+(i\Delta t - t^{m-1})}}{\sigma^d_{T_{m-1}, T_{m-1}+(i\Delta t - t^{m-1})}}\right), & k = i \\[4mm] \left[1 - \Phi\left(\dfrac{\mathrm{Lsw}' - \mu^d_{T_{m-1}, T_{m-1}+(i\Delta t - t^{m-1})}}{\sigma^d_{T_{m-1}, T_{m-1}+(i\Delta t - t^{m-1})}}\right)\right] \Phi\left(\dfrac{\mathrm{Lsw}' - \mu^d_{T_{m-1}, T_{m-1}+(k\Delta t - t^{m-1})}}{\sigma^d_{T_{m-1}, T_{m-1}+(k\Delta t - t^{m-1})}}\right), & k = i-1 \\[4mm] \left[1 - \Phi\left(\dfrac{\mathrm{Lsw}' - \mu^d_{T_{m-1}, T_{m-1}+(i\Delta t - t^{m-1})}}{\sigma^d_{T_{m-1}, T_{m-1}+(i\Delta t - t^{m-1})}}\right)\right] \prod_{p=1}^{i-k} \Phi\left(\dfrac{\mathrm{Lsw}' - \mu^d_{T_{m-1}, T_{m-1}+\left[(k-1+p)\Delta t - t^{m-1}\right]}}{\sigma^d_{T_{m-1}, T_{m-1}+\left[(k-1+p)\Delta t - t^{m-1}\right]}}\right), \\[4mm] \qquad k < i-1 \end{cases} \tag{4.33}$$

记事件 $\mathrm{A}(i^m \Delta t)$ 为轮对在时刻 $i^m \Delta t$ 进行第 m 次预防性镟修，事件 $\mathrm{B}(t^m)$ 为轮对在时刻 t^m 进行第 m 次修复性镟修。递推关系式为

$$P\left[\mathrm{A}(i^m \Delta t)\right] = \sum_{i^{m-1}=m-1}^{i^{m}-1} P\left[\mathrm{A}(i^{m-1}\Delta t)\right] P\left[\mathrm{A}(i^{m-1}\Delta t, i^m \Delta t)\right] +$$

$$\sum_{k=1}^{i^m} P\left[\mathrm{A}(t^{m-1}, i^m \Delta t)\right] \int_{(k-1)\Delta t}^{k\Delta t} \mathrm{d}P\left[\mathrm{B}(t^{m-1})\right] \tag{4.34}$$

$$P\left[\mathrm{B}(t^m)\right] = \sum_{i^{m-1}=m-1}^{i^{m}-1} P\left[\mathrm{A}(i^{m-1}\Delta t)\right] P\left[\mathrm{B}(i^{m-1}\Delta t, t^m)\right] +$$

$$\sum_{k=1}^{t^m} \int_{(k-1)\Delta t}^{k\Delta t} \mathrm{d}P\left[\mathrm{B}(t^{m-1})\right] P\left[\mathrm{B}(t^{m-1}, t^m)\right], \quad t^m \in \left[(k-1)\Delta t, k\Delta t\right] \tag{4.35}$$

特别地，$P\left[\mathrm{A}(i^1 \Delta t)\right] = P\left[\mathrm{A}(0, i^1 \Delta t)\right]$；$P\left[\mathrm{B}(t^1)\right] = P\left[\mathrm{B}(0, t^1)\right]$。

事件 $L(i\Delta t)$ 为经过 m 次镟修，在第 i 个维修周期对轮对进行检测，发现轮对直径超限，其概率为

$$
\begin{aligned}
P\left[L(i\Delta t)\right] = &\sum_{i^m=m}^{i-1} P\left[A(i^m\Delta t)\right]P\left[L(i^m\Delta t, i\Delta t)\right] + \\
&\sum_{k=1}^{i} \int_{(k-1)\Delta t}^{k\Delta t} \mathrm{d}P\left[B(t^m)\right]P\left[L(t^m, i\Delta t)\right]
\end{aligned}
\tag{4.36}
$$

4.3 故障风险及组合策略优化模型

4.3.1 轮缘厚度超限故障风险

轮缘厚度超限严重可能出现列车脱轨等重大事故，为了对轮缘厚度超限情况进行控制，引入故障风险。轮对轮缘在 s 时刻的故障风险指轮缘在厚度不超限的情况下工作到 s 时刻，继续运行 t 时间发生轮缘厚度超限的概率，即

$$
\text{Risk}(s) = \frac{P(在(s, s+t]轮缘厚度超限)}{P(轮缘正常运营到s时刻)}
\tag{4.37}
$$

（1）记事件 $D(t^m, i\Delta t)$ 表示轮对在 t^m（ $t^m \in [(k-1)\Delta t, k\Delta t]$ ）时刻进行第 m 次不完全维修后，正常工作到 $i\Delta t$ 时刻；根据维修时刻 $k\Delta t$ 与 $i\Delta t$ 时刻的关系，可以分为以下两种情况进行讨论。

① 如果 $i=k$ ，则预防性维修与检修处于同一个维修周期，轮缘厚度退化量未超过使用限度 Ls，此时事件 $D(t^m, i\Delta t)$ 满足

$$
\begin{aligned}
&\{X(i\Delta t) < \text{Ls}, Q(t^m, i\Delta t), k=i\} \\
&= \{X_{T_{m-1}, T_{m-1}+i\Delta t-t^m} < \text{Ls}, Q(T_{m-1}, T_{m-1}+i\Delta t-t^m)\}
\end{aligned}
\tag{4.38}
$$

② 如果 $i>k$ ，则预防性维修与检修所处的维修周期相邻，此时事件 $D(t^m, i\Delta t)$ 满足

$$\{X(k\Delta t) < \mathrm{Ls}, X\big[(k+1)\Delta t\big] < \mathrm{Ls}, \cdots, X(i\Delta t) < \mathrm{Ls}, Q(t^m, i\Delta t), i > k\}$$

$$= \{X_{T_{m-1}, T_{m-1}+k\Delta t-t^m} < \mathrm{Ls}, X_{T_{m-1}, T_{m-1}+(k+1)\Delta t-t^m} < \mathrm{Ls}, \cdots, X_{T_{m-1}, T_{m-1}+i\Delta t-t^m} < \mathrm{Ls}, \quad (4.39)$$

$$Q(T_{m-1}, T_{m-1} + i\Delta t - t^m)\}$$

综上所述，得到事件 $\mathrm{D}(t^m, i\Delta t)$ 的概率为

$$P\big[\mathrm{D}(t^m, i\Delta t)\big] = \begin{cases} \Phi\left(\dfrac{\mathrm{Ls} - \mu^f_{T_{m-1}, T_{m-1}+i\Delta t-t^m}}{\sigma^f_{T_{m-1}, T_{m-1}+i\Delta t-t^m}}\right)\left[1 - \displaystyle\int_{T_{m-1}}^{T_{m-1}+i\Delta t-t^m} f(t)\mathrm{d}t\right], & i = k \\[4mm] \displaystyle\prod_{p=0}^{i-k} \Phi\left(\dfrac{\mathrm{Ls} - \mu^f_{T_{m-1}, T_{m-1}+(k+p)\Delta t-t^m}}{\sigma^f_{T_{m-1}, T_{m-1}+(k+p)\Delta t-t^m}}\right)\left[1 - \displaystyle\int_{T_{m-1}}^{T_{m-1}+i\Delta t-t^m} f(t)\mathrm{d}t\right], & i > k \end{cases} \quad (4.40)$$

（2）记事件 $\mathrm{D}(i\Delta t, i^1\Delta t, i^2\Delta t, \cdots, i^m\Delta t)$ 表示轮对在第 $i^1, i^2, \cdots, i^m$ 个检修周期内进行了镟修，轮缘在厚度不超限的情况下运行到时刻 $i\Delta t$。根据式（4.40），可以得到

$$P\big[\mathrm{D}(i\Delta t, i^1\Delta t, i^2\Delta t, \cdots, i^m\Delta t)\big]$$

$$= P\big[\mathrm{D}(i^0\Delta t, i^1\Delta t)\big] P\big[\mathrm{D}(t^1, i^2\Delta t)\big] P\big[\mathrm{D}(t^2, i^3\Delta t)\big] \cdots P\big[\mathrm{D}(t^m, i\Delta t)\big] \quad (4.41)$$

式中，$t^k \in [(i^k - 1)\Delta t, i^k \Delta t]$，$k = 1, 2, \cdots$。

（3）记事件 $\mathrm{E}[(i+1)\Delta t, i^1\Delta t, i^2\Delta t, \cdots, i^m\Delta t]$ 为轮对在第 $i^1, i^2, \cdots, i^m$ 个检修周期内进行镟修后，在维修周期 $[i\Delta t, (i+1)\Delta t]$ 内发生轮缘厚度超限的情况。

$$P\big\{\mathrm{E}\big[(i+1)\Delta t, i^1\Delta t, i^2\Delta t, \cdots, i^m\Delta t\big]\big\}$$

$$= P\big[\mathrm{F}(0, t^1)\big] P\big[\mathrm{F}(t^1, t^2)\big] \cdots P\big[\mathrm{F}(t^{m-1}, t^m)\big] P\big\{\mathrm{C}\big[t^m, (i+1)\Delta t\big]\big\} \quad (4.42)$$

$\mathrm{F}(t^{k-1}, t^k)$ 表示在时刻 t^{k-1} 进行第 $k-1$ 次镟修，在此条件下在时刻 t^k 进行第 k 次镟修，且 $t^k \in [(i^k - 1)\Delta t, i^k \Delta t]$，$k = 1, 2, \cdots$。由前面的分析可知，在第 $i^1, i^2, \cdots, i^m$ 个检修周期进行镟修有 4 种情况，$\mathrm{F}(t^{k-1}, t^k)$ 根据情况在数值上与之对应。

记 $\mathrm{Risk}^m(i\Delta t)$ 为在进行第 m 次不完全视情维修后，在检修时刻 $i\Delta t$ 的故障风险，即

$$\mathrm{Risk}^m(i\Delta t) = \frac{P\big\{\mathrm{E}\big[(i+1)\Delta t, i^1\Delta t, i^2\Delta t, \cdots, i^m\Delta t\big]\big\}}{P\big[\mathrm{D}(i\Delta t, i^1\Delta t, i^2\Delta t, \cdots, i^m\Delta t\big]} \quad (4.43)$$

对于任意时刻 $i\Delta t$，能够得到在不同时刻 $i^1\Delta t, i^2\Delta t, \cdots, i^m\Delta t$ 进行镟修的故障风险，在不同维修条件下，轮对在时刻 $i\Delta t$ 的最大故障风险为

$$\text{Risk}(i\Delta t) = \max\left\{\text{Risk}^m(i\Delta t), m = 0, 1, 2, \cdots, N\right\} \tag{4.44}$$

4.3.2 组合维修策略优化模型

1）平均工作时间

当在检测周期内检测到轮对直径超限时，需要对轮对进行更换。轮对的使用寿命就是从开始使用到检测发现轮对直径超限的时间，因此轮对的平均工作时间为

$$E(t) = \sum_{i=1}^{\infty} i\Delta t P\big[\mathrm{L}(i\Delta t)\big] \tag{4.45}$$

2）平均维修费用

设定期巡检费用为 C_1 元/万千米，定期检测轮对的费用为 C_2 元/次，对轮缘进行预防性镟修的费用为 C_3 元/次，发现踏面损伤对轮对进行修复性镟修的费用为 C_4 元/次，轮对在超限情况下运行的损失费用为 C_5 元/万千米，更换轮对的费用为 C_6 元，在轮对使用寿命到达 O 时进行了 N 次镟修，则平均维修费用为

$$\begin{aligned}
E(C) = C_1 E(t) + C_2 E(t)/\Delta t + \sum_{k=1}^{\infty}\Bigg\{\sum_{j=1}^{N} P\big[\mathrm{A}(k^j\Delta t)\big] C_3 + \\
C_4 \int_{(k-1)\Delta t}^{k\Delta t} \mathrm{d}P\big[\mathrm{B}(t^j)\big] + P\big[\mathrm{C}(k^j\Delta t)\big] C_5\Bigg\} + C_6
\end{aligned} \tag{4.46}$$

3）组合维修策略优化模型

将轮对在长期运行条件下的获得最低费用率作为优化目标，建立组合维修策略优化模型，即

$$\begin{cases}
\min C(t \mid \Delta t, S_{\mathrm{dL}}, S_{\mathrm{dH}}) \\
C(t \mid \Delta t) = \dfrac{E(C)}{E(t)} \\
\text{Risk}(i\Delta t) < \alpha
\end{cases} \tag{4.47}$$

4.4　案例分析

设车辆在运行过程中要求轮缘厚度为[26mm,32mm]，踏面直径为[790mm,860 mm]。此外，轮对踏面擦伤、剥离等故障可能导致车轮进行临时镟修或打磨，轮对踏面镟修标准如表 4.4 所示。

表 4.4　轮对踏面镟修标准

项目	检查内容	镟修标准
踏面	检查轮对踏面是否有擦伤、剥离等故障	擦伤限度： 一处以上大于 75mm； 两处以上 50～75mm； 四处以上 25～50mm； 深度>0.8mm
		剥离限度： 一处长度≤30mm； 两处长度≤20mm； 深度≤1mm

对车辆的轮对历史检测数据进行研究,选择其在运行期间一段时间内的轮对直径及轮缘厚度数据，如图 4.7 所示。

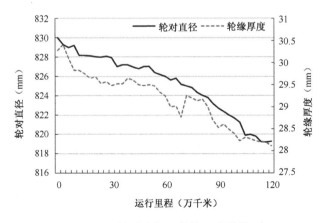

图 4.7　轮对直径及轮缘厚度数据

对相关性能参数进行处理，得到在受到外界冲击时，轮缘厚度退化量的时变参数为 $\mu_{t_{k-1,t}}^{f}=0.0075\times\left(t^{1.3525}-t_{k-1}^{1.3525}\right)$，$\sigma_{t_{k-1,t}}^{f2}=1.6221\times10^{-4}\left(t^{1.3525}-t_{k-1}^{1.3525}\right)$；轮对直径退化量的时变参数为 $\mu_{t_{k-1,t}}^{d}=0.0884\times\left(t^{1.0335}-t_{k-1}^{1.0335}\right)$，$\sigma_{t_{k-1,t}}^{d2}=0.0025\times10^{-4}\left(t^{1.0335}-t_{k-1}^{1.0335}\right)$；根据统计数据得到，发生轮对踏面损伤的概率密度函数为 $f(t)=0.0073\left(\dfrac{t}{213.4}\right)^{0.55}\exp\left[-\left(\dfrac{t}{213.4}\right)^{1.55}\right]$。根据要求，轮缘厚度的使用限度 Ls 为 6，轮对直径的使用限度 Lsw 为 70。在镟修时，轮缘厚度恢复 1mm 需要消耗的轮径尺寸会在人工操作等原因的影响下浮动，设比例系数 B 服从 $U\sim N(4, 6)$。在工程上，当不完全维修次数较少时，可以近似认为役龄回退因子与维修次数是线性相关的，假设役龄回退因子满足

$$\alpha_{j}=\begin{cases}0.3+\dfrac{j-1}{20}, & j\leqslant15\\[2mm]1, & j\geqslant16\end{cases}\qquad(4.48)$$

式中，j 表示不完全维修次数，随着不完全维修次数的增加，对轮对的维护效果逐渐下降。此外，在工程上，当故障发生概率小于 10^{-6} 时，认为故障几乎不可能发生，因此将轮缘故障风险的最大允许值设为 10^{-6}，以确保轮缘在运行过程中不会发生轮缘厚度超限的情况。轮缘厚度磨耗镟修策略阈值如图 4.8 所示。

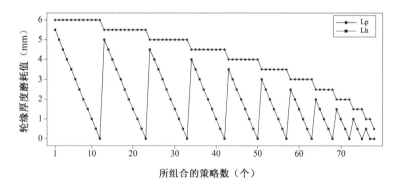

图 4.8　轮缘厚度磨耗镟修策略阈值

为了保障轮对的安全运行并延长使用时间，在上述性能参数下，对轮对的检修周期、轮缘厚度磨耗镟修策略阈值及镟修次数进行优化。根据一些数

据及实际调研结果，假设定期巡检费用为 20 元/万千米，定期检测轮对的费用为 50 元/次，对轮缘进行预防性镟修的费用为 400 元/次，发现踏面损伤对轮对进行修复性镟修的费用为 1060 元/次，轮对在超限情况下运行的损失费用为 50000 元/万千米，更换轮对的费用为 12000 元。在满足轮缘超限运行风险约束的情况下，得到轮对维修费用率与维修周期和镟修阈值的关系曲线如图 4.9 所示。

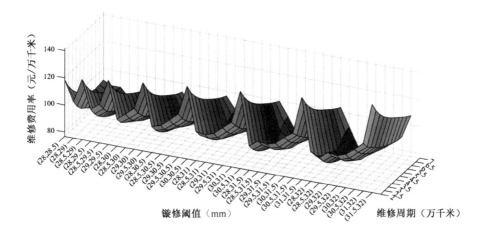

图 4.9　轮对维修费用率与维修周期和镟修阈值的关系曲线

　　与图 4.8 相比，在图 4.9 中，一些镟修策略被风险约束过滤了。由图 4.9 可知，当维修周期 $\Delta t = 6$、镟修阈值 $(S_{dL}, S_{dH}) = (28.5, 31)$ 时，维修费用率最低，为 78.12 元/万千米，轮对镟修次数为 5 次。当车辆运行 6 万千米时，对轮对进行维护和检测轮对主要参数，当轮缘厚度小于 28.5mm 时，进行镟修，将轮缘厚度恢复至 31mm，在这种策略下，期望运营里程为 284.99 万千米。当周期一定且轮缘厚度的镟修上限一定时，维修费用率随轮缘厚度镟修下限的减小而先减小后增大，在一些镟修阈值控制策略被过滤掉的情况下，可能一直减小。当轮缘厚度的镟修上限与镟修下限比较接近时，镟修比较频繁，导致维修费用率较高，当轮缘厚度的镟修上限与镟修下限差距较大时，每次镟修对轮对直径的消耗量较大，导致轮对使用寿命缩短、维修费用率升高。

　　对所提的组合维修策略的目标值进行定量分析，得到在不同维修策略下的相关指标如表 4.5 所示。由表 4.5 可知，维修策略值对镟修次数有很

大影响。例如，当镟修阈值为(31.5，32)时，需要镟修 14 次；当阈值为(30，31)时，需要镟修 10 次。频繁的镟修会造成维修工作负担大、扣车时间长等。因此，维修策略的选择对维修工作及车辆运行有很大影响。

表 4.5　在不同维修策略下的相关指标

编号	维修策略值			镟修次数（次）	期望使用寿命（万千米）	维修费用率（元/万千米）
	Δt	S_{dL}（mm）	S_{dH}（mm）			
1	5	31.5	32	14	204.61	116.02
2	5	31	32	10	250.23	94.33
3	5	30.5	32	7	251.40	89.24
4	5	30	32	6	263.64	85.12
5	5	29.5	32	5	271.59	84.03
6	5	29	32	4	255.92	83.45
7	5	28.5	32	4	281.80	78.77
8	5	28	32	4	259.85	83.13
9	5	30.5	31	14	224.90	108.49
10	5	30	31	10	267.77	90.31
11	5	29.5	31	7	267.77	85.81
12	5	29	31	6	271.54	83.71
13	5	28.5	31	5	285.71	79.63
14	5	28	31	4	269.37	80.96
15	6	30.5	31	14	234.65	103.65
16	6	30	31	10	263.44	89.68
17	6	29.5	31	7	272.69	83.18
18	6	29	31	6	270.92	82.20
19	6	28.5	31	5	284.99	78.12

　　轮对使用寿命与维修周期和镟修阈值的关系曲线如图 4.10 所示。可以看出轮对使用寿命的变化趋势与维修费用率大致相反。当维修周期和轮缘厚度上限一定时，使用寿命随着轮缘厚度下限的减小而延长，其会受镟修比例系数取值随机等原因的影响而出现小幅波动，阈值区间过大导致会轮对直径镟修消耗量大时的使用寿命缩短。频繁的镟修和镟修量过大都会影响轮对使用寿命。

进一步分析，维修费用率与维修周期的关系曲线如图 4.11 所示，当轮对的镟修阈值固定为 $(S_{dL}, S_{dH}) = (28.5, 31)$ 时，随着维修周期的延长，维修费用率先降低后升高。特别是在维修周期从 2 逐渐增至 4.5 的过程中，维修周期对维修费用率的影响十分明显。当维修周期较短时，维修频繁，维修成本高；当维修周期延长到一定程度后，维修延寿的效果降低，且轮缘厚度超限的概率增大，导致维修费用率升高。

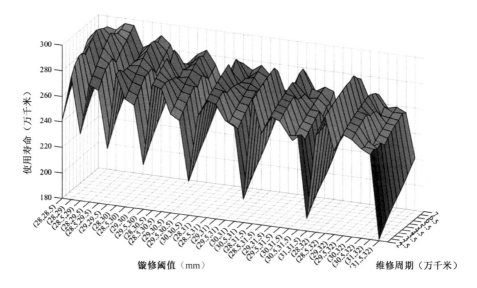

图 4.10　轮对使用寿命与维修周期和镟修阈值的关系曲线

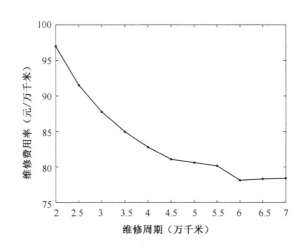

图 4.11　维修费用率与维修周期的关系曲线

随着车辆的运行里程的增加，视情维修和故障维修的概率不断增大，视情维修概率如图 4.12 所示，故障维修概率如图 4.13 所示。随着维修次数的增加，视情维修概率不断增大，故障维修概率不断减小。视情维修使轮对保持在较好的状态，且使后续视情维修的时间间隔较短，使踏面故障概率减小。

为了分析故障风险对组合维修策略的影响，给出不同故障风险约束下的最优策略比较，如表 4.6 所示。随着故障风险允许值 α 的增大，维修周期和镟修阈值区间变小，轮对的期望使用寿命延长，维修费用率降低，可见故障风险允许值的选择对最优策略有一定的影响。

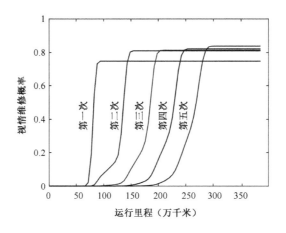

图 4.12 视情维修概率

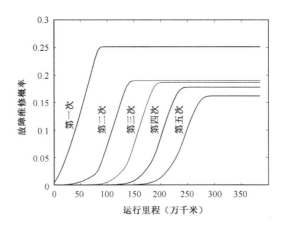

图 4.13 故障维修概率

表 4.6　不同故障风险约束下的最优策略比较

编号	维修周期 Δt	镟修阈值 (S_{dL}, S_{dH})（mm）	故障风险允许值 α	镟修次数（次）	期望使用寿命（万千米）	维修费用率（元/万千米）
1	6	(28.5, 31)	10^{-6}	5	284.99	78.12
2	6.5	(28, 31)	10^{-4}	5	287.70	77.13
3	7	(28, 31)	10^{-2}	5	287.83	76.58

　　将利用冲击理论得到的轮对直径与轮缘厚度退化量的解析值与实际值进行比较，得到轮对直径退化量和轮缘厚度退化量分别如图 4.14 和图 4.15 所示。整体来看，利用冲击理论得到的解析值与实际值差距较小，该方法能够较好地描述磨耗规律。

　　目前常见的两种维修策略如下。

　　策略一：日常对轮对进行巡检；每运行 3 万千米就对轮对进行检修，发现轮缘厚度超限则进行镟修，每运行 20 万千米就对轮对进行定期镟修，以将轮对恢复至标准型面，如果轮对直径超限则更换轮对；策略二：日常对轮对进行巡检，每运行 3 万千米就对轮对进行清洁检修，发现轮缘厚度超限则进行镟修，如果轮对直径超限则更换轮对。

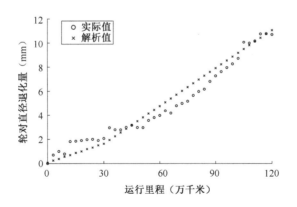

图 4.14　轮对直径退化量

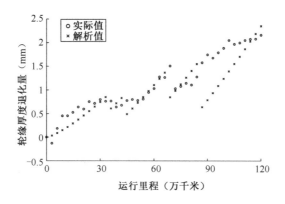

图 4.15　轮缘厚度退化量

维修策略比较如表 4.7 所示。与策略一相比，所提的组合维修策略可使使用寿命延长 11.51%，维修费用率降低 27.06%；与策略二相比，所提的组合维修策略可使使用寿命增加 11.98%，维修费用率降低 12.00%。

表 4.7　维修策略比较

维修策略	维修费用率（元/万千米）	使用寿命（万千米）	镟修次数（次）
策略一	107.1	255.57	12.17
策略二	88.77	254.5	2
组合维修策略	78.12	284.99	5

4.5　本章小结

本章通过分析轮缘厚度与轮对直径在磨耗中的特点及相关关系，结合目前的车辆维修特点和镟修的影响，提出了将定期维修与视情维修结合的组合维修策略。从轮对磨耗的失效机理出发，基于冲击理论，利用复合泊松过程建立性能退化模型，对性能退化给出了物理解释。考虑了巡检发现踏面表面故障，采用威布尔分布描述踏面故障率。综合考虑轮缘厚度、轮对直径超限及踏面故障等典型故障形式，构建组合维修概率模型，并将轮缘厚度超限作为风险约束，建立以获得最小费用率为目标的组合维修策略优化模型。结合车辆在实际运行过程中的轮对检测数据，进行数值分析，描述维修费用率的变化规律，验证了模型的有效性。所提出的组合维修策略能够有效延长轮对使用寿命、降低维修费用，且不需要频繁检修轮对，可以提高维修人员的工作效率，对于优化车辆轮对的维修工作具有较大的应用价值和实际意义。

参考文献

[1] 李大伟, 刘海涛, 张志华, 等. 装备性能可靠性建模及维修策略优化技术[M]. 北京：科学出版社, 2019.

[2] 许宏, 员华, 王凌, 等. 基于高斯过程的地铁车辆轮对磨耗建模及其镟修策略优化[J]. 机械工程学报, 2010, 46(24):88-95.

[3] E Mingcheng, Li Bing, Jiang Zengqiang, et al. An Optimal Reprofiling Policy for High-Speed Train Wheels Subject to Wear and External Shocks Using a Semi-Markov Decision Process[J]. IEEE Transactions on Reliability, 2018, 67(4):1468-1481.

[4] Wang Ling, Xu Hong, Yuan Hua, et al. Optimizing the Re-Profiling Strategy of Metro Wheels Based on a Data-Driven Wear Model[J]. European Journal of Operational Research, 2015, 242(3):975-986.

[5] 曾全君. 地铁车辆车轮寿命分析[J]. 电力机车与城轨车辆, 2005, 28(2):47-49.

[6] 张志华, 翟亚利, 李大伟. 基于冲击理论的性能可靠性评估研究[J]. 系统工程与电子技术, 2014, 36(10):2108-2112.

[7] 李大伟, 张志华, 钟强晖, 等. 复杂退化系统的组合维修策略优化[J]. 航空学报, 2015, 36(3):872-880.

[8] Kijima M, Morimura H, Suzuki Y. Periodic Replacement Problem Without Assuming Minimal Repair[J]. European Journal of Operational Research, 1988, 37(2):194-203.

第 5 章

基于混合故障率的断路器
维修策略优化

随着地铁路网规模的扩大、设备的精密化和企业对经济效益要求的提高，原有的"故障后维修"和"以换代修"方式不再适用于当前的运维管理模式。因此，亟须一种能保证设备可靠性和经济性的维修策略。针对此问题，本章以地铁供电系统的高压断路器为研究对象，介绍基于两种修正因子的设备故障率函数，并对各维修周期内设备和设备全生命周期的可靠性模型进行分析，提出基于可靠度约束的预防性维修和更新策略，以使更新周期内的成本率最低为目标，确定最优预防性维修次数、非等间隔维修期和更新周期。

5.1 基于修正因子的混合故障率函数

为降低成本和缩短停机时间，许多供电设备采用预防性维修方式，即在故障发生前定期进行检修和保养，以延长设备使用寿命和避免工作中断。预防性维修成为避免供电设备故障的重要手段[1-2]。

预防性维修指通过采用提前保养措施来防止潜在故障进一步发展为实际故障[3-4]。在早期的可靠性研究中，人们通常将维修活动的效果假设为两个极限状态：完全修复（修复如新）和最小修复（修复如旧）。但在实际应用中，设备的维修效果会受维修活动的影响。在衡量维修效果时，可以利用役龄回退因子和故障率递增因子，混合故障率能很好地反映设备的可靠度变化规律，因此本章引入两种因子，以便描述维修效果。

5.1.1　故障率函数的"役龄回退因子"

更换设备能够恢复全新的状态，设备的役龄会回退到零。但是考虑到更换设备的费用比维修高得多，且更换带来的停机时间也比维修长，尤其是对于高压断路器而言，因此预防性维修成为处理设备故障的常用手段。

从理论上讲，每次维修活动都会对设备的故障率进行恢复，但是维修活动不能每次都将设备的故障率恢复到初始状态，即"修复如新"。因此，Malik提出了役龄回退因子，以描述维修活动对设备故障率的恢复程度，并反映维修活动对设备可靠度变化规律的影响（维修效果）[5]。每次预防性维修都会对设备的可靠度产生影响，如果将时间点作为考量内容，则每次的预防性维修都会使设备的运行状态恢复到之前的某个时间点，也使可靠度恢复到该时间点对应的值，这个时间点即 Malik 提出的有效役龄。

设维修时刻为 $t_1, t_2, \cdots, t_n$，则 $T_{i+1} = t_{i+1} - t_i$，$T_1 = t_1$，设备进行第一次预防性维修前后的有效役龄可以表示为

$$\begin{cases} t_1^- = T_1 \\ t_1^+ = t - \alpha_1 T_1 \end{cases} \tag{5.1}$$

式中，t_1^- 为在到达第一个预防性维修周期末时未进行维修的有效役龄；t_1^+ 为在第一个预防性维修周期结束时进行了维修的有效役龄，考虑了维修活动的改善效果。用役龄回退因子 α_i 实现对有效役龄的修正，即第一次预防性维修使有效役龄变化了 $\alpha_1 T_1$，其中 $\alpha_1 \in [0,1]$。进而可以得到设备进行第二次预防性维修前后的有效役龄为

$$\begin{cases} t_2^- = T_2 + t_1^+ = T_2 + (1-\alpha_1)T_1 \\ t_2^+ = t - \alpha_1 T_1 - \alpha_2 T_2 \end{cases} \tag{5.2}$$

可以得到设备进行第 i 次预防性维修前后的有效役龄为

$$\begin{cases} t_i^- = T_i + \sum_{j=1}^{i-1}(1-\alpha_j)T_j \\ t_i^+ = t - \sum_{j=1}^{i}\alpha_j T_j \end{cases} \tag{5.3}$$

由于故障率函数的变化与有效役龄有关，因此可以将役龄回退因子体现在故障率函数上，可以表示为

$$\begin{cases} \lambda_1(t) = \lambda(t) \\ \lambda_2(t) = \lambda(t - \alpha_1 T_1) \\ \lambda_3(t) = \lambda(t - \alpha_1 T_1 - \alpha_2 T_2) \\ \quad\vdots \\ \lambda_i(t) = \lambda\left(t - \sum_{j=1}^{i} \alpha_j T_j\right) \end{cases} \tag{5.4}$$

由式（5.4）可知，在每次维修后，设备的故障率函数对应的有效役龄参数都减小了 $\alpha_i T_i$。由于每次维修活动考虑的役龄回退因子的值不同，所以故障率函数的变化趋势也不同。基于役龄回退因子的设备故障率函数变化情况如图 5.1 所示。

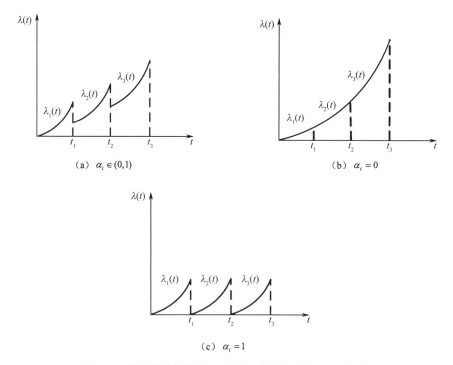

图 5.1　基于役龄回退因子的设备故障率函数变化情况

（1）由图 5.1（a）可知，当 $\alpha_i \in (0,1)$ 时，有效役龄会部分减小，其维修效果介于"修复如新"与"修复如旧"之间，虽然会使设备的故障率在维修

时刻有所下降，但不会降为 0。

显然，每次维修都使设备的故障率减小，体现了预防性维修活动对设备可靠性的恢复作用。通过维修更新故障率函数，用新的故障率函数评估设备的运行水平，具有较强的时效性。

（2）由图 5.1（b）可知，当 $\alpha_i = 0$ 时，认为每次的预防性维修活动都不影响设备的有效役龄，其维修效果等于"修复如旧"，即每次维修活动都不影响设备的故障率。此时，设备的故障率仍单调连续变化，且与设备本身的故障率 $\lambda(t)$ 变化规律一致。

（3）由图 5.1（c）可知，当 $\alpha_i = 1$ 时，认为每次的预防性维修活动都将设备的有效役龄修正为 0，其维修效果等于"修复如新"，即每次维修活动都将设备的故障率恢复为 0。此时，各维修周期的设备故障率变化情况一致。

5.1.2　故障率函数的"故障率递增因子"

在实际的工程应用中，设备在每次维修后，往往会以更快的速度进入下一次维修，这是因为维修使设备的故障率函数发生了变化，为了在建立可维修设备的故障模型时使其更接近实际情况，使用故障率递增因子，用 b_i（$b_i \geqslant 1$）表示，以描述维修后故障率函数的变化趋势。认为每次维修活动都会使设备的故障率函数恢复为 0，同时会提高故障率函数的变化速率，体现在设备故障上即指设备以更快的速度进入下一次维修。假设设备运行到役龄 t 时出现故障，需要维修，维修后设备的故障率函数的斜率被修正为原来的 b 倍。当 $b = 1$ 时，表示维修后设备的故障率函数的斜率没有变化，即"最小限度维修"；当 $b = \infty$ 时，表示维修后设备的故障率函数的斜率变为无穷大，在设备投入运行后，马上又需要维修。在本节的模型中，这两种极限情况都不可取。

将故障率递增因子体现在故障率函数上，可以表示为

$$\begin{cases} \lambda_1(t) = \lambda(t) \\ \lambda_2(t) = b_1\lambda(t) \\ \lambda_3(t) = b_1 b_2 \lambda(t) \\ \quad\vdots \\ \lambda_i(t) = \prod_{k=1}^{i-1} \lambda(t) \end{cases} \tag{5.5}$$

由式（5.5）可知，在每次维修后，设备的故障率函数的斜率变为上一次维修后的 b_i 倍，即每次维修后其故障率函数的斜率都会增大。以第 i 次维修为例，在进行第 $i-1$ 次维修后，如果不考虑故障率递增因子的影响，则在进行第 i 次维修时，设备的故障率函数仍为原来的函数，与实际情况不符；如果考虑故障率递增因子的影响，则在进行第 i 次维修时，设备的故障率函数被修正为 $b_{i-1}\lambda_{i-1}(t)$。基于故障率递增因子的设备故障率函数变化情况如图 5.2 所示，可以看出故障率函数每次都从零开始，但是斜率明显增大。

由图 5.2 可知，当用故障率递增因子描述维修效果时，设备故障率在维修时刻 $t_1,t_2,\cdots,t_n$ 会降为 0，状态得到恢复。当故障率递增因子 $b_i>1$ 时，设备故障率的升高速度较快，体现了不完全维修效果，随着故障率递增因子的增大，维修效果逐渐变差。

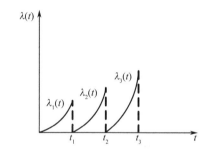

图 5.2　基于故障率递增因子的设备故障率函数变化情况（$b_i>1$）

当故障率递增因子过大时，随着设备运行时间的延长，可能出现越修越坏的极端情况，甚至可能出现维修后设备的故障率高于没有维修的设备的故障率的情况。这也从侧面说明，当维修效果较差时，采取维修活动不利于设备的实际使用。

5.1.3　修正因子对故障率函数的综合影响

前面从役龄回退因子和故障率递增因子的角度分别对故障率函数所受的影响进行了详细分析，但是在本书的模型中，为了保证故障率函数的时效性，需要考虑两种修正因子对故障率函数的综合影响。建立一种混合故障率

函数，其表达式为

$$\lambda_i(t) = \left(\prod_{k=1}^{i-1} b_k \right) \lambda \left(t - \sum_{j=1}^{i} \alpha_j T_j \right) \tag{5.6}$$

基于两种修正因子的设备故障率函数变化情况如图 5.3 所示。通过对设备实际工况的了解，可知设备在工作前期的故障率较低、在工作后期的故障率较高。设备的实际工况不仅随使用寿命的变化而变化，还受维修活动的影响。越是在工作后期，维修活动对设备故障率的影响越大，即随着维修次数的增加，实际维修活动对设备的影响会增大，一方面会导致役龄回退因子增大，此时维修活动对设备有效役龄的改善效果变小；另一方面会导致故障率递增因子增大，此时维修活动对设备故障率的影响变大。役龄回退因子及故障率递增因子的变化与不完全维修活动的次数有关。

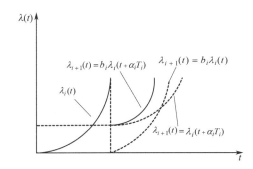

图 5.3　基于两种修正因子的设备故障率函数变化情况

5.2　可靠性模型

本节基于修正因子考虑在维修活动下的设备可靠性模型建立方法。在用役龄回退因子和故障率递增因子对设备的故障率函数进行修正后，在进行各维修活动后的故障率函数都不同，役龄分布函数和可靠度函数也不同[6]。为了便于描述，在已知维修时刻的条件下，先对各维修周期内设备的可靠度变化规律进行分析，再利用全概率公式得到设备全生命周期的可靠性模型。

5.2.1　各维修周期内设备的可靠性模型

假设设备的具体维修时刻 $t_1 < t_2 < \cdots < t_n$，则 $T_i = t_i - t_{i-1}$，记 $t_0 = 0$，可知设备在第 i 个维修周期内的可靠度 $R_i(t)$ 满足

$$R_i(t) = \exp\left[-\int_0^t \lambda_i(u)\mathrm{d}u\right], \quad t \in [0, T_i] \tag{5.7}$$

由式（5.7）可知，当 $t = 0$ 时，$R_i(0) = 1$。其实际工程意义是在某个时刻对设备进行维修，维修活动会对设备的状态进行恢复。显然，维修活动的期望结果是使设备能够正常工作，因此在每次维修活动后 $R_i(0) = 1$。

考虑维修效果为不完全维修，根据式（5.7），可以得到各维修周期内设备的可靠度变化规律[7]，如图 5.4 所示。

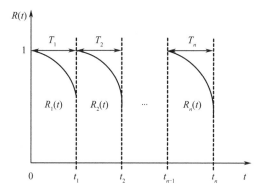

图 5.4　各维修周期内设备的可靠度变化规律

由图 5.4 可知，每次维修后，设备的可靠度被恢复到 1，但故障率未恢复到初始水平，因此设备的可靠度变化曲线不是单调连续的，而是分段的。同时，结合式（5.7）可知，维修效果会随设备工作时间的延长而逐渐下降，设备可靠度的下降幅度随维修周期的增大而增大，即满足 $R_1(T_1) < R_2(T_2) < \cdots < R_n(T_n)$。

根据前面对设备在某个维修周期内的可靠度变化趋势的分析，可以得到设备在第 i 个维修周期的平均工作时间为

$$E_i(t) = \int_0^{T_i} R_i(t)\mathrm{d}t \tag{5.8}$$

5.2.2　设备全生命周期的可靠性模型

上述可靠性模型描述的是设备在各维修周期内的可靠度变化规律，而在实际情况下，使用者更关心设备全生命周期的可靠性，如设备在维修条件下正常工作到时刻 t 的可能性。

在充分考虑维修活动的前提下，设备在任意时刻 $t \in (t_i, t_{i+1}]$ 不发生故障的概率 $R(t)$ 等价于"设备在前 i 个周期未发生故障，经过第 i 次维修活动后，工作到时刻 t 也没有发生故障"。因此，可以得到在考虑维修活动条件下的设备可靠度为

$$R(t) = R_{i+1}(t) \prod_{k=1}^{i} R_k(T_k) = \exp\left[-\sum_{k=1}^{i} \int_0^{T_k} \lambda k(t)\mathrm{d}t - \int_0^{t-\sum_{k=1}^{i} T_k} \lambda_{i+1}(u)\mathrm{d}u \right] \quad (5.9)$$

由式（5.7）可知，可靠度是关于维修时刻和工作时间的函数。当 $i=0$ 时，式（5.9）可以简写为

$$R(t) = R_1(t) = \exp\left[-\int_0^t \lambda(u)\mathrm{d}u \right] \quad (5.10)$$

式中，$\lambda(u)$ 是设备自身的故障率。此时，设备还未维修过，因此没有受到维修活动的影响。

根据式（5.9），得到设备在维修活动下的连续可靠度变化规律，如图 5.5 所示。

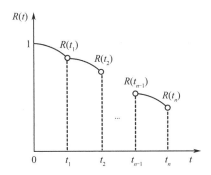

图 5.5　设备在维修活动下的连续可靠度变化规律

由图 5.5 可知，设备的故障率随工作时间的延长而单调连续下降。将其与图 5.4 进行对比，图 5.4 描述的设备可靠度变化规律可以直观地反映维修

活动的效果与影响。这是因为修正因子主要通过影响设备在某个时刻的故障率来体现维修效果，一方面它默认产品在时刻 t 前正常工作，另一方面它更关注在时刻 t 进行维修后，对设备可靠性的影响及下一次维修活动前的可靠度变化规律。

此外，由图 5.5 可知，有维修条件下设备的可靠度变化规律与无维修条件下设备的可靠度变化规律是有所区别的，一方面，可靠度变化曲线不再是完全平滑的；另一方面，每次维修后设备的可靠度下降速度降低，体现了维修活动的积极影响。

最后，在已知维修条件下设备的可靠度的情况下，可以得到其寿命分布函数 $F(t)$ 和平均工作时间 $E(t)$ ，即

$$F(t) = 1 - R(t) = 1 - R_{i+1}(t) \prod_{k=1}^{i} R_k(T_k) \tag{5.11}$$

$$E(t) = \int_0^\infty R(t) \mathrm{d}t = \sum_{i=1}^{\infty} \int_0^{T_i} R(t) \mathrm{d}t \tag{5.12}$$

5.3 基于混合故障率的定期维修策略优化

5.3.1 维修活动及维修条件假设

在实践中，应定期进行预防性维修，使设备具有较高的可靠性。预防性维修活动的维修效果通常为不完全维修。只要设备的可靠性达到阈值，就进行不完全维修，当预防性维修活动次数达到阈值（预防性维修周期的上限）时，会进行完全预防性维修（或更换），以完全恢复设备的性能。同时，由于存在工作时间的限制，当设备发生故障时，为了及时修复其工作状态，现场修复性维修往往表现为极小修复性维修。它能在维修资源消耗量最小的情况下将设备恢复到故障前的工作状态。而不完全预防性维修可以适度改善设备的劣化情况，并充分利用其性能创造更多价值。当设备故障率较高或不完全预防性维修成本过高时，完全预防性维修（或更换）可以更好地保证设备

运行和维修活动的经济性。通过综合分析上述 3 种维修方式的特点，本书采用组合维修策略，实现基于不完全预防性维修的非等周期维修模式。

1. 维修活动

基于极小修复性维修的组合维修策略如图 5.6 所示。图 5.6 表示在设备的一个生命周期（完全修复）内，在维修时刻 $t_1, t_2, \cdots, t_{N-1}$ 进行预防性维修，其维修效果为不完全维修，在进行 $N-1$ 次不完全预防性维修后，为了彻底恢复设备的性能状态，需要在时刻 t_N 进行完全预防性维修。同时，设备在任意时刻 t_{fi} 发生故障时，应立即停止工作，进行极小修复性维修，完成后设备继续工作。

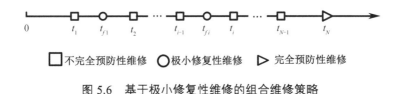

$$0 \quad t_1 \quad t_{f1} \quad t_2 \quad \cdots \quad t_{i-1} \quad t_{fi} \quad t_i \quad \cdots \quad t_{N-1} \quad t_N$$

□ 不完全预防性维修　○ 极小修复性维修　▷ 完全预防性维修

图 5.6　基于极小修复性维修的组合维修策略

2. 维修条件假设

基于设备实际的劣化状态与维修活动的复杂性，进行以下假设。

（1）设备投入使用时是全新的。

（2）设备的故障是随机的，可以通过故障率函数在周期时间内的累积来衡量。

（3）设备在进行预防性维修后会开始一个新的劣化过程。

（4）在任意预防性维修周期内，对突发故障进行最小程度的修复性维修只能将设备恢复到工作状态，而不能改变其故障率。

（5）设备的故障是显而易见的，任何原因导致的停机都被视为故障。

5.3.2　维修概率模型

结合维修策略要求，确定设备的预防性维修时刻。在工程上，部分设备通常将可靠度作为进行预防性维修决策的依据，即当设备的可靠度达到阈值

R 时必须进行不完全预防性维修。记各维修周期的长度为 $T_i = t_i - t_{i-1}$，则设备在不同维修周期内的可靠度满足

$$\exp\left[-\int_0^{T_1} \lambda_1(t)\mathrm{d}t\right] = \exp\left[-\int_0^{T_2} \lambda_2(t)\mathrm{d}t\right] = \cdots = \exp\left[-\int_0^{T_i} \lambda_i(t)\mathrm{d}t\right] = R \quad (5.13)$$

由式（5.13）可知，在已知阈值 R 的条件下，可以确定不完全预防性维修时刻 $t_1, t_2, \cdots, t_{N-1}$。

在任意维修周期内，设备可能发生多次故障，结合维修策略要求，故障后设备进行极小修复性维修，此时能够得到设备在任意维修周期 $(0, T_i]$ 内的平均极小修复性维修次数 $Z(T_i)$ 满足

$$Z(T_i) = \int_0^{T_i} \lambda_i(t)\mathrm{d}t \quad (5.14)$$

式（5.14）可以改写为

$$\int_0^{T_1} \lambda_1(t)\mathrm{d}t = \int_0^{T_2} \lambda_2(t)\mathrm{d}t = \cdots = \int_0^{T_i} \lambda_i(t)\mathrm{d}t = -\ln R \quad (5.15)$$

综合分析式（5.14）和式（5.15），可知在各预防性维修周期内，设备出现故障的概率相等（均为 $-\ln R$）。

5.3.3　维修策略优化模型

根据维修策略要求，设备在第 i 个维修周期内的维修费用主要由极小修复性维修费用 C_m 和不完全预防性维修费用 C_p 组成，结合维修概率模型，得到设备在第 i 个维修周期内的平均维修费用 $E(C_i)$ 满足

$$E(C_i) = C_m \int_0^{T_i} \lambda_i(t)\mathrm{d}t + C_p \quad (5.16)$$

完全预防性维修费用 C_r 通常高于不完全预防性维修费用 C_p，因此，设备在第 N 个维修周期的平均维修费用 $E(C_N)$ 满足

$$E(C_N) = C_m \int_0^{T_N} \lambda_N(t)\mathrm{d}t + C_r \quad (5.17)$$

根据上述分析，利用式（5.16）和式（5.17）可以确定设备费用率 $C(t)$ 满足

$$C(t) = \frac{\sum\limits_{i=1}^{N} E(C_i)}{\sum\limits_{i=1}^{N} T_i} = \frac{C_m \sum\limits_{i=1}^{N} \int_0^{T_i} \lambda_i(t)\mathrm{d}t + (N-1)C_p + C_r}{\sum\limits_{i=1}^{N} T_i} \tag{5.18}$$

此时，以费用率为目标函数，将各维修周期的可靠度作为约束条件，建立定期维修策略优化模型，即

$$\begin{cases} \min C[t \,|\, (N, R)] \\ \text{s.t. } R_i(t) \geqslant R, \ i = 1, 2, \cdots, N \end{cases} \tag{5.19}$$

显然，需要对不完全预防性维修次数上限 N 和设备可靠度阈值 R 进行优化。根据该优化模型可以得到设备在可靠度阈值约束下的最优维修次数 N 及最优不完全预防性维修周期（弹性周期）。当对目标函数进行求解时，需要对 N 取不同的值，目标函数变为一个非线性规划问题，可使用非线性规划求解软件进行求解。

在给定可靠度阈值的情况下，整个优化过程以单变量搜索的方式实现，其中单变量搜索量递增。当设备在允许的可靠度范围内可用时，将不同的可靠度阈值对应的所有局部最优结果进行比较，可以得到最小值。搜索算法的步骤如下[8]。

（1）根据相关维护数据确定维护次数的上限 N_{UP}。

（2）将 C 初始化为一个非常大的数，如 10^6（用于存储最小值）。

（3）对于给定的可靠度范围 $[R_l, R_u]$，其中 R_u 大于 R_l，设 $R^* = R_l$。

（4）N 从 1 开始，以 1 为步进行搜索，直到 C 不能减小。对于给定的 N：

① 利用式（5.6）和式（5.13）求各维修周期的长度 $T_1, T_2, \cdots, T_N$。

② 利用式（5.18）计算当前的费用率 C^*。

③ 如果 C^* 小于前面计算的最优费用率 C，则用当前的费用率代替前面计算的最优费用率，即 $C = C^*$。此时的维修次数 N^* 和维修周期长度 $T_1, T_2, \cdots, T_N$ 即为目前的全局最优结果，$N = N^*$。

（5）设可靠度的步长为 0.01，如果 $R^* \leqslant R_u$ 则重复步骤（4），否则停止。

将可靠性遍历步长设为 0.01，不仅可以满足大部分实际维修需要，还可以简化计算。在搜索结束时，可以根据最低成本率确定最优维修策略。

5.3.4 案例分析

以地铁供电系统的高压断路器为研究对象。以某个地铁公司的同类型断路器维修数据为基础，利用 Minitab 软件拟合分析故障率函数的最优分布，确定其服从 $m=10.94$、$\eta=850.09$ 的双参数威布尔分布。断路器的故障率函数为

$$\lambda(t)=\frac{10.94}{850.09}\left(\frac{t}{850.09}\right)^{9.94} \tag{5.20}$$

为了得到设备的最优预防性维修计划，还需要确定改善因子（α_i、β_i）、成本因子（C_p、C_m、C_r）和维修时间参数等。通过综合分析，假设改善因子为 $\alpha_i=(4i+7)/(5i+7)$，$b_i=(25i+1)/(24i+1)$。通过对断路器的实际运维情况进行分析，假设每次进行不完全预防性维修的成本 $C_p=3000$ 元，进行完全预防性维修的成本 $C_r=60000$ 元，进行极小修复性维修的成本 $C_m=30000$ 元。同时，综合考虑该公司供电专业维修作业手册及实际维护作业要求，设置检修时间参数，则断路器工作时间可以写为

$$t=\sum_{i=1}^{N}T_i+N\tau_p+N\left[\sum_{i=1}^{N}\int_0^{T_i}\lambda_i(t)\mathrm{d}t\right]\tau_m+\tau_r \tag{5.21}$$

由于不完全预防性维修活动在夜间车辆停运时进行，所以假设不完全预防性维修时间 $\tau_p=0$ 天，而在出现任何突发故障后的维修及完全预防性维修均需要返厂，结合历史返厂维修数据，假设故障后维修时间 $\tau_m=30$ 天，完全预防性维修时间 $\tau_r=30$ 天。

1. 预防性维修结果分析

设备不能只进行不完全预防性维修。为了适应"设备周期维修次数有限"的情况，设置 $N\leqslant15$，将高压断路器的可靠性搜索范围设为 $R\in[0.8,1)$，以简化计算。

使用本书介绍的优化模型和相应参数，以使成本率最低为目标进行仿真，得到在不同可靠度下高压断路器的最优维修次数与最优费用率，如表 5.1 所示。

表 5.1 在不同可靠度下高压断路器的最优维修次数与最优费用率

可靠度	最优维修次数（次）	最优费用率（元/天）
0.90	8	28.01
0.91	8	27.61
0.92	9	27.19
0.93	9	26.80
0.94	9	26.45
0.95	9	26.16
0.96	9	25.96
0.97	10	25.86
0.98	10	26.00
0.99	10	26.82

最优费用率与可靠度的关系曲线如图 5.7 所示。

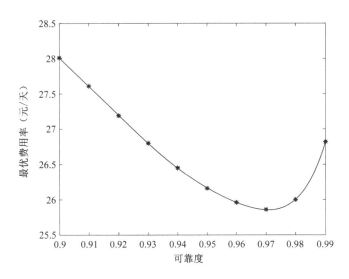

图 5.7 最优费用率与可靠度的关系曲线

由图 5.7 可知，断路器在一个完全预防性维修周期中的最优费用率为 25.86 元/天，对应的可靠度为 0.97，最优维修次数为 10 次，即断路器的第 10 次预防性维修为完全预防性维修。根据地铁供电系统设备运行的高可靠性要求，可靠度需要达到 99%以上，因此在可靠度为 R^*=0.99 时进行深入分析。在这样的可靠度要求下，断路器的不完全预防性维修周期如表 5.2 所

示,可以看出基于可靠性的预防性维修策略使得断路器的维修周期呈递减规律,这与它的实际劣化情况相符。

目前,公司在半年一次的清洁检查活动的基础上,将维修周期固定为两年,而优化策略仅执行维修活动。因此,第一个预防性维修周期的长度比两年短。通过对比分析公司目前实施的维修策略和优化策略,结合模型优化周期的递减趋势,可以在一定程度上表明优化结果的可靠性。

表 5.2　断路器的不完全预防性维修周期

R	N	T_1	T_2	T_3	T_4	T_5	T_6	T_7	T_8	T_9	T_{10}
0.99	10 次	558 天	516 天	459 天	400 天	343 天	290 天	243 天	203 天	168 天	139 天

2. 优化结果对比

为进一步展现维修策略的优化效果,将其与该公司目前实施的维修策略进行对比。根据相关维修专家的调研结果,对断路器目前实施的维修活动及相关费用进行估计,断路器维修策略现状如表 5.3 所示。

表 5.3　断路器维修策略现状

维修作业类型	维修时间估计（小时）	维修费用估计（元/次）
半年清洁检查（在线检查）	1	500
两年季度检修（在线检修）	3	3000
故障后返厂维修	720	30000
完全维修	720	60000

以 3319 天（约 9.1 年）为生命周期,在目前实施的维修策略下进行费用率估计,得到

$$C=\frac{13\times500+3000\times4+0.078\times9.1\times30000+60000}{3319+0.078\times9.1\times30+30}=29.61元/天 \quad (5.22)$$

在目前实施的维修策略下,一个更新周期的维修时间为

$$M(t)=13\times1+4\times3+0.078\times9.1\times720+720=1256.05h \quad (5.23)$$

基于可靠性的不完全预防性维修优化模型在下一个更新周期的维修时间为

$$M(t) = (N-1)\tau_p + N\left[\sum_{i=1}^{N}\int_0^{T_i}\lambda_i(t)\mathrm{d}t\right]\tau_m + \tau_r \tag{5.24}$$

$$= 9 \times 3 + 10 \times (-\ln R) \times 720 + 720 = 819.72\text{h}$$

根据上述计算结果，综合考虑相同更新周期内的维修费用及维修时间，对目前实施的维修策略和优化策略进行对比，得到维修策略优化结果分析如表 5.4 所示。

表 5.4　维修策略优化结果分析

优化指标	目前实施的维修策略	优化策略
维修周期	半年清扫；两年检修	基于可靠性的固定周期不完全预防性维修
维修费用率	29.61 元/天	26.82 元/天
维修时间	1256.05h	819.72h

通过分析可知，优化后的维修周期从固定周期变为可靠度约束条件下的弹性周期，优化策略更符合断路器的劣化趋势，维修费用率由 29.61 元/天变为 26.82 元/天，约降低了 9.42%；更新周期内的维修时间由 1256.05h 变为819.72h，约降低了 34.74%。

5.4　本章小结

本章针对可修复设备提出了一种在最低成本率下的预防性维修策略。以地铁供电系统的高压断路器为研究对象，考虑役龄回退因子和故障率递增因子的设备失效率函数，建立了可靠度约束条件下基于最低成本率的非等周期维修策略，得到了高压断路器的最优维修方案。结果表明，所建立的模型可以有效避免断路器的过维护和欠维护问题，在保证设备运行可靠性的同时，可以降低维护成本和缩短维护时间，此外，该方法还为地铁供电系统其他设备的预防性维护计划制订提供了理论依据。

参考文献

[1] 盖京波, 孔耀. 有限使用时间内预防性维修策略优化[J]. 兵工学报, 2015, 36(11):2164.

[2] 李进宁, 王顺鹏, 周鲁宁, 等. 基于剩余寿命可靠度的地铁供电设备预防性维修研究[J]. 铁道标准设计, 2017, 61(10):145-151.

[3] 李建华, 徐家生, 任丽娜. 可靠度约束下的不完全预防更换维修模型[J]. 太阳能学报, 2022, 43(4):7.

[4] 黄琛, 张智伟, 寻健. 考虑不完全维修的风电机组齿轮箱维修策略优化[J]. 太阳能, 2018(6):75-79, 69.

[5] Malik M A K. Reliable Preventive Maintenance Policy[J]. AIIE Transactions, 1979, 11(3):221-228.

[6] 席启超, 曹继平, 陈桂明, 等. 一种基于可靠度约束的分阶段等周期预防性维修模型研究[J]. 兵工学报, 2017, 38(11):2251-2258.

[7] 郑小霞, 李佳, 贾文慧. 考虑不完全维修的风电机组预防性机会维修策略[J]. 可再生能源, 2017, 35(8):1208-1214.

[8] 刘腾. 基于有效役龄的变电站断路器优化维修策略的研究[D]. 北京: 华北电力大学, 2016.

第6章

基于维纳过程考虑测量误差的两阶段剩余寿命预测

针对地铁运行过程中车辆轴承的剩余寿命预测问题，首先，本章基于随机过程进行设备退化过程的两阶段退化建模；其次，基于首达时间的概念对剩余寿命的概率密度函数进行推导；再次，使用最优平滑算法和期望最大化算法对模型参数进行估计和更新；最后，使用数值仿真和轴承试验数据对所提方法进行验证。

6.1 考虑测量误差的两阶段退化建模和剩余寿命预测

由于运行环境和内部退化机制的复杂性，具有两阶段特征的退化过程在工程中经常发生。近年来，基于两阶段降解过程的剩余寿命预测越来越受关注。设备在退化过程中不可避免地会产生测量误差，导致预测结果的不准确。然而，当在非线性退化过程中进行分阶段建模时，相关研究经常忽略变化时刻退化状态的随机性（使得剩余寿命预测的不确定性升高）。在许多实际应用中，测量误差不容忽视。因此，估计这种两阶段降解过程的剩余寿命仍然具有挑战性。针对非线性退化的分阶段特征，仅考虑随机效应或测量误差的

影响且忽略变化时刻退化状态的随机性，会导致剩余寿命预测的不准确，本章提出一种基于维纳过程考虑测量误差的两阶段剩余寿命预测方法。所提方法的计算框架如图 6.1 所示，所提方法由 3 个部分组成，即基于维纳过程的两阶段退化建模、模型参数估计及考虑测量误差的两阶段剩余寿命预测。

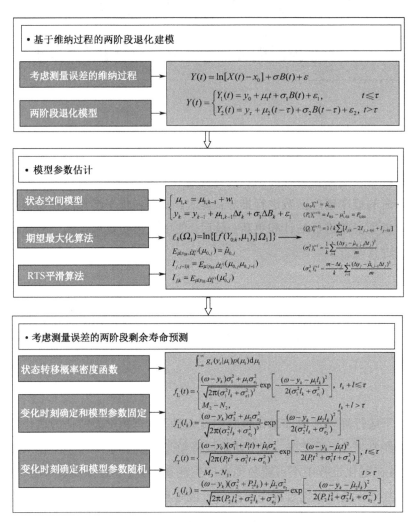

图 6.1　所提方法的计算框架

6.1.1　基于维纳过程的两阶段退化建模

本节描述非线性退化下的两阶段退化建模过程,并考虑退化过程中测量误差的影响。Wang[1]和 Zhang[2]等讨论了基于维纳过程的类似两阶段模型。他们关注剩余寿命预测,不考虑测量误差,而本章介绍考虑测量误差的剩余寿命预测两阶段退化建模。

令 $X(t)$ 表示设备在 t 时刻的退化轨迹,忽略测量误差,可以将设备的退化过程描述为

$$X(t) = x_0 + \exp(\mu t) \tag{6.1}$$

式中, x_0 表示退化过程的初始状态,一般取 $x_0 = 0$; μ 为随机漂移参数。

对式(6.1)进行对数变换,并考虑退化过程中的随机影响和测量误差,则式(6.1)转变为

$$Y(t) = \ln\left[X(t) - x_0\right] + \sigma B(t) + \varepsilon \tag{6.2}$$

式中, $B(t)$ 为标准维纳过程; σ 为扩散系数; ε 为测量误差。

带有测量误差的两阶段退化过程可以表示为

$$Y(t) = \begin{cases} Y_1(t) = y_0 + \mu_1 t + \sigma_1 B(t) + \varepsilon_1, & t \leqslant \tau \\ Y_2(t) = y_\tau + \mu_2(t-\tau) + \sigma_2 B(t-\tau) + \varepsilon_2, & t > \tau \end{cases} \tag{6.3}$$

式中, τ 为变化时刻,被定义为第一阶段的最后监测时间[1]; y_0 为第一阶段的初始状态; y_τ 为变化时刻的退化状态, $y_\tau = \ln(x_\tau)$; μ_1 和 μ_2 为漂移系数; σ_1 和 σ_2 为扩散系数; $B(t-\tau)$ 为标准维纳过程; ε_1 和 ε_2 为测量误差,分别服从 $\varepsilon_1 \sim N(0, \sigma_{\varepsilon_1}^2)$, $\varepsilon_2 \sim N(0, \sigma_{\varepsilon_2}^2)$ 。

从式(6.3)中可以看出,两个阶段的退化过程均为具有测量误差的线性维纳过程。重点推导第一阶段退化过程中剩余寿命的概率密度函数(Probability Density Function,PDF),此推导结果可以为获取两阶段剩余寿命的概率密度函数提供理论依据。

基于首达时间(First hitting time,FHT)[3]对设备的剩余寿命进行定义,FHT 表示首次达到监测数据故障阈值的时间,定义为

$$T = \inf\left\{t : Y(t) \geqslant \omega \mid Y(0) \leqslant \omega\right\} \tag{6.4}$$

式中, ω 为故障阈值,被定义为基于工程经验或公认工程标准的知识的可接受阈值[4]。当超过阈值时,设备的性能变得不可接受,因此认为设备出现故

障[1]。本章假设它是已知的先验值。

令 $y_1, y_2, \cdots, y_k$ 为观测数据，$y_k = Y(t_k)$ 为 t_k 时刻的观测值。t_k 时刻的剩余寿命定义为

$$L = \inf\{l : Y(t_k + l) \geqslant \omega \mid Y(t_k) \leqslant \omega\} \tag{6.5}$$

$\{B(t), t \geqslant 0\}$ 为标准维纳过程，在随机过程 $\{W(t), t \geqslant 0\}$ 中，给定 t_k，$\{W(t) = B(t_k + t) - B(t_k)\}$ 仍为标准维纳过程[5]。基于维纳过程的特性和时刻 t_k 的剩余寿命估计，第一阶段退化过程的模型可以近似为

$$\begin{aligned} Y_1(t_k + l) &= y_k + \mu_1[(t_k + l) - t_k] + \sigma_1[B(t_k + l) - B(t_k)] + \varepsilon_1 \\ &= y_k + \mu_1 l + \sigma_1 B(l) + \varepsilon_1 \end{aligned} \tag{6.6}$$

令 $Z(l) = Y_1(t_k + l)$，则 $\{Z(l), l \geqslant 0\}$ 是带有漂移项 $\mu_1 l$ 和初始值为 $Z(0) = y_k + \varepsilon_1$ 的维纳过程。带有漂移项的维纳过程的 FHT 服从逆高斯分布[5]。假设第一阶段的模型参数为 $\Theta_1 = (\mu_1, \sigma_1, \varepsilon_1)$。根据文献[5]中的推论，利用 $L = \inf\{l : Z(l) \geqslant \omega \mid Y(t_k) \leqslant \omega\}$ 并联合式（6.6），给定 y_k 和 Θ_1，则时刻 t_k 的剩余寿命的 PDF 可以表示为

$$f_{\mathrm{L}}\big[l \mid (y_k, \Theta_1)\big] = \frac{\omega - y_k - \varepsilon_1}{\sqrt{2\pi\sigma_1^2 l^3}} \exp\left[-\frac{(\omega - y_k - \varepsilon_1 - \mu_1 l)^2}{2\sigma_1^2 l}\right], \quad l > 0 \tag{6.7}$$

ε_1 的 PDF 为

$$f(\varepsilon_1) = \frac{1}{\sqrt{2\pi\sigma_{\varepsilon_1}^2}} \exp\left(-\frac{\varepsilon_1^2}{2\sigma_{\varepsilon_1}^2}\right) \tag{6.8}$$

根据全概率公式，在 y_k 和 μ_1 条件下，$\{Z(l), l \geqslant 0\}$ 首达时间下 l 的 PDF 为

$$f_{\mathrm{L}}\big[l_k \mid (y_k, \mu_1)\big] = \int_{-\infty}^{\infty} f_{\mathrm{L}}(l_k \mid y_k, \Theta_1) f(\varepsilon_1)\mathrm{d}\varepsilon_1 \tag{6.9}$$

在时刻 t_k，$\{Y_1(t), t \geqslant 0\}$ 的剩余寿命等价于 $\{Z(l), l \geqslant 0\}$ 的首达时间。因此，基于式（6.9）可以推导得到 $\{Y_1(t), t \geqslant 0\}$ 的剩余寿命的 PDF，具体见定理 1。

定理 1：在 y_k 和 μ_1 条件下，退化过程 $\{Y_1(t), t \geqslant 0\}$ 的剩余寿命的 PDF 为

$$f_{\mathrm{L}}\big[l_k \mid (y_k, \mu_1)\big] = \frac{(\omega - y_k)\sigma_1^2 + \mu_1\sigma_{\varepsilon_1}^2}{\sqrt{2\pi(\sigma_1^2 l_k + \sigma_{\varepsilon_1}^2)^3}} \exp\left[-\frac{(\omega - y_k - \mu_1 l_k)^2}{2(\sigma_1^2 l_k + \sigma_{\varepsilon_1}^2)}\right] \tag{6.10}$$

证明：根据文献[5]，如果 $A, B \in \mathbf{R}$，$C \in \mathbf{R}^+$ 且 $D \sim N(\lambda, \delta^2)$，则有

$$E_D\left\{(A-D)\exp\left[-\frac{(B-D)^2}{2C}\right]\right\}$$
$$=\frac{\sqrt{C}}{\sqrt{\delta^2+C}}\left(A-\frac{\delta^2 B+\lambda C}{\delta^2+C}\right)\exp\left[-\frac{(B-\lambda)^2}{2(\delta^2+C)}\right] \quad (6.11)$$

式（6.9）可进一步展开为
$$f_{\mathrm{L}}\left[l_k\,|\,(y_k,\mu_1)\right]=E_{\varepsilon_1}\left[f_{\mathrm{L}}(l_k\,|\,y_k)\right]$$
$$=\frac{1}{\sqrt{2\pi l_k^3\sigma_1^2}}E_{\varepsilon_1}\left\{(\omega-y_k-\varepsilon_1)\exp\left[-\frac{(\omega-y_k-\varepsilon_1-\mu_1 l_k)^2}{2l_k\sigma_1^2}\right]\right\} \quad (6.12)$$

给定 $A=\omega-y_k$，$B=\omega-y_k-\mu_1 l$，$C=\sigma^2 l$，$D=\varepsilon_1$，由 $D=\varepsilon_1$ 可知，$\lambda=0$，根据式（6.11），式（6.12）可以转化为
$$f_{\mathrm{L}}\left[l_k\,|\,(y_k,\mu_1)\right]$$
$$=\frac{1}{\sqrt{2\pi l_k^3\sigma_1^2}}E_{\varepsilon_1}\left\{(\omega-y_k-\varepsilon_1)\exp\left[-\frac{(\omega-y_k-\varepsilon_1-\mu_1 l_k)^2}{2l_k\sigma_1^2}\right]\right\}$$
$$=\frac{1}{\sqrt{2\pi l_k^3\sigma_1^2}}\frac{\sqrt{\sigma_1^2 l_k}}{\sqrt{\sigma_1^2 l_k+\sigma_{\varepsilon_1}^2}}\left[\omega-y_k-\frac{(\omega-y_k-\mu_1 l_k)\sigma_{\varepsilon_1}^2}{\sigma_1^2 l_k+\sigma_{\varepsilon_1}^2}\right]\exp\left[-\frac{(\omega-y_k-\mu_1 l_k)^2}{2(\sigma_1^2 l_k+\sigma_{\varepsilon_1}^2)}\right] \quad (6.13)$$
$$=\frac{1}{\sqrt{2\pi l_k^2(\sigma_1^2 l_k+\sigma_{\varepsilon_1}^2)}}\left[\frac{(\omega-y_k)\sigma_1^2 l_k+\mu_1\sigma_{\varepsilon_1}^2 l_k}{\sigma_1^2 l_k+\sigma_{\varepsilon_1}^2}\right]\exp\left[-\frac{(\omega-y_k-\mu_1 l_k)^2}{2(\sigma_1^2 l_k+\sigma_{\varepsilon_1}^2)}\right]$$
$$=\frac{(\omega-y_k)\sigma_1^2+\mu_1\sigma_{\varepsilon_1}^2}{\sqrt{2\pi(\sigma_1^2 l_k+\sigma_{\varepsilon_1}^2)^3}}\exp\left[-\frac{(\omega-y_k-\mu_1 l_k)^2}{2(\sigma_1^2 l_k+\sigma_{\varepsilon_1}^2)}\right]$$

在获得第一阶段退化过程剩余寿命的 PDF 后，对第二阶段退化过程剩余寿命的 PDF 进行推导，以获得两阶段剩余寿命的 PDF。

6.1.2　变化时刻确定和模型参数固定情况下的两阶段剩余寿命预测

本节设变化时刻为常数且两阶段退化模型中的参数是固定的。根据文献[2]，两阶段剩余寿命的 PDF 可以表示为

$$f_T(t) = \begin{cases} \dfrac{(\omega - y_0)\sigma_1^2 + \mu_1 \sigma_{\varepsilon_1}^2}{\sqrt{2\pi\left(\sigma_1^2 t + \sigma_{\varepsilon_1}^2\right)^3}} \exp\left[-\dfrac{(\omega - y_0 - \mu_1 t)^2}{2\left(\sigma_1^2 t + \sigma_{\varepsilon_1}^2\right)} \right], & t \leqslant \tau \\[2em] \dfrac{(\omega - y_\tau)\sigma_2^2 + \mu_2 \sigma_{\varepsilon_2}^2}{\sqrt{2\pi\left[\sigma_2^2(t-\tau) + \sigma_{\varepsilon_2}^2\right]^3}} \exp\left\{ -\dfrac{\left[\omega - y_\tau - \mu_2(t-\tau)\right]^2}{2\left[\sigma_2^2(t-\tau) + \sigma_{\varepsilon_2}^2\right]} \right\}, & t > \tau \end{cases} \qquad (6.14)$$

如果得到转移概率 $g_\tau(y_\tau)$ 的解析形式，就可以根据全概率公式推导得到第二阶段剩余寿命的概率密度函数。根据首达时间的概念，在计算剩余寿命的概率密度函数时，必须满足不超过阈值的要求。因此，必须计算 $g_\tau(y_\tau)$ 的解析形式，即 $g_\tau(y_\tau) = \Pr\{Y(\tau) = y_\tau \mid Y(0) = y_0, T > \tau\}\Pr\{T > \tau\}$。

就维纳过程的性质而言，由式（6.2）可知，y_τ 服从正态分布 $N(\mu_1\tau, \sigma_{\varepsilon_1}^2\tau + \sigma_{\varepsilon_1}^2)$。引入文献[6]中的引理，以计算 $g_\tau(y_\tau)$ 的解析形式。

引理 1： 如果 $Y'(t) = \mu t + \sigma B(t)$ 表示初始值为 $y_0 = 0$ 的线性布朗运动，则具有吸收边界 ω 的转移概率为

$$\begin{aligned} g(y,t) &= \frac{1}{\sqrt{2\pi\sigma^2 t}}\left\{ \exp\left[-\frac{(y - \mu t)^2}{2\sigma^2 t} \right] - \exp\left(\frac{2\mu\omega}{\sigma^2} \right)\exp\left[-\frac{(y - 2\omega - \mu t)^2}{2\sigma^2 t} \right] \right\} \\[1em] &= \frac{1}{\sqrt{2\pi\sigma^2 t}}\left[1 - \exp\left(-\frac{4\omega^2 - 4y\omega}{2\sigma^2 t} \right) \right]\exp\left[-\frac{(y - \mu t)^2}{2\sigma^2 t} \right] \end{aligned} \qquad (6.15)$$

根据文献[6]中的引理，如果 $Y_1(t) = \mu_1 t + \sigma_1 B(t) + \varepsilon_1$ 表示初始值为 $y_0 = 0$ 的带测量误差 ε_1 的线性布朗运动，其中 $\varepsilon_1 \sim N(0, \sigma_{\varepsilon_1}^2)$，则具有吸收边界 ω 的转移概率为

$$\begin{aligned} g_\tau(y_\tau) &= \frac{1}{\sqrt{2\pi(\sigma_1^2\tau + \sigma_{\varepsilon_1}^2)}} \\[1em] &\quad \left\{ \exp\left[-\frac{(y_\tau - \mu_1\tau)^2}{2(\sigma_1^2\tau + \sigma_{\varepsilon_1}^2)} \right] - \exp\left(\frac{2\mu_1\omega\tau}{\sigma_1^2\tau + \sigma_{\varepsilon_1}^2} \right)\exp\left[-\frac{(y_\tau - 2\omega - \mu_1\tau)^2}{2(\sigma_1^2\tau + \sigma_{\varepsilon_1}^2)} \right] \right\} \\[1em] &= \frac{1}{\sqrt{2\pi(\sigma_1^2\tau + \sigma_{\varepsilon_1}^2)}}\left\{ 1 - \exp\left[-\frac{4\omega^2 - 4y_\tau\omega}{2(\sigma_1^2\tau + \sigma_{\varepsilon_1}^2)} \right] \right\}\exp\left[-\frac{(y_\tau - \mu_1\tau)^2}{2(\sigma_1^2\tau + \sigma_{\varepsilon_1}^2)} \right] \end{aligned} \qquad (6.16)$$

在这种情况下，根据全概率公式和式（6.11），两阶段剩余寿命的 PDF 可以转化为

$f_T(t)$

$$
= \begin{cases}
\dfrac{(\omega - y_0)\sigma_1^2 + \mu_1 \sigma_{\varepsilon_1}^2}{\sqrt{2\pi(\sigma_1^2 t + \sigma_{\varepsilon_1}^2)^3}} \exp\left[-\dfrac{(\omega - y_0 - \mu_1 t)^2}{2(\sigma_1^2 t + \sigma_{\varepsilon_1}^2)}\right], & t \leqslant \tau \\[4mm]
\displaystyle\int_{-\infty}^{\omega} \dfrac{(\omega - y_\tau)\sigma_2^2 + \mu_2 \sigma_{\varepsilon_2}^2}{\sqrt{2\pi[\sigma_2^2(t-\tau) + \sigma_{\varepsilon_2}^2]^3}} \exp\left\{-\dfrac{[\omega - y_\tau - \mu_2(t-\tau)]^2}{2[\sigma_2^2(t-\tau) + \sigma_{\varepsilon_2}^2]}\right\} g_\tau(y_\tau)\mathrm{d}y_\tau, & t > \tau
\end{cases}
\tag{6.17}
$$

值得注意的是，通过计算式（6.17）中的定积分，可以得到剩余寿命 PDF 的解析形式。定理 2 给出了剩余寿命 PDF 的解析形式。

定理 2： 基于 FHT 概念，变化时刻 τ 确定和模型参数固定情况下的两阶段剩余寿命的 PDF 为

$$
f_T(t) = \begin{cases}
\dfrac{(\omega - y_0)\sigma_1^2 + \mu_1 \sigma_{\varepsilon_1}^2}{\sqrt{2\pi(\sigma_1^2 t + \sigma_{\varepsilon_1}^2)^3}} \exp\left[-\dfrac{(\omega - y_0 - \mu_1 t)^2}{2(\sigma_1^2 t + \sigma_{\varepsilon_1}^2)}\right], & t \leqslant \tau \\[3mm]
M_1 - N_1, & t > \tau
\end{cases}
\tag{6.18}
$$

式中，

$$
M_1 = \frac{\sigma_2^2}{\sqrt{2\pi P_{a_1}^2(P_{a_1} + P_{b_1})}} \exp\left[-\frac{(a_1 - b_1)^2}{2(P_{a_1} + P_{b_1})}\right]
$$

$$
\left\{\frac{b_1 P_{a_1} + a_1 P_{b_1}}{P_{a_1} + P_{b_1}}\varPhi\left(\frac{b_1 P_{a_1} + a_1 P_{b_1}}{\sqrt{P_{a_1} P_{b_1}(P_{a_1} + P_{b_1})}}\right) + \frac{\sqrt{P_{a_1} P_{b_1}}}{\sqrt{P_{a_1} + P_{b_1}}}\phi\left(\frac{b_1 P_{a_1} + a_1 P_{b_1}}{\sqrt{P_{a_1} P_{b_1}(P_{a_1} + P_{b_1})}}\right)\right\} + \tag{6.19}
$$

$$
\frac{\mu_2 \sigma_2^2}{\sqrt{2\pi P_{a_1}^2(P_{a_1} + P_{b_1})}} \exp\left[-\frac{(a_1 - b_1)^2}{2(P_{a_1} + P_{b_1})}\right]\left\{1 - \varPhi\left(-\frac{b_1 P_{a_1} + a_1 P_{b_1}}{\sqrt{P_{a_1} P_{b_1}(P_{a_1} + P_{b_1})}}\right)\right\}
$$

$$
N_1 = \exp\left[-\frac{2\mu_1 \omega \tau}{P_{b_1}}\right]\frac{\sigma_2^2}{\sqrt{2\pi P_{a_1}^2(P_{a_1} + P_{b_1})}} \exp\left[-\frac{(a_1 - c_1)^2}{2(P_{a_1} + P_{b_1})}\right]
$$

$$
\left\{\frac{c_1 P_{a_1} + a_1 P_{b_1}}{P_{a_1} + P_{b_1}}\varPhi\left(\frac{c_1 P_{a_1} + a_1 P_{b_1}}{\sqrt{P_{a_1} P_{b_1}(P_{a_1} + P_{b_1})}}\right) + \frac{\sqrt{P_{a_1} P_{b_1}}}{\sqrt{P_{a_1} + P_{b_1}}}\phi\left(\frac{c_1 P_{a_1} + a_1 P_{b_1}}{\sqrt{P_{a_1} P_{b_1}(P_{a_1} + P_{b_1})}}\right)\right\} +
$$

$$
\exp\left[-\frac{2\mu_1 \omega \tau}{P_{b_1}}\right]\frac{\mu_2 \sigma_2^2}{\sqrt{2\pi P_{a_1}^2(P_{a_1} + P_{b_1})}} \exp\left[-\frac{(a_1 - c_1)^2}{2(P_{a_1} + P_{b_1})}\right] \tag{6.20}
$$

$$
\left\{1 - \varPhi\left(-\frac{c_1 P_{a_1} + a_1 P_{b_1}}{\sqrt{P_{a_1} P_{b_1}(P_{a_1} + P_{b_1})}}\right)\right\}
$$

式中，$a_1 = \mu_2(t-\tau)$，$P_{a_1} = \sigma_2^2(t-\tau) + \sigma_{\varepsilon_2}^2$，$b_1 = \omega - \mu_1\tau$，$P_{b_1} = \sigma_1^2\tau + \sigma_{\varepsilon_1}^2$，$c_1 = -\omega - \mu_1\tau$。

证明：根据文献 [2]，如果 y 服从正态分布 $N(b, P_b)$，则函数 $\exp\left[-(y-a)^2/2P_a\right]$ 的定积分形式为

$$\int_{-\infty}^{\omega} \exp\left[-\frac{(y-a)^2}{2P_a}\right] \frac{1}{\sqrt{2\pi P_b}} \exp\left[-\frac{(y-b)^2}{2P_b}\right] dy$$

$$= \sqrt{\frac{P_a}{(P_a + P_b)}} \exp\left(-\frac{(a-b)^2}{2(P_a+P_b)}\right) \left[1 - \Phi\left(-\frac{\omega(P_a+P_b) - bP_a - aP_b}{\sqrt{P_a P_b (P_a + P_b)}}\right)\right] \tag{6.21}$$

如果 y 服从正态分布 $N(b, P_b)$，则函数 $y\exp\left[-(y-a)^2/2P_a\right]$ 的形式为

$$\int_{-\infty}^{\omega} y\exp\left[-\frac{(y-a)^2}{2P_a}\right] \frac{1}{\sqrt{2\pi P_b}} \exp\left[-\frac{(y-b)^2}{2P_b}\right] dy$$

$$= \sqrt{\frac{P_a}{(P_a + P_b)}} \exp\left(-\frac{(a-b)^2}{2(P_a+P_b)}\right) \tag{6.22}$$

$$\left[\frac{bP_a + aP_b}{P_a + P_b} \Phi\left(\frac{\omega(P_a+P_b) - bP_a - aP_b}{\sqrt{P_a P_b (P_a + P_b)}}\right) - \frac{P_a P_b}{(P_a + P_b)} \phi\left(\frac{\omega(P_a+P_b) - bP_a - aP_b}{\sqrt{P_a P_b (P_a + P_b)}}\right)\right]$$

计算式（6.17）中的定积分。显然，当 $t < \tau$ 时，剩余寿命的 PDF 如定理 1 所示。接下来，对 $t > \tau$ 情况下的剩余寿命进行预测，具体如下。

将式（6.21）分为 M_1 和 N_1 两部分，即

$$M_1 = \frac{1}{\sqrt{2\pi(\sigma_1^2\tau + \sigma_{\varepsilon_1}^2)}} \int_{-\infty}^{\omega} \frac{(\omega - y_\tau)\sigma_2^2 + \mu_2\sigma_{\varepsilon_2}^2}{\sqrt{2\pi[\sigma_2^2(t-\tau) + \sigma_{\varepsilon_2}^2]^3}}$$

$$\exp\left[-\frac{[\omega - y_\tau - \mu_2(t-\tau)]^2}{2[\sigma_2^2(t-\tau) + \sigma_{\varepsilon_2}^2]}\right] \exp\left[-\frac{(y_\tau - \mu_1\tau)^2}{2(\sigma_1^2\tau + \sigma_{\varepsilon_1}^2)}\right] dy_\tau \tag{6.23}$$

$$N_1 = \frac{1}{\sqrt{2\pi(\sigma_1^2\tau + \sigma_{\varepsilon_1}^2)}} \int_{-\infty}^{\omega} \frac{(\omega - y_\tau)\sigma_2^2 + \mu_2\sigma_{\varepsilon_2}^2}{\sqrt{2\pi[\sigma_2^2(t-\tau) + \sigma_{\varepsilon_2}^2]^3}}$$

$$\exp\left[-\frac{[\omega - y_\tau - \mu_2(t-\tau)]^2}{2[\sigma_2^2(t-\tau) + \sigma_{\varepsilon_2}^2]}\right] \exp\left(\frac{2\mu_1\omega\tau}{\sigma_1^2\tau + \sigma_{\varepsilon_1}^2}\right) \tag{6.24}$$

$$\exp\left[-\frac{(y_\tau - 2\omega - \mu_1\tau)^2}{2(\sigma_1^2\tau + \sigma_{\varepsilon_1}^2)}\right] dy_\tau$$

令 $a_1 = \mu_2(t-\tau)$，$b_1 = \omega - \mu_1\tau$，$c_1 = -\omega - \mu_1\tau$，可以得到

$$
\begin{aligned}
M_1 =& \frac{\sigma_2^2}{\sqrt{2\pi(\sigma_1^2\tau + \sigma_{\varepsilon_1}^2)}} \int_{-\infty}^{\omega} \frac{\omega - y_\tau}{\sqrt{2\pi[\sigma_2^2(t-\tau) + \sigma_{\varepsilon_2}^2]^3}} \\
& \exp\left[-\frac{[\omega - y_\tau - \mu_2(t-\tau)]^2}{2[\sigma_2^2(t-\tau) + \sigma_{\varepsilon_2}^2]}\right] \exp\left[-\frac{(y_\tau - \mu_1\tau)^2}{2(\sigma_1^2\tau + \sigma_{\varepsilon_1}^2)}\right] dy_\tau + \\
& \frac{\mu_2\sigma_{\varepsilon_2}^2}{\sqrt{2\pi(\sigma_1^2\tau + \sigma_{\varepsilon_1}^2)}} \int_{-\infty}^{\omega} \frac{1}{\sqrt{2\pi[\sigma_2^2(t-\tau) + \sigma_{\varepsilon_2}^2]^3}} \\
& \exp\left[-\frac{[\omega - y_\tau - \mu_2(t-\tau)]^2}{2[\sigma_2^2(t-\tau) + \sigma_{\varepsilon_2}^2]}\right] \exp\left[-\frac{(y_\tau - \mu_1\tau)^2}{2(\sigma_1^2\tau + \sigma_{\varepsilon_1}^2)}\right] dy_\tau \\
=& \frac{\sigma_2^2}{\sqrt{2\pi P_{a_1}^2(P_{a_1} + P_{b_1})}} \exp\left[-\frac{(a_1 - b_1)^2}{2(P_{a_1} + P_{b_1})}\right] \\
& \left\{\frac{b_1 P_{a_1} + a_1 P_{b_1}}{P_{a_1} + P_{b_1}} \Phi\left(\frac{b_1 P_{a_1} + a_1 P_{b_1}}{\sqrt{P_{a_1} P_{b_1}(P_{a_1} + P_{b_1})}}\right) + \frac{\sqrt{P_{a_1} P_{b_1}}}{\sqrt{P_{a_1} + P_{b_1}}} \phi\left(\frac{b_1 P_{a_1} + a_1 P_{b_1}}{\sqrt{P_{a_1} P_{b_1}(P_{a_1} + P_{b_1})}}\right)\right\} + \\
& \frac{\mu_2\sigma_{\varepsilon_2}^2}{\sqrt{2\pi P_{a_1}^2(P_{a_1} + P_{b_1})}} \exp\left[-\frac{(a_1 - b_1)^2}{2(P_{a_1} + P_{b_1})}\right] \left\{1 - \Phi\left(-\frac{b_1 P_{a_1} + a_1 P_{b_1}}{\sqrt{P_{a_1} P_{b_1}(P_{a_1} + P_{b_1})}}\right)\right\}
\end{aligned}
$$

(6.25)

$$
\begin{aligned}
N_1 =& \exp\left(\frac{2\mu_1\omega\tau}{\sigma_1^2\tau + \sigma_{\varepsilon_1}^2}\right) \frac{\sigma_2^2}{\sqrt{2\pi(\sigma_1^2\tau + \sigma_{\varepsilon_1}^2)}} \int_{-\infty}^{\omega} \frac{\omega - y_\tau}{\sqrt{2\pi[\sigma_2^2(t-\tau) + \sigma_{\varepsilon_2}^2]^3}} \\
& \exp\left[-\frac{[\omega - y_\tau - \mu_2(t-\tau)]^2}{2[\sigma_2^2(t-\tau) + \sigma_{\varepsilon_2}^2]}\right] \exp\left[-\frac{(y_\tau - 2\omega - \mu_1\tau)^2}{2(\sigma_1^2\tau + \sigma_{\varepsilon_1}^2)}\right] dy_\tau + \\
& \exp\left(\frac{2\mu_1\omega\tau}{\sigma_1^2\tau + \sigma_{\varepsilon_1}^2}\right) \frac{\mu_2\sigma_{\varepsilon_2}^2}{\sqrt{2\pi(\sigma_1^2\tau + \sigma_{\varepsilon_1}^2)}} \int_{-\infty}^{\omega} \frac{1}{\sqrt{2\pi[\sigma_2^2(t-\tau) + \sigma_{\varepsilon_2}^2]^3}} \\
& \exp\left[-\frac{[\omega - y_\tau - \mu_2(t-\tau)]^2}{2[\sigma_2^2(t-\tau) + \sigma_{\varepsilon_2}^2]}\right] \exp\left[-\frac{(y_\tau - 2\omega - \mu_1\tau)^2}{2(\sigma_1^2\tau + \sigma_{\varepsilon_1}^2)}\right] dy_\tau \\
=& \exp\left[-\frac{2\mu_1\omega\tau}{P_{b_1}}\right] \frac{\sigma_2^2}{\sqrt{2\pi P_{a_1}^2(P_{a_1} + P_{b_1})}} \exp\left[-\frac{(a_1 - c_1)^2}{2(P_{a_1} + P_{b_1})}\right] \\
& \left\{\frac{c_1 P_{a_1} + a_1 P_{b_1}}{P_{a_1} + P_{b_1}} \Phi\left(\frac{c_1 P_{a_1} + a_1 P_{b_1}}{\sqrt{P_{a_1} P_{b_1}(P_{a_1} + P_{b_1})}}\right) + \frac{\sqrt{P_{a_1} P_{b_1}}}{\sqrt{P_{a_1} + P_{b_1}}} \phi\left(\frac{c_1 P_{a_1} + a_1 P_{b_1}}{\sqrt{P_{a_1} P_{b_1}(P_{a_1} + P_{b_1})}}\right)\right\} + \\
& \exp\left[-\frac{2\mu_1\omega\tau}{P_{b_1}}\right] \frac{\mu_2\sigma_{\varepsilon_2}^2}{\sqrt{2\pi P_{a_1}^2(P_{a_1} + P_{b_1})}} \exp\left[-\frac{(a_1 - c_1)^2}{2(P_{a_1} + P_{b_1})}\right] \left\{1 - \Phi\left(-\frac{c_1 P_{a_1} + a_1 P_{b_1}}{\sqrt{P_{a_1} P_{b_1}(P_{a_1} + P_{b_1})}}\right)\right\}
\end{aligned}
$$

(6.26)

情况 1：当 $\tau > t_k$ 时，剩余寿命的 PDF 为

$$f_L(t) = \begin{cases} \dfrac{(\omega - y_k)\sigma_1^2 + \mu_1\sigma_{\varepsilon_1}^2}{\sqrt{2\pi(\sigma_1^2 l_k + \sigma_{\varepsilon 1}^2)^3}} \exp\left[-\dfrac{(\omega - y_k - \mu_1 l_k)^2}{2(\sigma_1^2 l_k + \sigma_{\varepsilon_1}^2)}\right], & t_k + l \leqslant \tau \\ M_2 - N_2, & t_k + l > \tau \end{cases} \quad (6.27)$$

式中

$$M_2 = \frac{\sigma_2^2}{\sqrt{2\pi P_{a_2}^2(P_{a_2} + P_{b_2})}} \exp\left[-\frac{(a_2 - b_2)^2}{2(P_{a_2} + P_{b_2})}\right]$$

$$\left\{\frac{b_2 P_{a_2} + a_2 P_{b_2}}{P_{a_2} + P_{b_2}} \Phi\left(\frac{b_2 P_{a_2} + a_2 P_{b_2}}{\sqrt{P_{a_2} P_{b_2}(P_{a_2} + P_{b_2})}}\right) + \frac{\sqrt{P_{a_2} P_{b_2}}}{\sqrt{P_{a_2} + P_{b_2}}} \phi\left(\frac{b_2 P_{a_2} + a_2 P_{b_2}}{\sqrt{P_{a_2} P_{b_2}(P_{a_2} + P_{b_2})}}\right)\right\} \quad (6.28)$$

$$+ \frac{\mu_2 \sigma_2^2}{\sqrt{2\pi P_{a_2}^2(P_{a_2} + P_{b_2})}} \exp\left[-\frac{(a_2 - b_2)^2}{2(P_{a_2} + P_{b_2})}\right]\left\{1 - \Phi\left(-\frac{b_2 P_{a_2} + a_2 P_{b_2}}{\sqrt{P_{a_2} P_{b_2}(P_{a_2} + P_{b_2})}}\right)\right\}$$

$$N_2 = \exp\left[-\frac{2\mu_1(\omega - y_k)(\tau - t_k)}{P_{b_2}}\right] \frac{\sigma_2^2}{\sqrt{2\pi P_{a_2}^2(P_{a_2} + P_{b_2})}} \exp\left[-\frac{(a_2 - c_2)^2}{2(P_{a_2} + P_{b_2})}\right]$$

$$\left\{\frac{c_2 P_{a_2} + a_2 P_{b_2}}{P_{a_2} + P_{b_2}} \Phi\left(\frac{c_2 P_{a_2} + a_2 P_{b_2}}{\sqrt{P_{a_2} P_{b_2}(P_{a_2} + P_{b_2})}}\right) + \frac{\sqrt{P_{a_2} P_{b_2}}}{\sqrt{P_{a_2} + P_{b_2}}} \phi\left(\frac{c_2 P_{a_2} + a_2 P_{b_2}}{\sqrt{P_{a_2} P_{b_2}(P_{a_2} + P_{b_2})}}\right)\right\} +$$

$$\exp\left[-\frac{2\mu_1(\omega - y_k)(\tau - t_k)}{P_{b_2}}\right] \frac{\mu_2 \sigma_{\varepsilon_2}^2}{\sqrt{2\pi P_{a_2}^2(P_{a_2} + P_{b_2})}} \exp\left[-\frac{(a_2 - c_2)^2}{2(P_{a_2} + P_{b_2})}\right] \quad (6.29)$$

$$\left\{1 - \Phi\left(-\frac{c_2 P_{a_2} + a_2 P_{b_2}}{\sqrt{P_{a_2} P_{b_2}(P_{a_2} + P_{b_2})}}\right)\right\}$$

式中，$a_2 = \mu_2(l_k - \tau + t_k)$，$P_{a_2} = \sigma_2^2(l_k - \tau + t_k) + \sigma_{\varepsilon_2}^2$，$b_2 = \omega - y_k - \mu_1(\tau - t_k)$，$P_{b_2} = \sigma_1^2(\tau - t_k) + \sigma_{\varepsilon_1}^2$，$c_2 = -\omega + y_k - \mu_1(\tau - t_k)$。

情况 2：当 $\tau < t_k$ 时，剩余寿命的 PDF 为

$$f_L(l_k) = \frac{(\omega - y_k)\sigma_2^2 + \mu_2\sigma_{\varepsilon_2}^2}{\sqrt{2\pi(\sigma_2^2 l_k + \sigma_{\varepsilon_2}^2)^3}} \exp\left[-\frac{(\omega - y_k - \mu_2 l_k)^2}{2(\sigma_2^2 l_k + \sigma_{\varepsilon_2}^2)}\right] \quad (6.30)$$

6.1.3 变化时刻确定和模型参数随机情况下的两阶段剩余寿命预测

本节设变化时刻为常数且模型参数为随机变量,随机变量用于描述两阶段退化模型中的随机效应。假设 μ_1 和 μ_2 服从高斯分布,其均值分别为 $\hat{\mu}_1$ 和 $\hat{\mu}_2$、方差分别为 P_1 和 P_2。μ_1 的 PDF 可以表示为

$$f(\mu_1 \mid y_{0:k}) = \frac{1}{\sqrt{2\pi P_1}} \exp\left[-\frac{(\mu_1 - \hat{\mu}_1)^2}{2P_1}\right] \tag{6.31}$$

定理 3:t_k 时刻剩余寿命的 PDF 为

$$
\begin{aligned}
f_{\mathrm{L}}(l_k \mid y_{0:k}) &= \int_{-\infty}^{\infty} f_{\mathrm{L}|Y(t_k)=y_k,\mu_1}\left[l_k \mid (y_k,\mu_1)\right] f(\mu_1 \mid y_{0:k}) \mathrm{d}\mu_1 \\
&= \frac{(\omega - y_k)(\sigma_1^2 + P_1 l_k) + \hat{\mu}_1 \sigma_{\varepsilon_1}^2}{\sqrt{2\pi(P_1 l_k^2 + \sigma_1^2 l_k + \sigma_{\varepsilon_1}^2)^3}} \exp\left[-\frac{(\omega - y_k - \hat{\mu}_1 l_k)^2}{2(P_1 l_k^2 + \sigma_1^2 l_k + \sigma_{\varepsilon_1}^2)}\right]
\end{aligned} \tag{6.32}
$$

证明:根据文献[7],如果 $A, B_1, B_2 \in \mathbf{R}$,$C \in \mathbf{R}^+$,$Z \sim N(\theta, \delta^2)$,则有

$$
\begin{aligned}
&E_Z\left\{(B_1 - AZ)\exp\left[-\frac{(B_2 - AZ)^2}{2C}\right]\right\} \\
&= \frac{\sqrt{C}}{\sqrt{A^2\delta^2 + C}}\left(B_1 - \frac{A^2 B_2 \delta^2 + A\theta C}{A^2\delta^2 + C}\right)\exp\left[-\frac{(B_2 - A\theta)^2}{2(A^2\delta^2 + C)}\right]
\end{aligned} \tag{6.33}
$$

令 $B_1 = -\sigma_1^2 l_k(\omega - y_k)/\sigma_{\varepsilon_1}^2$,$A = l_k$,$Z = \mu_{1,k}$,$C = \sigma_1^2 l_k + \sigma_{\varepsilon_1}^2$,$B_2 = \omega - y_k$,$\theta = \hat{\mu}_{1,k}$,$\delta^2 = P_{1,k}$,将式(6.33)展开得到

$$
\begin{aligned}
&E_{\mu_{1,k}|Y_{0:k}}\left\{\left[\frac{-\sigma_1^2 l_k(\omega - y_k)}{\sigma_{\varepsilon_1}^2} - \mu_{1,k} l_k\right]\exp\left[-\frac{(\omega - y_k - \mu_{1,k} l_k)^2}{2(\sigma_1^2 l_k + \sigma_{\varepsilon_1}^2)}\right]\right\} \\
&= \frac{\sqrt{\sigma_1^2 l_k + \sigma_{\varepsilon_1}^2}}{\sqrt{P_{1,k} l_k^2 + \sigma_1^2 l_k + \sigma_{\varepsilon_1}^2}}\left[\frac{-\sigma_1^2 l_k(\omega - y_k)}{\sigma_{\varepsilon_1}^2} - \frac{P_{1,k} l_k^2(\omega - y_k) + \hat{\mu}_{1,k} l_k(\sigma_1^2 l_k + \sigma_{\varepsilon_1}^2)}{P_{1,k} l_k^2 + \sigma_1^2 l_k + \sigma_{\varepsilon_1}^2}\right] \\
&\quad \exp\left[-\frac{(\omega - y_k - \mu_{1,k} l_k)^2}{2(P_{1,k} l_k^2 + \sigma_1^2 l_k + \sigma_{\varepsilon_1}^2)}\right]
\end{aligned} \tag{6.34}
$$

由于 μ_1 具有随机性,根据全概率公式,变化时刻处的 $g_\tau\left[y_\tau|(\mu_1, P_1)\right]$ 可以表示为 $\int_{-\infty}^{\infty} g_\tau(y_\tau|\mu_1)p(\mu_1)\mathrm{d}\mu_1$。

定理 4:对于线性维纳过程 $Y_1(t) = \mu_1 t + \sigma_1 B(t) + \varepsilon_1$,如果漂移系数 μ_1 服

从高斯分布，且 $\mu_1 \sim N(\hat{\mu}_1, P_1)$ ，则首达时间概念下的转移概率为

$$
\begin{aligned}
g_\tau\big[y_\tau \mid (\mu_1, P_1)\big] = {} & \frac{1}{\sqrt{2\pi(P_1\tau^2 + \sigma_1^2\tau + \sigma_{\varepsilon_1}^2)}} \left\{ 1 - \exp\left[-\frac{4\omega^2 - 4y_\tau\omega}{2(\sigma_1^2\tau + \sigma_{\varepsilon_1}^2)} \right] \right\} \\
& \exp\left[-\frac{(y_\tau - \hat{\mu}_1\tau)^2}{2(P_1\tau^2 + \sigma_1^2\tau + \sigma_{\varepsilon_1}^2)} \right] \\
= {} & \frac{1}{\sqrt{2\pi(P_1\tau^2 + \sigma_1^2\tau + \sigma_{\varepsilon_1}^2)}} \left\{ \exp\left[-\frac{(y_\tau - \hat{\mu}_1\tau)^2}{2(P_1\tau^2 + \sigma_1^2\tau + \sigma_{\varepsilon_1}^2)} \right] - \right. \\
& \left. \exp\left[\frac{2\hat{\mu}_1\omega\tau}{\sigma_1^2\tau + \sigma_{\varepsilon_1}^2} + \frac{2\omega^2 P_1\tau^2}{(\sigma_1^2\tau + \sigma_{\varepsilon_1}^2)^2} \right] \exp\left[-\frac{\left(y_\tau - 2\omega - \hat{\mu}_1\tau - \dfrac{2\omega P_1\tau^2}{\sigma_1^2\tau + \sigma_{\varepsilon_1}^2}\right)^2}{2(P_1\tau^2 + \sigma_1^2\tau + \sigma_{\varepsilon_1}^2)} \right] \right\}
\end{aligned}
\tag{6.35}
$$

证明：如果 $\mu_1 \sim N(\hat{\mu}_1, P_1)$ ，可以计算得到变化时刻处 $g_\tau\big[y_\tau \mid (\mu_1, P_1)\big]$ 的表达式，即

$$
\begin{aligned}
g_\tau\big[y_\tau \mid (\mu_1, P_1)\big] = {} & \int_{-\infty}^{\infty} g_\tau(y_\tau \mid \mu_1) p(\mu_1) \mathrm{d}\mu_1 \\
= {} & \int_{-\infty}^{\infty} \frac{1}{\sqrt{2\pi(\sigma_1^2\tau + \sigma_{\varepsilon_1}^2)}} \left[1 - \exp\left(-\frac{4\omega^2 - 4y_\tau\omega}{2(\sigma_1^2\tau + \sigma_{\varepsilon_1}^2)} \right) \right] \exp\left[-\frac{(y_\tau - \mu_1\tau)^2}{2(\sigma_1^2\tau + \sigma_{\varepsilon_1}^2)} \right] \\
& p(\mu_1) \frac{1}{\sqrt{2\pi P_1}} \exp\left[-\frac{(\mu_1 - \hat{\mu}_1)^2}{2P_1} \right] \mathrm{d}\mu_1
\end{aligned}
\tag{6.36}
$$

式（6.36）可以进一步表示为

$$
\begin{aligned}
g_\tau\big[y_\tau \mid (\mu_1, P_1)\big] = {} & \frac{1}{\sqrt{2\pi(\sigma_1^2\tau + \sigma_{\varepsilon_1}^2)}} \left[1 - \exp\left(-\frac{4\omega^2 - 4y_\tau\omega}{2(\sigma_1^2\tau + \sigma_{\varepsilon_1}^2)} \right) \right] \\
& \int_{-\infty}^{\infty} \exp\left[-\frac{(y_\tau - \mu_1\tau)^2}{2(\sigma_1^2\tau + \sigma_{\varepsilon_1}^2)} \right] \frac{1}{\sqrt{2\pi P_1}} \exp\left[-\frac{(\mu_1 - \hat{\mu}_1)^2}{2P_1} \right] \mathrm{d}\mu_1 \\
= {} & \frac{1}{\sqrt{2\pi(\sigma_1^2\tau + \sigma_{\varepsilon_1}^2)}} \left\{ 1 - \exp\left[-\frac{4\omega^2 - 4y_\tau\omega}{2(\sigma_1^2\tau + \sigma_{\varepsilon_1}^2)} \right] \right\} E_D\left\{ (A - D)\exp\left[-\frac{(B - D)^2}{2C} \right] \right\} \\
= {} & \frac{1}{\sqrt{2\pi(\sigma_1^2\tau + \sigma_{\varepsilon_1}^2)}} \left\{ 1 - \exp\left[-\frac{4\omega^2 - 4y_\tau\omega}{2(\sigma_1^2\tau + \sigma_{\varepsilon_1}^2)} \right] \right\} \\
& \frac{\sqrt{C}}{\sqrt{\delta^2 + C}} \left(A - \frac{\delta^2 B + \lambda C}{\delta^2 + C} \right) \exp\left[-\frac{(B - \lambda)^2}{2(\delta^2 + C)} \right]
\end{aligned}
\tag{6.37}
$$

如果 $A = \mu_1$，$B = y_\tau / \tau$，$C = (\sigma_1^2 \tau + \sigma_{\varepsilon_1}^2)/\tau^2$，$\sigma^2 = P_1$，$D = \mu_1$，令 $D = \mu_1$，$\lambda = \hat{\mu}_1$，$\delta^2 = P_1$，则式（6.37）可以表示为

$$
\begin{aligned}
g_\tau\left[y_\tau \mid (\mu_1, P_1)\right] &= \frac{1}{\sqrt{2\pi(P_1\tau^2 + \sigma_1^2\tau + \sigma_{\varepsilon_1}^2)}} \left\{1 - \exp\left[-\frac{4\omega^2 - 4y_\tau\omega}{2\left(\sigma_1^2\tau + \sigma_{\varepsilon_1}^2\right)}\right]\right\} \\
&\quad \exp\left[-\frac{\left(y_\tau - \hat{\mu}_1\tau\right)^2}{2\left(P_1\tau^2 + \sigma_1^2\tau + \sigma_{\varepsilon_1}^2\right)}\right] \\
&= \frac{1}{\sqrt{2\pi(P_1\tau^2 + \sigma_1^2\tau + \sigma_{\varepsilon_1}^2)}} \left\{\exp\left[-\frac{\left(y_\tau - \hat{\mu}_1\tau\right)^2}{2\left(P_1\tau^2 + \sigma_1^2\tau + \sigma_{\varepsilon_1}^2\right)}\right] - \right. \\
&\quad \left. \exp\left[\frac{2\hat{\mu}_1\omega\tau}{\sigma_1^2\tau + \sigma_{\varepsilon_1}^2} + \frac{2\omega^2 P_1\tau^2}{\left(\sigma_1^2\tau + \sigma_{\varepsilon_1}^2\right)^2}\right] \exp\left[-\frac{\left(y_\tau - 2\omega - \hat{\mu}_1\tau - \dfrac{2\omega P_1\tau^2}{\sigma_1^2\tau + \sigma_{\varepsilon_1}^2}\right)^2}{2\left(P_1\tau^2 + \sigma_1^2\tau + \sigma_{\varepsilon_1}^2\right)}\right]\right\}
\end{aligned}
\tag{6.38}
$$

定理 5：如果 μ_1 和 μ_2 服从高斯分布，$\mu_1 \sim N(\hat{\mu}_1, P_1)$，$\mu_2 \sim N(\hat{\mu}_2, P_2)$，则在变化时刻 τ 确定的情况下，基于两阶段退化模型的剩余寿命的 PDF 为

$$
f_T(t) = \begin{cases}
\dfrac{(\omega - y_0)(\sigma_1^2 + P_1 t) + \hat{\mu}_1 \sigma_{\varepsilon_1}^2}{\sqrt{2\pi(P_1 t^2 + \sigma_1^2 t + \sigma_{\varepsilon_1}^2)^3}} \exp\left[-\dfrac{(\omega - y_0 - \hat{\mu}_1 t)^2}{2(P_1 t^2 + \sigma_1^2 t + \sigma_{\varepsilon_1}^2)}\right], & t \leqslant \tau \\
M_3 - N_3, & t > \tau
\end{cases}
\tag{6.39}
$$

式中

$$
\begin{aligned}
M_3 &= \frac{P_2(t - \tau) + \sigma_2^2}{\sqrt{2\pi P_{a_3}^2 (P_{a_3} + P_{b_3})}} \exp\left[-\frac{(a_3 - b_3)^2}{2(P_{a_3} + P_{b_3})}\right] \\
&\quad \left\{\frac{b_3 P_{a_3} + a_3 P_{b_3}}{P_{a_3} + P_{b_3}} \varPhi\left(\frac{b_3 P_{a_3} + a_3 P_{b_3}}{\sqrt{P_{a_3} P_{b_3}(P_{a_3} + P_{b_3})}}\right) + \frac{\sqrt{P_{a_3} P_{b_3}}}{\sqrt{P_{a_3} + P_{b_3}}} \phi\left(\frac{b_3 P_{a_3} + a_3 P_{b_3}}{\sqrt{P_{a_3} P_{b_3}(P_{a_3} + P_{b_3})}}\right)\right\} + \\
&\quad \frac{\hat{\mu}_2 \sigma_{\varepsilon_2}^2}{\sqrt{2\pi P_{a_3}^2 (P_{a_3} + P_{b_3})}} \exp\left[-\frac{(a_3 - b_3)^2}{2(P_{a_3} + P_{b_3})}\right] \left\{1 - \varPhi\left(-\frac{b_3 P_{a_3} + a_3 P_{b_3}}{\sqrt{P_{a_3} P_{b_3}(P_{a_3} + P_{b_3})}}\right)\right\}
\end{aligned}
\tag{6.40}
$$

$$N_3 = \frac{P_2(t-\tau)+\sigma_2^2}{\sqrt{2\pi P_{a_3}^2(P_{a_3}+P_{b_3})}} \exp\left[\frac{2\hat{\mu}_1\omega\tau}{\sigma_1^2\tau+\sigma_{\varepsilon_1}^2} + \frac{2\omega^2 P_1\tau^2}{(\sigma_1^2\tau+\sigma_{\varepsilon_1}^2)^2}\right] \exp\left[-\frac{(a_3-c_3)^2}{2(P_{a_3}+P_{b_3})}\right]$$

$$\left\{\frac{c_3 P_{a_3}+a_3 P_{b_3}}{P_{a_3}+P_{b_3}}\Phi\left(\frac{c_3 P_{a_3}+a_3 P_{b_3}}{\sqrt{P_{a_3} P_{b_3}(P_{a_3}+P_{b_3})}}\right) + \frac{\sqrt{P_{a_3} P_{b_3}}}{P_{a_3}+P_{b_3}}\phi\left(\frac{c_3 P_{a_3}+a_3 P_{b_3}}{\sqrt{P_{a_3} P_{b_3}(P_{a_3}+P_{b_3})}}\right)\right\} +$$ (6.41)

$$\frac{\hat{\mu}_2\sigma_{\varepsilon_2}^2}{\sqrt{2\pi P_{a_3}^2(P_{a_3}+P_{b_3})}} \exp\left[\frac{2\hat{\mu}_1\omega\tau}{\sigma_1^2\tau+\sigma_{\varepsilon_1}^2} + \frac{2\omega^2 P_1\tau^2}{(\sigma_1^2\tau+\sigma_{\varepsilon_1}^2)^2}\right] \exp\left[-\frac{(a_3-c_3)^2}{2(P_{a_3}+P_{b_3})}\right]$$

$$\left\{1-\Phi\left(-\frac{c_3 P_{a_3}+a_3 P_{b_3}}{\sqrt{P_{a_3} P_{b_3}(P_{a_3}+P_{b_3})}}\right)\right\}$$

式中，$a_3 = \hat{\mu}_2(t-\tau)$，$P_{a_3} = \sigma_2^2(t-\tau)+P_2(t-\tau)^2+\sigma_{\varepsilon_2}^2$，$b_3 = \omega - \hat{\mu}_1\tau$，$P_{b_3} = \sigma_1^2\tau + P_1\tau^2 + \sigma_{\varepsilon_1}^2$，$c_3 = -\omega - \hat{\mu}_1\tau - P_1\tau^2/(\sigma_1^2\tau+\sigma_{\varepsilon_1}^2)$。

定理 5 的证明方法与定理 3 的证明方法相同。

情况 1：当 $\tau > t_k$ 时，剩余寿命的 PDF 为

$$f_L(l_k) = \begin{cases} \dfrac{(\omega-y_k)(\sigma_1^2+P_1 l_k)+P_1\tau^2\hat{\mu}_1}{\sqrt{2\pi(P_1 l_k^2+\sigma_1^2 l_k+P_1\tau^2)^3}}\exp\left[-\dfrac{(\omega-y_k-\hat{\mu}_1 l_k)^2}{2(P_1 l_k^2+\sigma_1^2 l_k+P_1\tau^2)}\right], & l+t_k \leqslant \tau \\ M_4-N_4, & l+t_k > \tau \end{cases}$$ (6.42)

式中

$$M_4 = \frac{P_2(l_k+t_k-\tau)+\sigma_2^2}{\sqrt{2\pi P_{a_4}^2(P_{a_4}+P_{b_4})}} \exp\left[-\frac{(a_4-b_4)^2}{2(P_{a_4}+P_{b_4})}\right]$$

$$\left\{\frac{b_4 P_{a_4}+a_4 P_{b_4}}{P_{a_4}+P_{b_4}}\Phi\left(\frac{b_4 P_{a_4}+a_4 P_{b_4}}{\sqrt{P_{a_4} P_{b_4}(P_{a_4}+P_{b_4})}}\right) + \frac{\sqrt{P_{a_4} P_{b_4}}}{P_{a_4}+P_{b_4}}\phi\left(\frac{b_4 P_{a_4}+a_4 P_{b_4}}{\sqrt{P_{a_4} P_{b_4}(P_{a_4}+P_{b_4})}}\right)\right\} +$$ (6.43)

$$\frac{\hat{\mu}_2\sigma_{\varepsilon 2}^2}{\sqrt{2\pi P_{a_4}^2(P_{a_4}+P_{b_4})}} \exp\left[-\frac{(a_4-b_4)^2}{2(P_{a_4}+P_{b_4})}\right]\left\{1-\Phi\left(-\frac{b_4 P_{a_4}+a_4 P_{b_4}}{\sqrt{P_{a_4} P_{b_4}(P_{a_4}+P_{b_4})}}\right)\right\}$$

$$N_4 = \frac{P_2(l_k + t_k - \tau) + \sigma_2^2}{\sqrt{2\pi P_{a_4}^2(P_{a_4} + P_{b_4})}} \exp\left[\frac{2\hat{\mu}_1(\omega - y_k)\tau}{\sigma_1^2(\tau - t_k) + \sigma_{\varepsilon_1}^2} + \frac{2(\omega - y_k)^2 P_1\tau^2}{(\sigma_1^2(\tau - t_k) + \sigma_{\varepsilon_1}^2)^2}\right] \exp\left[-\frac{(a_4 - c_4)^2}{2(P_{a_4} + P_{b_4})}\right]$$

$$\left\{\frac{c_4 P_{a_4} + a_4 P_{a_4}}{P_{a_4} + P_{b_4}}\Phi\left(\frac{c_4 P_{a_4} + a_4 P_{a_4}}{\sqrt{P_{a_4} P_{b_4}(P_{a_4} + P_{b_4})}}\right) + \frac{\sqrt{P_{a_4} P_{b_4}}}{P_{a_4} + P_{b_4}}\phi\left(\frac{c_4 P_{a_4} + a_4 P_{a_4}}{\sqrt{P_{a_4} P_{b_4}(P_{a_4} + P_{b_4})}}\right)\right\} +$$

$$\frac{\hat{\mu}_2 \sigma_{\varepsilon_2}^2}{\sqrt{2\pi P_{a_4}^2(P_{a_4} + P_{b_4})}} \exp\left[\frac{2\hat{\mu}_1(\omega - y_k)\tau}{\sigma_1^2(\tau - t_k) + \sigma_{\varepsilon_1}^2} + \frac{2(\omega - y_k)^2 P_1\tau^2}{(\sigma_1^2(\tau - t_k) + \sigma_{\varepsilon_1}^2)^2}\right] \quad (6.44)$$

$$\exp\left[-\frac{(a_4 - c_4)^2}{2(P_{a_4} + P_{b_4})}\right]\left\{1 - \Phi\left(-\frac{c_4 P_{a_4} + a_4 P_{a_4}}{\sqrt{P_{a_4} P_{b_4}(P_{a_4} + P_{b_4})}}\right)\right\}$$

式中，$a_4 = \hat{\mu}_2(l_k - \tau + t_k)$，$b_4 = \omega - y_k - \hat{\mu}_1(\tau - t_k)$，$P_{a_4} = P_2(l_k - \tau + t_k)^2 + \sigma_2^2(l_k - \tau + t_k) + \sigma_{\varepsilon_2}^2$，$P_{b_4} = P_1(\tau - t_k)^2 + \sigma_1^2(\tau - t_k) + \sigma_{\varepsilon_1}^2$，$c_4 = -\omega + y_k - \hat{\mu}_1(\tau - t_k) - P_1(\tau - t_k)^2 / [\sigma_1^2(\tau - t_k) + \sigma_{\varepsilon_1}^2]$。

情况 2：当 $\tau < t_k$ 时，剩余寿命的 PDF 为

$$f_L(l_k) = \frac{(\omega - y_k)(\sigma_2^2 + P_2 l_k) + \hat{\mu}_2 \sigma_{\varepsilon_2}^2}{\sqrt{2\pi(P_2 l_k^2 + \sigma_2^2 l_k + \sigma_{\varepsilon_2}^2)^3}} \exp\left[-\frac{(\omega - y_k - \hat{\mu}_2 l_k)^2}{2(P_2 l_k^2 + \sigma_2^2 l_k + \sigma_{\varepsilon_2}^2)}\right] \quad (6.45)$$

综上所述，基于 FHT 概念和变化时刻处退化状态的随机性，完成了变化时刻确定和模型参数随机情况下的两阶段剩余寿命预测。

6.2 模型参数估计

本节讨论如何进行模型参数估计。应该注意的是，如果没有出现变化时刻（$t_k \leqslant \tau$），只需要更新第 1 阶段的模型参数；如果出现了变化时刻（$t_k > \tau$），只需要更新第 2 阶段的模型参数。引入卡尔曼滤波器和期望最大化算法[8-9]来估计和更新两个阶段的未知模型参数。第一阶段基于期望最大化算法的模型参数估计步骤如下。

假设当前时刻随机参数的估计值与上一时刻随机参数的后验估计值相等[4,10]。基于状态空间模型[11]建立第一阶段的状态方程和观测方程

$$\begin{cases} \mu_{1,k} = \mu_{1,k-1} + w_1 \\ y_k = y_{k-1} + \mu_{1,k-1}\Delta t_k + \sigma_1 \Delta B_k + \varepsilon_1 \end{cases} \quad (6.46)$$

式中，$w_1 \sim N(0, Q_1)$；$\Delta t_k = t_k - t_{k-1}$；$\Delta B_k \sim N(0, \Delta t_k)$。

在实际问题中，随机参数 $\mu_{1,k}$ 不能被直接观测到，因此将 $\mu_{1,k}$ 作为"隐

含"变量处理。使用贝叶斯规则,通过递归更新获得设备运行到 t_k 时刻的退化数据 $Y_{0:k}$ 的概率分布。随机参数 $\mu_{1,k}$ 的初始值 $\mu_{1,0} \sim N(\mu_{1,0}, P_{1,0})$,其后验估计的期望和方差分别为 $\hat{\mu}_{1,k|k} = E(\mu_{1,k} | Y_{0:k})$ 和 $P_{1,k|k} = \text{var}(\mu_{1,k} | Y_{0:k})$。

假设第一阶段的未知参数为 $\boldsymbol{\Omega}_1 = [\mu_0, P_0, Q_1, \sigma_1^2, \sigma_{\varepsilon_1}^2]^{\mathrm{T}}$,未知参数 $\boldsymbol{\Omega}_1$ 的对数似然函数表示为

$$\ell_k(\boldsymbol{\Omega}_1) = \ln\left\{ f\left[(Y_{0:k}, \boldsymbol{\mu}_1) | \boldsymbol{\Omega}_1\right]\right\} \tag{6.47}$$

式中,$\boldsymbol{\mu}_1 = \{\mu_{1,0}, \mu_{1,1}, \mu_{1,2}, \cdots, \mu_{1,k}\}$;$\mu_{1,j}$ 为 t_j 时刻的高斯分布,$j = 1, 2, \cdots, k$。

$\ell(\boldsymbol{\Omega}_1 | \hat{\boldsymbol{\Omega}}_{1,k}^{(i)})$ 是 $\ell_k(\boldsymbol{\Omega}_1)$ 的条件期望,即

$$\begin{aligned}
\ell(\boldsymbol{\Omega}_1 | \hat{\boldsymbol{\Omega}}_{1,k}^{(i)}) &= E_{\mu_1 | y_{0:k}, \hat{\boldsymbol{\Omega}}_{1,k}^{(i)}}\{\ln f[(y_{0:k}, \boldsymbol{\mu}_1) | \boldsymbol{\Omega}_1]\} \\
&= E_{\mu_1 | y_{0:k}, \hat{\boldsymbol{\Omega}}_{1,k}^{(i)}}\{\ln f[(y_{0:k} | \boldsymbol{\mu}_1), \boldsymbol{\Omega}_1]\} + E_{\mu_1 | y_{0:k}, \hat{\boldsymbol{\Omega}}_{1,k}^{(i)}}[\ln f(\boldsymbol{\mu}_1 | \boldsymbol{\Omega}_1)] \\
&= E_{\mu_1 | y_{0:k}, \hat{\boldsymbol{\Omega}}_{1,k}^{(i)}}[\ln f(\mu_{1,0} | \boldsymbol{\Omega}_1)] + E_{\mu_1 | y_{0:k}, \hat{\boldsymbol{\Omega}}_{1,k}^{(i)}}\{\ln f[y_{0:k} | (\boldsymbol{\mu}_1, \boldsymbol{\Omega}_1)]\} + \\
&\quad E_{\mu_1 | y_{0:k}, \hat{\boldsymbol{\Omega}}_{1,k}^{(i)}}\{\ln \prod_{j=1}^{k} f[\mu_{1,j} | (\mu_{1,j-1}, \boldsymbol{\Omega}_1)]\}
\end{aligned} \tag{6.48}$$

式中,$\hat{\boldsymbol{\Omega}}_{1,k}^{(i)} = [(\mu_0)_k^{(i)}, (P_0)_k^{(i)}, (Q_1)_k^{(i)}, (\sigma_1^2)_k^{(i)}, (\sigma_{\varepsilon_1}^2)_k^{(i)}]^{\mathrm{T}}$ 为第 i 次 EM 迭代得到的结果。

基于式(6.46),有 $y_j | \mu_{1,j-1} \sim N[y_{j-1} + \mu_{1,j-1}(t_k - t_{k-1}), \sigma_1^2(t_k - t_{k-1}) + \sigma_{\varepsilon_1}^2]$ 和 $\mu_{1,j} | \mu_{1,j-1} \sim N(\mu_{1,j-1}, Q_1)$。代入式(6.48),经过代数推导并忽略常数项,得到条件期望 $\ell(\boldsymbol{\Omega}_1 | \hat{\boldsymbol{\Omega}}_{1,k}^{(i)})$ 展开后的表达式,即

$$\begin{aligned}
\ell(\boldsymbol{\Omega}_1 | \hat{\boldsymbol{\Omega}}_{1,k}^{(i)}) &= E_{\mu_1 | y_{0:k}, \hat{\boldsymbol{\Omega}}_{1,k}^{(i)}}\left\{ -\ln P_0 - \frac{(\mu_{1,0} - \mu_0)^2}{P_0} - \right. \\
&\quad \sum_{j=1}^{k}\left[\ln Q_1 + \frac{(\mu_{1,j} - \mu_{1,j-1})^2}{Q_1}\right] - \\
&\quad \left. \sum_{j=1}^{k} \ln(\sigma_1^2 \Delta t_j + \sigma_{\varepsilon_1}^2) + \frac{(\Delta y_j + \mu_{1,j-1}\Delta t_j)^2}{\sigma_1^2(t_k - t_{k-1}) + \sigma_{\varepsilon_1}^2} \right\} \\
&= \left(-\ln P_0 - \frac{I_{0|k} - 2\hat{\mu}_{1,0}\mu_0 + \mu_0^2}{P_0}\right) - \\
&\quad \sum_{j=1}^{k}\left(\ln Q_1 + \frac{I_{j|k} - 2I_{j,j-1|k} - I_{j-1|k}}{Q_1}\right) - \\
&\quad \sum_{j=1}^{k}\left[\ln(\sigma_1^2 \Delta t_j + \sigma_{\varepsilon_1}^2) + \frac{\Delta y_j^2 - 2\Delta y_j \hat{\mu}_{1,j-1}\Delta t_j + (\hat{\mu}_{1,j-1}\Delta t_j)^2}{\sigma_1^2 \Delta t_j + \sigma_{\varepsilon_1}^2}\right] \\
&= D_1(\mu_0, P_0) + D_2(Q_1) + D_3(\sigma_1^2, \sigma_{\varepsilon_1}^2)
\end{aligned} \tag{6.49}$$

式中，$I_{j,j-1|k} = E_{\mu_1|y_{0:k},\hat{\boldsymbol{\Omega}}_{1,k}^{(i)}}(\mu_{1,j}\mu_{1,j-1})$；$I_{j|k} = E_{\mu_1|y_{0:k},\hat{\boldsymbol{\Omega}}_{1,k}^{(i)}}(\mu_{1,j}^2)$；$\Delta t_j = t_j - t_{j-1}$；$\Delta y_j = y_j - y_{j-1}$；$D_1(\mu_0, P_0) = -\ln P_0 - (I_{0|k} - 2\mu_{1,0}\mu_0 + \mu_0^2)/P_0$；$D_2(Q_1) = -\sum\limits_{j=1}^{k}[\ln Q_1 + (I_{j|k} - 2I_{j,j-1|k} - I_{j-1|k})/Q_1]$；$D_3(\sigma_1^2, \sigma_{\varepsilon_1}^2) = -\sum\limits_{j=1}^{k}\{\ln(\sigma_1^2\Delta t_j + \sigma_{\varepsilon_1}^2) + [\Delta y_j^2 - 2\Delta y_j\hat{\mu}_{1,j-1}\Delta t_j + (\hat{\mu}_{1,j-1}\Delta t_j)^2]/(\sigma_1^2\Delta t_j + \sigma_{\varepsilon_1}^2)\}$。

　　基于式（6.46）和观测到的退化数据 $y_{0:k}$，引入 Rauch-Tung Striebel（RTS）算法[12]进行计算。RTS 算法过程如表 6.1 所示。

表 6.1　RTS 算法过程

算法过程
① 初始值 $\mu_0 \sim N(\mu_0, P_0)$
② 预测阶段 　　　先验状态的估计值：$\hat{\mu}_{k|k-1} = \hat{\mu}_{k-1|k-1}$ 　　　先验状态的估计值的协方差：$P_{k|k-1} = P_{k-1|k-1} + Q$
③ 更新阶段 　　　加权：$G_k = P_{k|k-1}(t_k - t_{k-1})[(t_k - t_{k-1})^2 P_{k-1} + \sigma^2(t_k - t_{k-1}) + \sigma_\varepsilon^2]^{-1}$ 　　　修正值：$\hat{\mu}_{k|k} = \hat{\mu}_{k|k-1} + G_k[y_k - y_{k-1} - \hat{\mu}_{k|k-1}(t_k - t_{k-1})]$ 　　　修正值的协方差：$P_{k|k} = P_{k|k-1} - (t_k - t_{k-1})G_k P_{k|k-1}$
④ 前向迭代 　　　得到最优状态估计：$\mu_k \mid y_{0:k} \sim N(\hat{\mu}_k, P_{k|k})$
⑤ 后向迭代 　　　$H_j = P_{j|j}P_{j+1|j}^{-1}$ 　　　$\hat{\mu}_{j|k} = \hat{\mu}_{j|j} + H_j(\hat{\mu}_{0,j+1|k} - \hat{\mu}_{0,j+1|j})$ 　　　$P_{j|k} = P_{j|j} + H_j^2(P_{j+1|k} - P_{j+1|j})$
⑥ 初始化方差 　　　$M_{k|k} = [1 - G_k(t_j - t_{j-1})]P_{k-1|k-1}$
⑦ 对平滑方差进行反向递推 　　　$M_{j|k} = P_{j|j}H_{j-1} + H_j(M_{j+1|k} - P_{j|j})H_{j-1}$
⑧ 推导出条件期望 　　　$E_{\mu_1|y_{0:k},\hat{\boldsymbol{\Omega}}_k^{(i)}}(\mu_{0,j}) = \hat{\mu}_{0,j}$ 　　　$I_{j,j-1|k} = E_{\mu_1|y_{0:k},\hat{\boldsymbol{\Omega}}_k^{(i)}}(\mu_{0,j}\mu_{0,j-1}) = \hat{\mu}_{0,j|k}\hat{\mu}_{0,j-1|k} + M_{j|k}$ 　　　$I_{j|k} = E_{\mu_1|y_{0:k},\hat{\boldsymbol{\Omega}}_k^{(i)}}(\mu_{0,j}^2) = \hat{\mu}_{0,j}^2 + P_{k|k}$

在应用 EM 算法进行模型参数估计的过程中，一般需要进行多次迭代，当 $\ell(\boldsymbol{\Omega}_1 \mid \hat{\boldsymbol{\Omega}}_{1,k}^{(i)})$ 和 $\ell(\boldsymbol{\Omega}_1 \mid \hat{\boldsymbol{\Omega}}_{1,k}^{(i+1)})$ 的差小于一个较小的值时，终止迭代，得到参数的最优估计值。经过迭代，会得到一系列参数的估计值 $\{\hat{\boldsymbol{\Omega}}_k^{(0)}, \hat{\boldsymbol{\Omega}}_k^{(1)}, \cdots, \hat{\boldsymbol{\Omega}}_k^{(i)}, \hat{\boldsymbol{\Omega}}_k^{(i+1)}\}$。

$D_1(\mu_0, P_0)$ 对 M_0、P_0 求一阶偏导，$D_2(Q_1)$ 对 Q_1 求一阶偏导，令 $\partial D_1(\mu_0, P_0)/\partial\mu_0 = 0$，$\partial D_1(\mu_0, P_0)/\partial P_0 = 0$，$\partial D_2(Q_1)/\partial Q_1 = 0$，可以得到

$$
\begin{cases}
(\mu_0)_k^{i+1} = \hat{\mu}_{1,0|k} \\
(P_0)_k^{(i+1)} = I_{0|k} - \mu_{1,0|k}^2 = P_{1,0|k} \\
(Q_1)_k^{(i+1)} = \dfrac{1}{k}\sum_{j=1}^{k}(I_{j|k} - 2I_{j,j-1|k} + I_{j-1|k})
\end{cases} \tag{6.50}
$$

因为 $D_3(\sigma_1^2, \sigma_{\varepsilon_1}^2)$ 中存在 $\sigma_1^2\Delta t_j + \sigma_{\varepsilon_1}^2$，所以难以直接识别参数 σ_1^2 的具体估计值。为了解决这个问题，利用参数转换函数，令 $n = \sigma_{\varepsilon_1}^2/\sigma_1^2$，代入 $D_3(\sigma_1^2, \sigma_{\varepsilon_1}^2)$，得到

$$
D_3(\sigma_1^2, n) = -\sum_{j=1}^{k}\left\{\ln\left[(\Delta t_j + n)\sigma_1^2\right] + \frac{\Delta y_j^2 - 2\Delta y_j\hat{\mu}_{1,j-1}\Delta t_j + (\hat{\mu}_{1,j-1}\Delta t_j)^2}{(\Delta t_j + n)\sigma_1^2}\right\} \tag{6.51}
$$

$D_3(\sigma_1^2, n)$ 对 σ_1^2 求导，令 $\partial D_3(\sigma_1^2, n)/\partial\sigma_1^2 = 0$，可以得到

$$
\sigma_1^2 = \frac{1}{k}\sum_{j=1}^{k}\frac{\Delta y_j^2 - 2\Delta y_j\hat{\mu}_{1,j-1}\Delta t_j + (\hat{\mu}_{1,j-1}\Delta t_j)^2}{\Delta t_j + n} \tag{6.52}
$$

首先，将式（6.52）代入式（6.51），可以得到

$$
\begin{aligned}
D_3(n) = -\sum_{j=1}^{k}&\left\{\ln\left[(\Delta t_j + n)\frac{1}{k}\sum_{j=1}^{k}\frac{\Delta y_j^2 - 2\Delta y_j\hat{\mu}_{1,j-1}\Delta t_j + (\hat{\mu}_{1,j-1}\Delta t_j)^2}{\Delta t_j + n}\right] + \right. \\
&k\frac{\Delta y_j^2 - 2\Delta y_j\hat{\mu}_{1,j-1}\Delta t_j + (\hat{\mu}_{1,j-1}\Delta t_j)^2}{(\Delta t_j + n)}\Bigg/ \\
&\left.\sum_{j=1}^{k}\frac{\Delta y_j^2 - 2\Delta y_j\hat{\mu}_{1,j-1}\Delta t_j + (\hat{\mu}_{1,j-1}\Delta t_j)^2}{\Delta t_j + n}\right\}
\end{aligned} \tag{6.53}
$$

进而最大化新获得的函数 $D_3(n)$，得到

$$
(n)_k^{i+1} = m - \Delta t_j \tag{6.54}
$$

式中，m 为常数，且 $m > \Delta t_j$。

其次，将 $(n)_k^{i+1}$ 代入式（6.52），可以得到

$$(\sigma_1^2)_k^{i+1} = \frac{1}{k} \sum_{j=1}^{k} \frac{(\Delta y_j - \hat{\mu}_{0,j-1} \Delta t_j)^2}{m} \tag{6.55}$$

最后，结合前面给出的参数转换函数和 $(n)_k^{i+1}$，可以得到

$$(\sigma_{\varepsilon_1}^2)_k^{i+1} = \frac{m - \Delta t_j}{k} \sum_{j=1}^{k} \frac{(\Delta y_j - \hat{\mu}_{1,j-1} \Delta t_j)^2}{m} \tag{6.56}$$

可以使用相同的步骤对第二阶段的模型参数（$\boldsymbol{\Omega}_2 = [\mu'_0, P'_0, Q_2, \sigma_2^2, \sigma_{\varepsilon_2}^2]^{\mathrm{T}}$）进行估计。

6.3　案例分析

本章提出的两阶段退化模型和模型参数估计方法的验证分为两个部分：一是数值仿真分析；二是实例研究，6.3.2 节详细介绍涉及滚动轴承剩余寿命预测的案例研究，并将结果与使用 Si 方法得到的结果进行比较[4]。值得注意的是，在所构建的退化模型的仿真数据和试验数据中，轴承峰值退化均具有指数特征，Si 方法为线性维纳模型。因此，为了保证比较的公平性，在使用 Si 方法时，需要对监测数据进行对数线性化处理。

6.3.1　数值仿真分析

当 τ 为定值时，考虑在随机影响下带有测量误差的剩余寿命预测情况。需要先设置数值仿真参数，如表 6.2 所示。

表 6.2　数值仿真参数

参数类型	参数设置
第 1 阶段	$\hat{\mu}_1 = 0.001$，$P_1 = 1 \times 10^{-7}$，$\sigma_1^2 = 1 \times 10^{-5}$，$\sigma_{\varepsilon_1}^2 = 1 \times 10^{-3}$
第 2 阶段	$\hat{\mu}_2 = 0.02$，$P_2 = 1 \times 10^{-7}$，$\sigma_1^2 = 1 \times 10^{-5}$，$\sigma_{\varepsilon_1}^2 = 1 \times 10^{-3}$
变化时刻	$\tau = 60$

设置采样间隔为 1min，失效阈值 $\omega = 16.54$，得到一组仿真退化数据，如

图 6.2 所示，共 200 个监测数据，对应的首次超过失效阈值的时间（失效时间）为 199min。

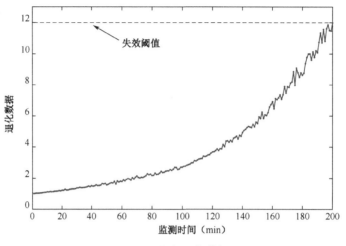

图 6.2   仿真退化数据

令随机参数 μ_1 和 μ_2 的先验分布满足 $\mu_1 \sim N(0.0001, 1 \times 10^{-8})$ 和 $\mu_2 \sim N(0.138, 3 \times 10^{-7})$，令 Q_1 和 Q_2 的初始值为 0.001，σ_1 和 σ_2 的初始值分别为 2×10^{-5} 和 1.2×10^{-5}，$\sigma_{\varepsilon_1}^2$ 和 $\sigma_{\varepsilon_2}^2$ 的初始值分别为 0.0011 和 0.0012，设超过失效阈值的时间约为 201min。得到仿真结果与估计结果，如图 6.3 所示。

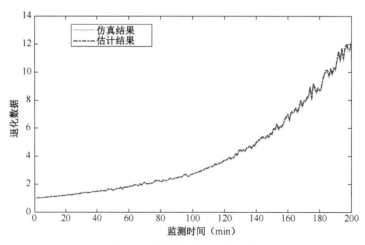

图 6.3   仿真结果与估计结果

由图 6.3 可知，估计结果与仿真结果非常接近，两者的均方误差为 $2.9642×10^{-5}$。两个阶段的参数估计结果如图 6.4 所示。

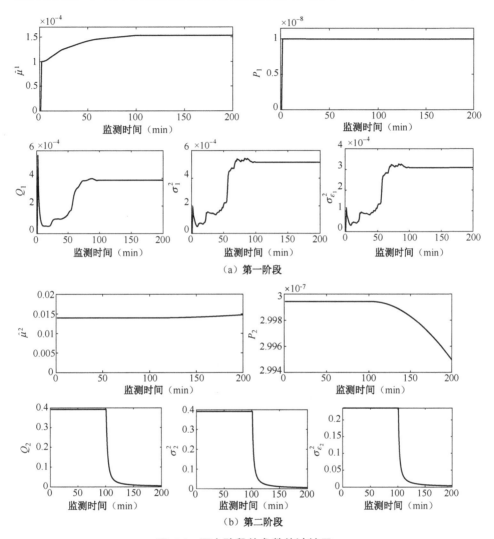

图 6.4　两个阶段的参数估计结果

由图 6.4 可知，两个阶段的参数估计结果随监测时间的推移而快速收敛。例如，第 2 阶段漂移系数的均值在最后一个监测点处的估计值为 0.0198，非常接近生成仿真数据时设置的参数 $\hat{\mu}_2 = 0.02$。因此，基于上述模型参数估计结果进行剩余寿命预测是合理的。

最后，根据模型参数估计结果，利用有测量误差和无测量误差情况下的方法对剩余寿命进行估计，剩余寿命估计结果对比如图 6.5 所示。

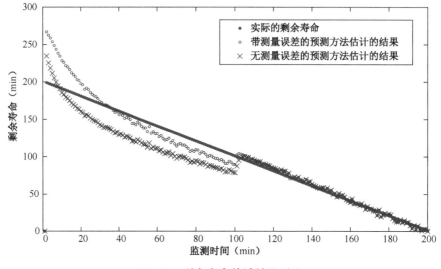

图 6.5 剩余寿命估计结果对比

由图 6.5 可知，利用有测量误差和无测量误差情况下的方法得到的剩余寿命估计结果与仿真得到的实际剩余寿命的平均相对误差分别为 0.0422 和 0.0855，相对误差较小。结果表明，利用有测量误差情况下的方法可以很好地匹配实际结果，验证了所提方法的可行性。

6.3.2 实例研究

本节应用 XJTU-SY 轴承数据集[13]进行实例研究。轴承试验台使用交流电，所使用的轴承均为 LDK UER204，采集被测轴承的振动信号，采样周期为 1min，进行加速退化试验，直到水平或垂直振动信号的最大振幅超过 $10A_h$，A_h 为正常运行阶段水平或垂直振动信号的最大振幅。对振动信号进行特征提取，由于峰值指标的变化特征较为明显且易于计算，所以选取峰值指标来描述轴承退化过程并进行剩余寿命预测研究。部分轴承的峰值轨迹如图 6.6 所示。

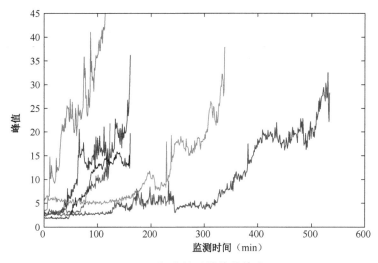

图 6.6　部分轴承的峰值轨迹

由图 6.6 可知，轴承呈现两阶段退化模式：先处于缓慢退化的阶段，轴承处于相对稳定的状态，在一个未知的变化时刻后，进入快速退化的阶段，峰值呈快速增长趋势。

在不同的转速和载重条件下，单轴承的失效阈值不同，应根据轴承从健康状态到失效状态的退化情况设置合适的失效阈值。根据轴承数据，通过综合考虑，在外圈故障下选取 3 个轴承样本进行对比研究，所选取的样本数据如表 6.3 所示。

表 6.3　所选取的样本数据

轴承	轴承寿命（min）	样本间隔（min）	τ（min）	ω（g）
Bearing 1_3	158	1	94	24
Bearing 1_3	533	2	122	28
Bearing 2_5	339	1	197	30

为得到轴承在各监测点的漂移系数的预测值和剩余寿命的 PDF，对所选取的轴承样本分别设置两个阶段的模型初始参数 $\pmb{\Omega}_1$ 和 $\pmb{\Omega}_2$，轴承样本的模型初始参数如表 6.4 所示。

表 6.4 轴承样本的模型初始参数

轴承	第 1 阶段模型初始参数	第 2 阶段模型初始参数
Bearing 1_1	$\boldsymbol{\Omega}_1 = [0.0001, 1 \times 10^{-8}, 0.01, 0.0005, 0.0001]^T$	$\boldsymbol{\Omega}_2 = [0.021, 6 \times 10^{-5}, 0.01, 0.0005, 0.0001]^T$
Bearing 1_3	$\boldsymbol{\Omega}_1 = [0.005, 1 \times 10^{-7}, 0.001, 0.0005, 0.0001]^T$	$\boldsymbol{\Omega}_2 = [0.0072, 1 \times 10^{-7}, 0.001, 0.0005, 0.0001]^T$
Bearing 2_5	$\boldsymbol{\Omega}_1 = [0.0045, 1 \times 10^{-6}, 0.001, 0.0005, 0.0001]^T$	$\boldsymbol{\Omega}_2 = [0.01, 1 \times 10^{-7}, 0.001, 0.0005, 0.0001]^T$

由表 6.4 可知，第 1 阶段的漂移系数非常小，3 个样本的漂移系数均值分别为1×10^{-4}、1×10^{-4} 和 0.001，表明退化过程较慢。在第 2 阶段，3 个样本的漂移系数均值分别为 0.021、0.005 和 0.009，第 2 阶段的漂移系数比第 1 阶段的漂移系数大得多，表明退化过程很快。这与图 6.6 中的峰值变化趋势一致。因此，初始参数的设置是合理的。

设置 Bearing 1_3 的失效阈值为 24，为了验证所提方法在轴承剩余寿命预测中的有效性和优势，将所提方法与 Si 方法进行对比。得到实际峰值和预测峰值的轨迹，如图 6.7 所示。

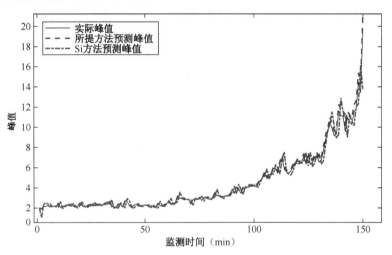

图 6.7 实际峰值和预测峰值的轨迹

实际峰值和预测峰值的均方误差（Mean Squared Error，MSE）用于评估预测结果。t_k 时刻的均方误差为

$$\text{MSE}_k = \frac{\sum_{j=1}^{k}[X(t_k) - \hat{X}(t_k)]^2}{k} \quad\quad （6.57）$$

式中，$\hat{X}(t_k)$ 为所提方法在 t_k 时刻的预测峰值。

所提方法和 Si 方法的预测峰值与实际峰值的均方误差分别为 5.0822×10^{-4} 和 0.0083。由此可见，与 Si 方法相比，所提方法可以提高退化过程的预测精度。实际峰值和预测峰值的均方误差如图 6.8 所示。

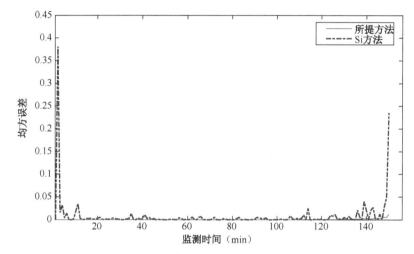

图 6.8　实际峰值和预测峰值的均方误差

由图 6.8 可知，在各监测点，所提方法的预测效果优于 Si 方法。随着监测数据的积累，两个阶段的模型参数在各监测点的估计结果如图 6.9 所示。

由图 6.9 可知，两个阶段的漂移系数、扩散系数和测量误差相差较大。因此，对退化过程进行两阶段退化建模是有必要且合理的。根据估计得到的模型参数，由式（6.31）和式（6.32）计算得到第 2 阶段的剩余寿命的 PDF。剩余寿命和剩余寿命的 PDF 如图 6.10 所示。

由图 6.10 可知，看出，两种方法预测的剩余寿命的 PDF 变化范围都包含了实际的剩余寿命，所提方法得到的 PDF 曲线更窄，表明所提方法预测的不确定性较小。

为了突出有测量误差的所提方法的优势，将其与无测量误差的所提方法和 Si 方法进行比较。为进一步比较所提方法和 Si 方法的剩余寿命预测性能，

使用剩余寿命预测的相对误差（Relative Error，RE）来量化比较所预测的各监测点剩余寿命，实际剩余寿命和预测剩余寿命之间的相对误差表示为

$$\mathrm{RE}_k = \frac{|R(t_k) - E_{\mathrm{pre}}(t_k)|}{R(t_k)} \tag{6.58}$$

式中，$R(t_k)$ 为实际剩余寿命，$E_{\mathrm{pre}}(t_k)$ 为预测剩余寿命的期望值。

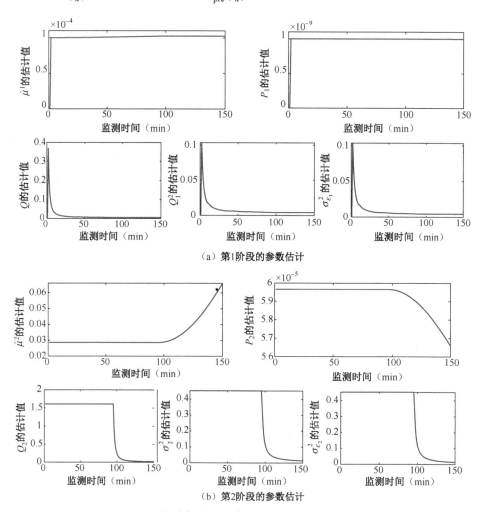

图 6.9　两个阶段的模型参数在各监测点的估计结果

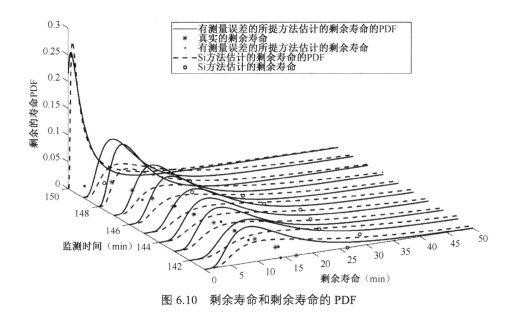

图 6.10　剩余寿命和剩余寿命的 PDF

剩余寿命预测的相对误差如图 6.11 所示。由图 6.11 可知，在进入第 2 阶段后，利用 Si 方法进行剩余寿命预测的相对误差迅速增大，说明单阶段模型的漂移系数变化较大，有必要分阶段进行退化建模。在第 1 阶段和第 2 阶段，利用有测量误差的所提方法进行剩余寿命预测的相对误差大部分落在 0.2 以下，可实现较为准确的剩余寿命预测。

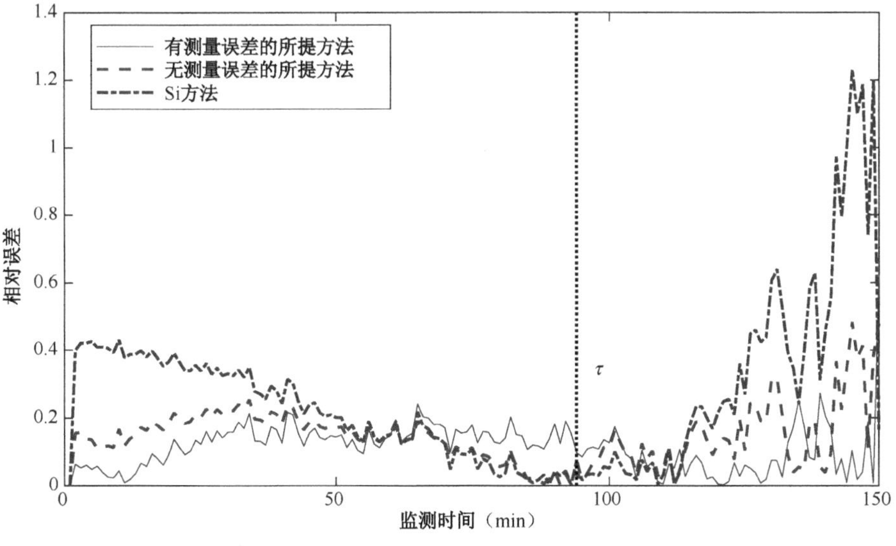

图 6.11　剩余寿命预测的相对误差

　　得到剩余寿命预测结果如图 6.12 所示。由图 6.12 可知，与无测量误差的所提方法和 Si 方法相比，有测量误差的所提方法在剩余寿命预测方面有明显优势，可快速、精确地对剩余寿命进行预测。有测量误差的所提方法、无测量误差的所提方法、Si 方法的剩余寿命预测结果与实际剩余寿命之间的平均相对误差分别为 0.1135、0.1467、0.2665，与无测量误差的所提方法和 Si 方法相比，有测量误差的所提方法的预测精度分别提高了 3.32% 和 15.30%。因此，有测量误差的所提方法可以明显提高剩余寿命预测精度。

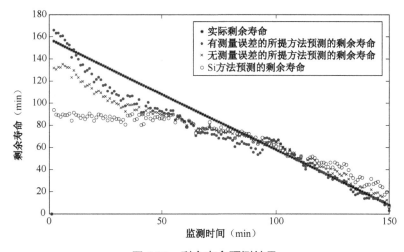

图 6.12　剩余寿命预测结果

　　用另外两组轴承数据进一步验证所提方法的适用性和优越性。设置 Bearing 1_1 和 Bearing 2_5 的失效阈值分别为 17 和 30，与 Bearing 1_3 的研究方法一致，得到 Bearing 1_1 和 Bearing 2_5 的剩余寿命预测结果，如图 6.13 所示。

　　由图 6.13 可知，有测量误差的所提方法的剩余寿命预测结果最好。对于 Bearing 1_1 样本，有测量误差的所提方法、无测量误差的所提方法、Si 方法的剩余寿命预测结果与实际剩余寿命之间的平均相对误差分别为 0.1855、0.3184 和 0.3277，与无测量误差的所提方法和 Si 方法相比，有测量误差的所提方法的预测精度分别提高了 13.29% 和 14.22%。对于 Bearing 2_5 样本，有测量误差的所提方法、无测量误差的所提方法、Si 方法的剩余寿命预测结果与实际剩余寿命之间的平均相对误差分别为 0.1704、0.1933 和

0.2122，与无测量误差的所提方法和 Si 方法相比，有测量误差的所提方法的预测精度分别提高了 2.32% 和 4.18%。综上所述，所提方法可以获得更好的剩余寿命预测结果，基于两组轴承样本的剩余寿命预测结果进一步验证了所提方法的适用性和优越性。

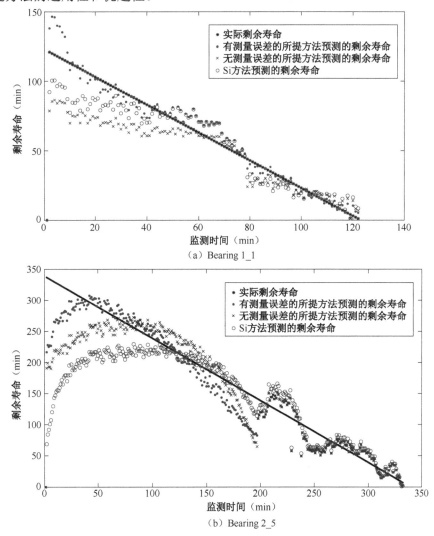

图 6.13　Bearing 1_1 和 Bearing 2_5 的剩余寿命预测结果

6.4　本章小结

　　本章重点研究了考虑测量误差的两阶段退化建模和剩余寿命预测。针对退化的分阶段特征和测量误差的影响,提出了一种基于维纳过程的考虑测量误差的两阶段剩余寿命预测方法。建立了考虑测量误差的两阶段退化模型,该模型继承了已有研究中两阶段退化模型的优点,同时考虑了退化过程中的随机效应和测量误差的影响。所提模型在非线性退化下的两阶段退化过程研究中具有通用性。在变化时刻确定的情况下,考虑变化时刻处退化状态的随机性,给出了退化状态的转移概率,进而根据全概率公式推导了模型参数为固定值和随机变量两种情况下的剩余寿命和剩余寿命的 PDF。所得到的两阶段剩余寿命的 PDF 可对剩余寿命预测的不确定性进行量化。给出了模型参数的更新和估计方法,使用期望最大化算法更新和估计参数,并增加了测量误差这一随机参数,刻画了其变化特点。利用轴承数据进行实例研究,验证了所提方法的可行性和优越性。所提方法能够降低预测的不确定性,获得较高的预测精度,为轴承的剩余寿命预测提供了可行的解决方案。

参考文献

[1]　Wang H, Zhao Y, Ma X. Remaining Useful Life Prediction Using a Novel Two-Stage Wiener Process with Stage Correlation[J]. IEEE Access, 2018.

[2]　Zhang J X, Hu C H, He X, et al. A Novel Lifetime Estimation Method for Two-Phase Degrading Systems[J]. IEEE Transactions on Reliability, 2018(2):1-21.

[3]　Lee M, Whitmore G A. Threshold Regression for Survival Analysis: Modeling Event Times by a Stochastic Process Reaching a Boundary[J].

Statistical Science, 2006, 21(4):501-513.

[4]　Si X S, Wang W B, Hu C H, et al. A Wiener-Process-Based Degradation Model with a Recursive Filter Algorithm for Remaining Useful Life Estimation[J]. Mechanical Systems and Signal Processing, 2013, 35:219-237.

[5]　Si X S, Wang W, Chen M Y, et al. A Degradation Path-Dependent Approach for Remaining Useful Life Estimation with an Exact and Closed-Form Solution[J]. European Journal of Operational Research, 2013, 226(1):53-66.

[6]　Molini A, Talkner P, Katul G G, Porporato A. First Passage Time Statistics of Brownian Motion with Purely Time Dependent Drift and Diffusion[J]. Physica A Statistical Mechanics & Its Applications, 2011, 390(11):1841-1852.

[7]　Si X S, Wang W B, Hu C H, Zhou D H. Estimating Remaining Useful Life with Three-Source Variability in Degradation Modeling[J]. IEEE Transactions on Reliability, 2014, 63(1):167-190.

[8]　Harvey A C. Forecasting Structural Time Series Models and the Kalman Filter[M]. Cambridge: Cambridge University Press, 1989.

[9]　Rauch H E, Striebel C T, Tung F. Maximum Likelihood Estimates of Linear Dynamic Systems[J]. AIAA journal, 1965, 3(8):1445-1450.

[10]　Guan Q L, Wei X K, Jia L M, et al. Prediction of Railway PCCS Based on Wiener Process Model with Unequal Interval Wear Data[J]. Applied Sciences, 2020, 10(5):1616.

[11]　Harvey A C. Forecasting Structural Time Series Models and the Kalman Filter[M]. Cambridge: Cambridge University Press, 1989.

[12]　Raanes P N. On the Ensemble Rauch-Tung-Striebel Smoother and its Equivalence to the Ensemble Kalman Smoother[J]. Quarterly Journal of the Royal Meteorological Society, 2016, 142(696):1259-1264.

[13]　Wang B, Lei Y, Li N, et al. A Hybrid Prognostics Approach for Estimating Remaining Useful Life of Rolling Element Bearings[J]. IEEE Transactions on Reliability, 2018:1-12.

第7章

基于维纳过程的考虑参数依赖的剩余寿命预测

针对地铁运行过程中车辆轴承的剩余寿命预测问题，首先，基于维纳过程描述漂移系数与运行条件的依赖关系，构建考虑参数依赖的线性退化模型；其次，在首达时间概念下推导剩余寿命的概率密度函数；再次，引入贝叶斯更新和期望最大化算法，以估计和更新模型参数；最后，通过数值模拟和轴承实例研究，对该方法在剩余寿命预测中的有效性和适用性进行验证。

7.1 考虑参数依赖的线性退化建模和剩余寿命预测

外部环境的时变性和系统内部退化机制的复杂性为剩余寿命预测带来了困难和挑战。在实际过程中，许多机械部件的退化速率不是恒定的，而是随运行条件变化的。在整个生命周期内，运行条件对退化速率的影响是不可避免的。然而，现有的考虑运行条件影响的剩余寿命预测方法假设时变运行条件的影响体现在退化状态中，未对退化过程中的运行条件与退化速率的依赖关系进行描述，导致剩余寿命预测的不准确。剩余寿命预测的不准确可能导致故障频繁发生，甚至可能造成巨大损失。针对退化建模中忽略运行条件对退化速率的影响，即忽略退化速率和运行条件的依赖关系导致剩余寿命预测的不准确问题，本章提出一种基于维纳过程的考虑参数依赖的剩余寿命预测方法。所提方法的计算框架如图 7.1 所示，所提方法由 3 个部分组成，即考虑参数依赖的线性退化建模、模型参数更新和估计、考虑运行条件的剩余寿命预测。

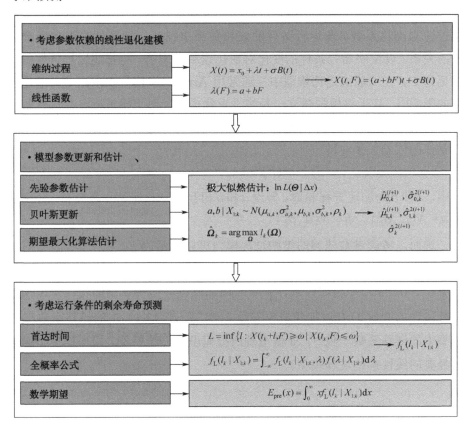

图 7.1　所提方法的计算框架

7.1.1　基于维纳过程的线性退化建模

本节描述一种考虑退化速率和运行条件的依赖关系的退化模型。具有线性漂移的维纳过程常用于进行退化过程建模，Liu 和 Wang 等讨论了类似的基于维纳过程的退化模型[1-2]。假设设备的退化过程符合维纳过程，在一般情况下，线性维纳过程模型可以描述为

$$X(t) = x_0 + \lambda t + \sigma B(t) \tag{7.1}$$

式中，x_0 代表初始状态，一般 $x_0 = 0$；λ 为漂移系数，即退化速率；σ 为扩

散系数；$B(t)$ 是标准维纳过程。在恒定的运行条件下，漂移系数和扩散系数都是恒定的；在变化的运行条件下，它们可能随时间的变化而变化。

在线性维纳过程模型中，漂移系数 λ 反映的是设备的退化速率，具有时变性。径向力、转速和温度等运行条件的变化会对其产生影响，因此，可以通过建立漂移系数 λ 与运行条件的依赖关系来描述运行条件与退化速率之间的关系，以反映运行条件的变化对退化速率的影响。将描述运行条件的变量记为 F。在一般的退化模型中，通常用 Arrhenius 模型表示温度对退化速率的影响[3]，基于该模型建立一种线性退化模型，用于模拟设备在运行条件影响下的退化过程。为降低模型的复杂度，用线性函数来描述退化速率与运行条件的依赖关系，即

$$\lambda(F) = a + bF \tag{7.2}$$

式中，a 和 b 为加速方程参数。假设 a 和 b 相互独立且服从正态分布，分别满足 $a \sim N(\mu_0, \sigma_0^2)$，$b \sim N(\mu_1, \sigma_1^2)$。

进而，考虑参数依赖的维纳过程模型可以表示为

$$X(t, F) = (a + bF)t + \sigma B(t) \tag{7.3}$$

式中，$X(t, F)$ 为考虑运行条件影响的退化过程。值得注意的是，如果描述运行条件的变量 $F = 0$ 或加速方程参数 $b = 0$，则式（7.3）中的漂移系数与 Si 模型中的漂移系数一致[4]。Si 模型是所提模型的一个特例，即所提模型涵盖了经典的线性维纳过程模型。

7.1.2　考虑运行条件的剩余寿命预测

由式（7.3）可知，线性退化过程是基于维纳过程构建的，本节对剩余寿命的概率密度函数进行推导。为了准确预测设备的剩余寿命，使用首达时间（First Hit Time，FHT）定义设备的寿命，设备退化过程 $\{X(t, F), t \geq 0\}$ 表征首次达到失效阈值 ω 的运行时间[5]。令 $x_k = X(t_k)$ 为 t_k 时刻的观测值，基于首达时间 $T = \inf\{t : X(t, F) \geq \omega\}$ 的概念，在 t_k 时刻，根据失效阈值 ω 与观测值，在运行条件 F 下，将设备的剩余寿命定义为

$$L = \inf\{l : X(t_k + l, F) \geq \omega \mid X(t_k, F) \leq \omega\} \tag{7.4}$$

式中，ω 为依赖工程标准或经验知识的可接受阈值水平，通过引入该参数来表示故障阈值[4]。具体来讲，当设备或系统性能下降时，设备或系统会出现

故障[6]。本章假设 ω 是已知的先验值。

$\{B(t),t \geqslant 0\}$ 为标准维纳过程，对于随机过程 $\{W(t),t \geqslant 0\}$，给定 t_k，$\{W(t)=B(t_k+t)-B(t_k)\}$ 仍是标准维纳过程[7]。对于 t_k 时刻的剩余寿命预测，基于维纳过程的性质，给定 λ 和 x_k，原始的退化过程转化为

$$X(t,F)=x_k+\lambda(F)(t-t_k)+\sigma[B(t)-B(t_k)], \quad t \geqslant t_k \tag{7.5}$$

进一步，从 t_k 时刻开始的退化过程可近似表示为

$$\begin{aligned} X(t_k+l,F)&=x_k+\lambda(F)[(t_k+l)-t_k]+\sigma[B(t_k+l)-B(t_k)] \\ &=x_k+\lambda(F)l+\sigma W(l) \end{aligned} \tag{7.6}$$

在 $t_1,t_2,\cdots,t_k$ 时刻，将运行条件记为 $F_{1:k}=(F_1,F_2,\cdots,F_k)$；令 $\Delta x_k = x_k - x_{k-1}$，其表示 t_k 时刻和 t_{k-1} 时刻之间的退化增量；因为运行条件随时间的变化而变化，则可以取这段时间内的运行条件平均值。根据维纳过程的独立增量性质和式（7.3），可以将退化增量 Δx_k 表示为

$$\Delta x_k = (a+bF)\Delta t_k + \sigma W(\Delta t_k) \tag{7.7}$$

式中，$\Delta t = t_k - t_{k-1}$；退化增量 Δx_k 服从期望为 $(a+bF_k)\Delta t_k$、方差为 $\sigma^2 \Delta t_k$ 的正态分布，于是可进一步表示为 $\Delta x_k \sim N[(a+bF_k)\Delta t_k, \sigma^2 \Delta t_k]$。

令 $Y(l,F)=X(t_k+l,F)$，则 $\{Y(l,F),l \geqslant 0\}$ 是带有漂移项 $\lambda(F)$ 和初始值为 x_k 的维纳模型。带有漂移项的维纳过程的 FHT 服从逆高斯分布[7]。给定 x_k 和 λ，t_k 时刻剩余寿命的 PDF 可以表示为

$$f_L\{l_k \,|\, [\lambda(F),X_{1:k}]\} = \frac{\omega-x_k}{\sqrt{2\pi\sigma^2 l_k^3}} \exp\left\{-\frac{[\omega-x_k-\lambda(F)l]^2}{2\sigma^2 l_k}\right\} \tag{7.8}$$

根据二维正态分布的性质[8]，与运行条件对应的漂移系数 $\lambda(F)$ 在 t_k 时刻服从期望为 $\mu_{\lambda_k}=E(a+bF)=\mu_0+\mu_1 F_k$、方差 $\sigma_{\lambda_k}^2 = \mathrm{Var}(a+bF)=\sigma_0^2+\sigma_1^2 F_k^2+2\rho F_k \sigma_0 \sigma_1$ 的正态分布。$\lambda(F)$ 的 PDF 为

$$f[\lambda(F)\,|\,X_{1:k}] = \frac{1}{\sqrt{2\pi\sigma_{\lambda_k}^2}} \exp\left\{-\frac{\left[\lambda(F)-\mu_{\lambda_k}\right]^2}{2\sigma_{\lambda_k}^2}\right\} \tag{7.9}$$

根据全概率公式，在 x_k 和 λ 的条件下，$\{Y(l,F),l \geqslant 0\}$，首达时间下的 l 的 PDF 为

$$f_L(l_k\,|\,X_{1:k}) = \int_{-\infty}^{\infty} f_L\{l_k\,|\,[X_{1:k},\lambda(F)]\}f[\lambda(F)\,|\,X_{1:k}]\mathrm{d}\lambda(F) \tag{7.10}$$

设备的 FHT 取决于截至当前时刻 t_k 的退化轨迹。

定理 1：截至 t_k 时刻，剩余寿命的 PDF 为

$$f_L(l_k \mid X_{1:k}) = \frac{\omega - x_k}{\sqrt{2\pi l_k^3(\sigma_{\lambda_k}^2 l_k + \sigma^2)}} \exp\left[-\frac{(\omega - x_k - \mu_{\lambda_k} l_k)^2}{2l_k(\sigma_{\lambda_k}^2 l_k + \sigma^2)}\right] \quad (7.11)$$

证明：根据文献 [7]，如果 $A, B \in \mathbf{R}$，$C \in \mathbf{R}^+$ 且 $Z \sim N(\theta, \delta^2)$，则 $E_Z\{(A - Z)\exp[-(B - Z)^2/2C]\}$ 可以表示为

$$E_Z\left\{(A - Z)\exp\left[-\frac{(B - Z)^2}{2C}\right]\right\} = \frac{\sqrt{C}}{\sqrt{\delta^2 + C}}\left(A - \frac{\delta^2 B + \theta C}{\delta^2 + C}\right)\exp\left[-\frac{(B - \theta)^2}{2(\delta^2 + C)}\right] \quad (7.12)$$

令 $I = E_D\{\exp[-(B - Z)^2/2C]\}$，则其可以展开为

$$\begin{aligned}
I &= E_Z\left\{\exp\left[-\frac{(B - Z)^2}{2C}\right]\right\} \\
&= \frac{1}{\sqrt{2\pi\delta^2}}\exp\left(-\frac{\delta^2 B^2 + \theta^2 C}{2\delta^2 C}\right)\int_{-\infty}^{\infty}\exp\left(-\frac{z^2 - 2Mz}{G}\right)\mathrm{d}z \\
&= \frac{\sqrt{\pi G}}{\sqrt{2\pi\delta^2}}\exp\left(-\frac{\delta^2 B^2 + \theta^2 C}{2\delta^2 C}\right)\exp\left[-\frac{M^2(\delta^2 + C)}{2\delta^2 C}\right] \\
&= \frac{\sqrt{C}}{\sqrt{\delta^2 + C}}\exp\left[-\frac{(B - \theta)^2}{2(\delta^2 + C)}\right]
\end{aligned} \quad (7.13)$$

式中，$M = (\delta^2 B + \theta C)/(\delta^2 + C)$，$G = 2\delta^2 C/(\delta^2 + C)$。

根据文献[7]，式（7.10）可进一步展开为

$$\begin{aligned}
f_L(l_k \mid X_{1:k}) &= \int_{-\infty}^{\infty} f_L\{l_k \mid [X_{1:k}, \lambda(F)]\} f[\lambda(F) \mid X_{1:k}]\mathrm{d}\lambda(F) \\
&= E_{l_k \mid X_{1:k}}\{f_L\{l_k \mid [\lambda(F), X_{1:k}]\}\} \\
&= \frac{\omega - x_k}{\sqrt{2\pi\sigma^2 l_k^3}} E_{l_k \mid X_{1:k}}\left\{\exp\left[-\frac{(\omega - x_k - \lambda l)^2}{2\sigma^2 l_k}\right]\right\}
\end{aligned} \quad (7.14)$$

给定 $B = \omega - x_k$，$C = \sigma_k^2 l_k$，$Z = \lambda l$。由 $Z = \lambda l$ 可知，$\theta = \mu_{\lambda_k} l_k$，$\delta^2 = \sigma_{\lambda_k}^2 l_k^2$，根据式（7.13），可以将式（7.14）转化为

$$\begin{aligned}
f_L(l_k \mid X_{1:k}) &= \frac{\omega - x_k}{\sqrt{2\pi l_k^3 \sigma^2}}\sqrt{\frac{l_k \sigma^2}{l_k \sigma^2 + \sigma_{\lambda,k}^2 l_k^2}} \exp\left[-\frac{(\omega - x_k - \mu_{\lambda,k} l_k)^2}{2l_k(\sigma^2 + \sigma_{\lambda,k}^2 l_k^2)}\right] \\
&= \frac{\omega - x_k}{\sqrt{2\pi l_k^3(\sigma_{\lambda,k}^2 l_k + \sigma^2)}} \exp\left[-\frac{(\omega - x_k - \mu_{\lambda,k} l_k)^2}{2l_k(\sigma_{\lambda,k}^2 l_k + \sigma^2)}\right]
\end{aligned} \quad (7.15)$$

通过以上步骤获得了考虑运行条件和退化速率的依赖关系的剩余寿命的

PDF。利用 $E_{\mathrm{pre}}(x) = \int_0^\infty x f_{\mathrm{L}}(l_k \mid X_{1:k}) \mathrm{d}x$ 计算剩余寿命预测结果，计算时需要对式（7.11）中的模型参数 μ_0、σ_0^2、μ_1、σ_1^2 进行估计。

7.2　模型参数估计

本节讨论如何更新和估计模型参数。假设模型参数向量为 $\boldsymbol{\Omega} = [\mu_0, \sigma_0^2, \mu_1, \sigma_1^2, \sigma^2]^{\mathrm{T}}$。$\mu_0$、$\sigma_0^2$、$\mu_1$、$\sigma_1^2$ 是描述退化速率与运行条件之间的关系的随机参数，σ^2 为非随机参数。先基于历史数据使用最大似然估计法和最小二乘法来估计未知先验参数，然后引入协作算法[6]，在协作算法中，使用贝叶斯更新和期望最大化算法更新随机参数和估计非随机参数。

7.2.1　先验参数的估计

本节使用最大似然估计法和最小二乘法进行先验估计，Peng 和 Tseng[9] 提出了一种最大似然估计法，用于估计维纳过程模型中的未知参数，Tang 等[10]详细描述了两步极大似然估计法。下面对先验参数的估计方法进行详细介绍。

将向单样本施加的运行条件记为 F，将样本在 t_k 时刻的退化量观测值记为 x_k，$k = 1, 2, \cdots, K$，其中 K 为样本监测点的数量。扩散系数和扩散系数的先验参数被表示为参数向量。令 $\Theta = [\lambda, \sigma^2]$，一旦有新的观测结果可用，就用最大似然估计法来估计参数向量，则参数向量 Θ 的对数似然函数可以表示为

$$\ln L(\Theta \mid \Delta x) = -\frac{k+1}{2}\ln(2\pi) - \frac{k}{2}\ln\sigma^2 - \frac{1}{2}\sum_{i=1}^{k}\ln\Delta t_i - \sum_{i=1}^{k}\frac{(\Delta x_i - \lambda_i \Delta t_i)^2}{2\sigma^2 \Delta t}$$

（7.16）

取 $\ln L(\Theta \mid \Delta x)$ 关于 $[\lambda, \sigma^2]$ 的一阶偏导数，得到

$$\frac{\partial \ln L(\Theta \mid \Delta x)}{\partial \lambda_i} = -\frac{1}{\sigma^2}\sum_{i=1}^{k}(-\Delta x_i + \lambda_i \Delta t_i)$$

（7.17）

$$\frac{\partial \ln L(\Theta \mid \Delta x)}{\partial \sigma^2} = -\frac{k}{2\sigma^2} + \frac{1}{2(\sigma^2)^2} \sum_{i=1}^{k} \frac{(\Delta x_i - \lambda_i \Delta t_i)^2}{\Delta t_i} \tag{7.18}$$

令式（7.17）和式（7.18）等于零，得到

$$\hat{\lambda} = \sum_{i=1}^{k} \Delta x_i / \sum_{i=1}^{k} \Delta t_i \tag{7.19}$$

$$\hat{\sigma}^2 = \frac{1}{k} \sum_{i=1}^{k} \frac{(\Delta x_i - \lambda_i \Delta t_i)^2}{\Delta t_i} \tag{7.20}$$

假设数据组有 N 个运行条件 F_m^{tot}，F_m^{tot} 下的数据组有 n 个样本，其中，$m = 1, 2, \cdots, N$，第 j 个样本在运行条件 F_m^{tot} 下的漂移系数为 $\hat{\lambda}_j$，扩散系数为 $\hat{\sigma}_j^2$，其中 $j = 1, 2, \cdots, n$。由剖面对数似然函数的性质可得，运行条件 F_m^{tot} 下的数据组对应的漂移系数 $\hat{\lambda}_j$ 即 n 个样本的漂移系数的均值 $\hat{\mu}_\lambda$ 和方差 σ_λ^2 的极大似然估计值，$\hat{\mu}_\lambda$ 和 σ_λ^2 为

$$\begin{cases} \hat{\mu}_\lambda = \dfrac{1}{n} \sum_{j=1}^{n} \hat{\lambda}_j \\[2mm] \sigma_\lambda^2 = \dfrac{1}{n} \sum_{j=1}^{n} (\hat{\lambda}_j - \hat{\mu}_\lambda)^2 \end{cases} \tag{7.21}$$

n 个样本扩散系数的极大似然估计值为

$$\sigma^2 = \frac{1}{n} \sum_{j=1}^{n} \hat{\sigma}_j^2 \tag{7.22}$$

将 n 个样本的数据集 $(F_m^{\text{tot}}, \hat{\mu}_{\lambda,m}, \hat{\sigma}_{\lambda,m}^2)$ 带入式（7.3）和式（7.21），利用最小二乘估计值即可得到式（7.3）中系数 a 和 b 所服从的高斯分布期望和方差，即先验分布 $\pi(a)$ 和 $\pi(b)$，分别记为 $a \sim N(\mu_0, \sigma_0^2)$ 和 $b \sim N(\mu_1, \sigma_1^2)$。

7.2.2　随机参数的贝叶斯更新

本节使用历史数据估计退化模型的初始参数。退化模型的参数分为两部分：随机参数和非随机参数。因此，使用贝叶斯方法更新随机参数的分布[8,11]，再通过参数更新得到随机参数的后验分布。

已知模型参数向量为 $\boldsymbol{\Omega} = [\mu_0, \sigma_0^2, \mu_1, \sigma_1^2, \sigma^2]^{\text{T}}$。为了降低参数更新过程的复杂度，假设时间间隔相同，令 $d = t_k - t_{k-1}$。已知观测数据 $X_{1:k}$，令其对应的运行条件为 $F_{1:k}$，转换后的观测数据 $Y_{1:k} = \{y_1, y_2, \cdots, y_k\}$，其中 $y_k = \Delta x_k / d$，进而，根

据式（7.7），有 $y_k = a + bF_k + \sigma W(\Delta t_k)/d$ 。因为 $\sigma W(\Delta t_k) \sim N(0, \sigma^2 d)$，根据维纳过程的性质，$\sigma[B(t_k) - B(t_{k-1})]$ 仍是高斯分布，则 $W(\Delta t_1), W(\Delta t_2), \cdots, W(\Delta t_k)$ 是独立同分布的，且 $\sigma W(\Delta t_k / d) \sim N(0, \sigma^2/d)$。根据监测数据，在给定 a 和 b 的条件下，转换后的观测数据 $Y_{1:k}$ 的联合分布 $f[Y_{1:k} \mid (a,b)]$ 是多变量高斯分布，考虑到运行条件的影响，$f[Y_{1:k} \mid (a,b)]$ 可以表示为

$$f[Y_{1:k} \mid (a,b)] = \frac{1}{\prod_{i=1}^{k}\sqrt{2\pi\sigma^2/d}} \exp\left\{-\sum_{i=1}^{k}\frac{[y_i - (a+bF_i)]^2}{2\sigma^2/d}\right\} \tag{7.23}$$

命题 1. 给定 t_k 时刻的所有观测数据 $X_{1:k}$ 和监测的运行条件数据 $F_{1:k}$，a 和 b 的联合后验分布仍是高斯分布，即 a 和 b 的联合后验分布为 $(a,b) \mid Y_{1:k} \sim N(\mu_{a,k}, \sigma^2_{a,k}, \mu_{b,k}, \sigma^2_{b,k}, \rho_k)$，其中[12]

$$\begin{cases}
\mu_{a,k} = \dfrac{\left(\sigma_1^2\sum_{i=1}^{k}F_i^2 + \sigma^2/d\right)\left(\sigma_0^2\sum_{i=1}^{k}y_i + \mu_0\sigma^2/d\right) - \left(\sigma_1^2\sum_{i=1}^{k}F_iy_i + \mu_1\sigma^2/d\right)\sigma_0^2\sum_{i=1}^{k}F_i}{(k\sigma_0^2 + \sigma^2/d)\left(\sigma_1^2\sum_{i=1}^{k}F_i^2 + \sigma^2/d\right) - \sigma_0^2\sigma_1^2\left(\sum_{i=1}^{k}F_i\right)^2} \\[4mm]
\mu_{b,k} = \dfrac{(k\sigma_0^2 + \sigma^2/d)\left(\sigma_1^2\sum_{i=1}^{k}F_iy_i + \mu_1\sigma^2/d\right) - \left(\sigma_0^2\sum_{i=1}^{k}y_i + \mu_0\sigma^2/d\right)\sigma_1^2\sum_{i=1}^{k}F_i}{(k\sigma_0^2 + \sigma^2/d)\left(\sigma_1^2\sum_{i=1}^{k}F_i^2 + \sigma^2/d\right) - \sigma_0^2\sigma_1^2\left(\sum_{i=1}^{k}F_i\right)^2} \\[4mm]
\sigma^2_{a,k} = \dfrac{\sigma_0^2\sigma^2}{d}\dfrac{\sigma_1^2\left(\sum_{i=1}^{k}F_i\right)^2 + \sigma^2/d}{(k\sigma_0^2 + \sigma^2/d)\left(\sigma_1^2\sum_{i=1}^{k}F_i^2 + \sigma^2/d\right) - \sigma_0^2\sigma_1^2\left(\sum_{i=1}^{k}F_i\right)^2} \\[4mm]
\sigma^2_{b,k} = \dfrac{\sigma_1^2\sigma^2}{d}\dfrac{k\sigma_0^2 + \sigma^2/d}{(k\sigma_0^2 + \sigma^2/d)\left(\sigma_1^2\sum_{i=1}^{k}F_i^2 + \sigma^2/d\right) - \sigma_0^2\sigma_1^2\left(\sum_{i=1}^{k}F_i\right)^2} \\[4mm]
\rho_k = \dfrac{-\sigma_0\sigma_1\sum_{i=1}^{k}F_i}{\sqrt{(k\sigma_0^2 + \sigma^2/d)\left(\sigma_1^2\sum_{i=1}^{k}F_i^2 + \sigma^2/d\right)}}
\end{cases} \tag{7.24}$$

式中，$\mu_{a,k}$ 和 $\mu_{b,k}$ 分别为 a 和 b 的后验估计的均值；$\sigma_{a,k}^2$ 和 $\sigma_{b,k}^2$ 分别为 a 和 b 的后验估计的方差；ρ_k 为二维高斯分布对应的相关系数。

证明： 由于 a 和 b 的先验分布是高斯分布，与联合分布 $f[Y_{1:k}\,|\,(a,b)]$ 是共轭的，由贝叶斯理论可知，a 和 b 关于 $Y_{1:k}$ 的联合后验分布仍是高斯分布，即 $(a,b)\,|\,Y_{1:k} \sim N(\mu_{a,k},\sigma_{a,k}^2,\mu_{b,k},\sigma_{b,k}^2,\rho_k)$。因此有

$$f[(a,b)\,|\,Y_{1:k}] \propto f[Y_{1:k}\,|\,(a,b)]\pi(a)\pi(b)$$

$$\propto \exp\left\{-\sum_{i=1}^{k}\frac{[y_i-(a+bF_i)]^2}{2\sigma^2/d}\right\}\exp\left[\frac{(a-\mu_0)^2}{2\sigma_a^2}\right]\exp\left[\frac{(a-\mu_1)^2}{2\sigma_b^2}\right]$$

$$\propto \exp\left(-\sum_{i=1}^{k}\frac{a^2+b^2F_i^2-2ay_i-2bF_iy_i+2abF_i}{2\sigma^2/d}\right)\exp\left(\frac{a^2-2a\mu_0}{2\sigma_0^2}\right)\exp\left(\frac{b^2-2b\mu_1}{2\sigma_1^2}\right)$$

$$\propto \exp\left\{-\frac{1}{2\bar{\sigma}^2}\left[\sigma_0^2\sigma_1^2\left(ka^2+b^2\sum_{i=1}^{k}F_i^2-2a\sum_{i=1}^{k}y_i-2b\sum_{i=1}^{k}F_iy_i+2ab\sum_{i=1}^{k}F_i\right)+\right.\right.$$

$$\left.\left.\sigma_1^2\sigma^2/d(a^2-2a\mu_0)+\sigma_0^2\sigma^2/d(b^2-2b\mu_1)\right]\right\} \tag{7.25}$$

$$\propto \exp\left\{-\frac{1}{2\bar{\sigma}^2}\left[a^2\sigma_1^2(k\sigma^2+\sigma^2/d)+b^2\sigma_0^2\left(\sigma_1^2\sum_{i=1}^{k}F_i^2+\sigma^2/d\right)-2a\sigma_1^2\left(\sigma_0^2\sum_{i=1}^{k}y_i+\mu_0\sigma^2/d\right)\right]-\right.$$

$$\left.2b\sigma_0^2\left(\sigma_1^2\sum_{i=1}^{k}F_iy_i+\mu_1\sigma^2/d\right)+2ab\sigma_0^2\sigma_1^2\sum_{i=1}^{k}F_i\right\}$$

$$\propto \exp\left\{-\frac{1}{2}\left[a^2\frac{\sigma_1^2(ka^2+\sigma^2/d)}{\bar{\sigma}^2}+b^2\frac{\sigma_0^2\left(\sigma_1^2\sum_{i=1}^{k}F_i^2+\sigma^2/d\right)}{\bar{\sigma}^2}-2a\frac{\sigma_1^2\left(\sigma_0^2\sum_{i=1}^{k}y_i+\mu_0\sigma^2/d\right)}{\bar{\sigma}^2}\right]-\right.$$

$$\left.2b\frac{\sigma_0^2\left(\sigma_1^2\sum_{i=1}^{k}F_iy_i+\mu_1\sigma^2/d\right)}{\bar{\sigma}^2}+2ab\frac{\sigma_1^2\sigma_1^2\sum_{i=1}^{k}F_i}{\bar{\sigma}^2}\right\}$$

式中，$\bar{\sigma}^2=\sigma_0^2\sigma_1^2\sigma^2/d$。

进一步，式（7.25）可以转化为二元正态分布的联合概率密度函数，即

$$f[(a,b)\,|\,Y_{1:k}]$$

$$\propto \frac{1}{\sqrt{2\pi\sigma_{a,k}^2\sigma_{b,k}^2(1-\rho_k^2)}}$$

$$\exp\left[-\frac{\sigma_{b,k}^2(a-\mu_{a_k})^2-2\rho_k\sigma_{a,k}\sigma_{b,k}(a-\mu_{a,k})(b-\mu_{b,k})+\sigma_{a,k}^2(b-\mu_{b,k})^2}{2(1-\rho_k^2)\sigma_{a,k}^2\sigma_{b,k}^2}\right]\quad(7.26)$$

$$\propto \frac{1}{\sqrt{2\pi\sigma_{a,k}^2\sigma_{b,k}^2(1-\rho_k^2)}}$$

$$\exp\left\{-\frac{1}{2(1-\rho_k^2)}\left[\frac{(a-\mu_{a,k})^2}{\sigma_{a,k}^2}-2\rho_k\frac{(a-\mu_{a,k})(b-\mu_{b,k})}{\sigma_{a,k}\sigma_{b,k}}+\frac{(b-\mu_{b,k})^2}{\mu_{b,k}}\right]\right\}$$

在命题中已对 $\mu_{a,k}$、$\sigma_{a,k}^2$、$\mu_{b,k}$、$\sigma_{b,k}^2$ 和 ρ_k 进行了定义，式（7.27）中的最后一个方程为二元正态分布的联合概率密度函数的标准形式，进而，a 和 b 的联合后验分布是均值为 $(\mu_{a,k},\mu_{b,k})$、方差为 $(\sigma_{a,k}^2,\sigma_{b,k}^2)$、相关系数为 ρ_k 的二维正态分布。

7.2.3　基于期望最大化算法的模型参数估计

基于贝叶斯更新的思想，在得到 a 和 b 的后验估计后，结合当前的监测数据和更新后的模型参数，根据当前时刻设备在给定时间下的剩余寿命分布，可以实现设备的剩余寿命预测。本节主要讨论基于 EM 算法的模型参数估计问题[4,12]。

将未知的模型参数向量表示为 $\boldsymbol{\Omega}=[\mu_0,\sigma_0^2,\mu_1,\sigma_1^2,\sigma^2]^{\mathrm{T}}$。基于转换后的监测数据 $Y_{1:k}$ 模型参数向量 $\boldsymbol{\Omega}$ 的对数似然函数可以表示为

$$\ell_k(\boldsymbol{\Omega})=f(Y_{1:k}\,|\,\boldsymbol{\Omega})\quad(7.27)$$

式中，$f(X_{1:k}\,|\,\boldsymbol{\Omega})$ 为转换后的监测数据 $Y_{1:k}$ 的联合概率密度函数。

因此，t_k 时刻 $\boldsymbol{\Omega}$ 的极大似然估计 $\hat{\boldsymbol{\Omega}}_k$ 为

$$\hat{\boldsymbol{\Omega}}_k=\arg\max_{\boldsymbol{\Omega}}\ell_k(\boldsymbol{\Omega})\quad(7.28)$$

式中，$\arg\max\limits_{\boldsymbol{\Omega}}\ell_k(\boldsymbol{\Omega})$ 表示 $\ell_k(\boldsymbol{\Omega})$ 在未知的模型参数向量 $\boldsymbol{\Omega}$ 取得最大值时对应的值，即 $\hat{\boldsymbol{\Omega}}_k$。

在退化过程中，参数 a 和 b 是随机的，且不能直接观测到，因此采用

式（7.17）难以直接优化得到极大似然估计 $\hat{\boldsymbol{\Omega}}_k$。可以使用 EM 算法解决这个问题。

未知的模型参数向量 $\boldsymbol{\Omega}$ 的估计可以通过以下两个步骤实现。

第一步，可以得到

$$\ell(\boldsymbol{\Omega} \mid \hat{\boldsymbol{\Omega}}_k^{(i)}) = E_{a,b\mid Y_{1:k}, \hat{\boldsymbol{\Omega}}_k^{(i)}} \{\ln\{f[(Y_{1:k}, a, b) \mid \boldsymbol{\Omega}]\}\} \tag{7.29}$$

式中，$\hat{\boldsymbol{\Omega}}_k^{(i)} = [\hat{\mu}_{0,k}^{(i)}, \sigma_{0,k}^{2(i)}, \hat{\mu}_{1,k}^{(i)}, \sigma_{1,k}^{2(i)}, \sigma_k^{2(i)}]^{\mathrm{T}}$ 表示在基于转换后的监测数据 $Y_{1:k}$ 进行估计的过程中，第 i 次迭代得到的结果。

第二步，可以得到

$$\hat{\boldsymbol{\Omega}}_k^{(i+1)} = \arg\max_{\boldsymbol{\Omega}}[\ell(\boldsymbol{\Omega} \mid \hat{\boldsymbol{\Omega}}_k^{(i)})] \tag{7.30}$$

EM 算法需要进行多次迭代。通常当 $\ell(\boldsymbol{\Omega} \mid \hat{\boldsymbol{\Omega}}_k^{(i)})$ 和 $\ell(\boldsymbol{\Omega} \mid \hat{\boldsymbol{\Omega}}_k^{(i+1)})$ 的差小于某个值时，迭代终止。通过迭代过程得到模型参数的一系列最优估计，模型参数用 $\{\hat{\boldsymbol{\Omega}}_k^{(0)}, \hat{\boldsymbol{\Omega}}_k^{(1)}, \cdots, \hat{\boldsymbol{\Omega}}_k^{(i)}, \hat{\boldsymbol{\Omega}}_k^{(i+1)}\}$ 表示。

令基于转换后的监测数据 $Y_{1:k}$ 估计的参数为 $\boldsymbol{\Omega}_k = [\mu_{0,k}, \sigma_{0,k}^2, \mu_{1,k}, \sigma_{1,k}^2, \sigma_k^2]^{\mathrm{T}}$，将 EM 算法中第 i 次迭代得到的估计表示为 $\hat{\boldsymbol{\Omega}}_k^{(i)} = [\hat{\mu}_{0,k}^{(i)}, \sigma_{0,k}^{2(i)}, \hat{\mu}_{1,k}^{(i)}, \sigma_{1,k}^{2(i)}, \sigma_k^{2(i)}]^{\mathrm{T}}$。

关于未知的模型参数向量 $\boldsymbol{\Omega}$ 的对数联合似然函数可以表示为

$$\begin{aligned}
&\ln f[(Y_{1:k}, a, b) \mid \boldsymbol{\Omega}_k] \\
&= \ln f[Y_{1:k} \mid (a, b, \boldsymbol{\Omega}_k)] + \ln f[(a, b) \mid \boldsymbol{\Omega}_k] \\
&= -\frac{k+2}{2}\ln(2\pi) - \frac{k}{2}\ln(\sigma_k^2/d) - \sum_{i=1}^{k}\frac{(\Delta x_i/d - a - bF_i)^2}{2\sigma_k^2/d} - \\
&\quad \frac{1}{2}\ln\sigma_{0,k}^2 - \frac{1}{2}\ln\sigma_{1,k}^2 - \frac{(a-\mu_{0,k})^2}{2\sigma_{0,k}^2} - \frac{(b-\mu_{1,k})^2}{2\sigma_{1,k}^2}
\end{aligned} \tag{7.31}$$

基于式（7.29）和式（7.31），可以得到

$$\begin{aligned}
&\ell(\boldsymbol{\Omega}_k \mid \hat{\boldsymbol{\Omega}}_k^{(i)}) \\
&= E_{a,b\mid Y_{1:k}, \hat{\boldsymbol{\Omega}}_k^{(i)}} \{\ln f[(Y_{1:k}, a, b) \mid \boldsymbol{\Omega}_k]\} \\
&= -\frac{k+2}{2}\ln(2\pi) - \frac{k}{2}\ln(\sigma_k^2/d) - \\
&\quad \sum_{i=1}^{k}\frac{y_i^2 - 2(\mu_{a,k} - \mu_{b,k}F_i)^2 y_i + \mu_{a,k}^2 + \sigma_{a,k}^2 + 2F_i(\rho_k\sigma_{a,k}\sigma_{b,k} + \mu_{a,k}\mu_{b,k}) + F_i^2(\mu_{b,k}^2 + \sigma_{b,k}^2)}{2\sigma_k^2} - \\
&\quad \frac{1}{2}\ln\sigma_{0,k}^2 - \frac{1}{2}\ln\sigma_{1,k}^2 - \frac{\mu_{a,k}^2 + \sigma_{a,k}^2 - 2\mu_{a,k}\mu_{b,k}}{2\sigma_{0,k}^2} - \frac{\mu_{b,k}^2 + \sigma_{b,k}^2 - 2\mu_{a,k}\mu_{b,k}}{2\sigma_{1_k}^2}
\end{aligned} \tag{7.32}$$

令 $\ell(\boldsymbol{\Omega}\,|\,\hat{\boldsymbol{\Omega}}_k^{(i)})=0$，可以得到第 $i+1$ 步的参数估计值 $\hat{\boldsymbol{\Omega}}_k^{(i+1)}$ 的最优结果，即

$$
\begin{cases}
\hat{\sigma}_k^{2(i+1)} = \dfrac{1}{k}\sum_{i=1}^{k}\Big[\,y_i^2 - 2(\mu_{a,k}+\mu_{b,k}F_i)y_i + \mu_{a,k}^2 + \sigma_{a,k}^2 + \\
\qquad\qquad 2F_i(\rho_k\sigma_{a,k}\sigma_{b,k}+\mu_{a,k}\mu_{b,k}) + F_i^2(\mu_{b,k}^2+\sigma_{b,k}^2)\,\Big] \\
\hat{\mu}_{0,k}^{(i+1)} = \mu_{a,k} \\
\hat{\sigma}_{0,k}^{2(i+1)} = \sigma_{a,k}^2 \\
\hat{\mu}_{1,k}^{(i+1)} = \mu_{b,k} \\
\hat{\sigma}_{1,k}^{2(i+1)} = \sigma_{b,k}^2
\end{cases}
\tag{7.33}
$$

特别地，可以利用期望最大化算法获得最优估计结果，该算法在计算方面与在获得剩余寿命分布的解析解方面是非常有优势的。

7.3　案例分析

本节对数值仿真分析和案例研究进行介绍，数值仿真分析侧重验证所提方法的适用性；案例研究以轴承数据为例。为验证所提方法的剩余寿命预测性能，使用第 6 章提出的基于维纳过程考虑测量误差的两阶段剩余寿命预测方法（以下简称两阶段方法）和 Si 方法进行对比研究，两阶段方法考虑了退化速率的时变性；Si 方法是一种基于线性维纳过程的经典剩余寿命预测方法，可以扩展到对非线性维纳过程的研究中。这两种方法均给出了剩余寿命的 PDF 解析解，并具有良好的剩余寿命预测性能。然而，这两种方法均未考虑退化过程的参数依赖性，因此将这两种方法与所提方法的预测性能进行比较。

7.3.1　数值仿真分析

为验证本章提出的考虑参数依赖的退化建模和剩余寿命预测方法的适用性，本节进行定量分析。如果运行条件在短时间内剧烈变化，会加快退化

过程，并影响后续的模型参数估计。因此，为了确保模型收敛，应在满足线性参数变化系统辨识的持续激励条件的基础上设置运行条件[13]。运行条件随时间变化，运行条件监测点应与退化数据监测点对应。此外，将监测时间划分为若干区间，假设运行条件在各区间内恒定，且在相邻区间内各不相同。

1. 生成仿真数据集

为分析参数依赖性对剩余寿命预测的影响，需要预先设置模型参数并利用式（7.2）和式（7.3）生成退化数据。模型参数的预设值如表 7.1 所示。

表 7.1 模型参数的预设值

模型参数	预设值
a	$\mu_0 = 0.2$ ， $\sigma_0^2 = 1 \times 10^{-4}$
b	$\mu_1 = 0.06$ ， $\sigma_1^2 = 1 \times 10^{-4}$
σ^2	$\sigma^2 = 0.2$

取采样间隔 d=2min，令监测时间 $t = 1,3,\cdots,199$ ，单位为 min。根据要求，将监测时间划分为若干区间，设置 3 种运行条件： $F_1^{\text{tot}} = \{0,1,-1,1,-1,1,0\}$ ， $F_2^{\text{tot}} = \{1.5,-1.5,1.5,0\}$ 和 $F_3^{\text{tot}} = \{1.5,-1,1.5,0\}$ 。

仿真数据集的退化轨迹和对应的运行条件如图 7.2 所示。3 种运行条件下的失效阈值和样本失效时间如表 7.2 所示。

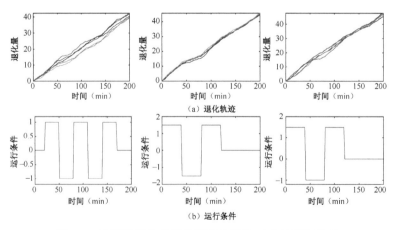

图 7.2 仿真数据集仿真的退化轨迹和对应的运行条件

表 7.2　3 种运行条件下的失效阈值和样本失效时间

运行条件	失效阈值	样本失效时间（ms）				
		样本 1	样本 2	样本 3	样本 4	样本 5
$F_1^{\text{tot}} = \{0, 1, -1, 1, -1, 1, 0\}$	45	197	181	185	185	200
$F_2^{\text{tot}} = \{1.5, -1.5, 1.5, 0\}$	47	197	179	189	199	195
$F_3^{\text{tot}} = \{1.5, -1, 1.5, 0\}$	50	173	200	200	200	187

由表 7.2 可知，失效阈值随运行条件的变化而变化。即使运行条件和失效阈值相同，样本失效时间也可能不同。

2. 参数估计

为了验证所提方法的适用性，基于仿真数据集和运行条件对模型参数进行先验估计。

将 3 种运行条件下的退化数据带入式（7.22），得到扩散系数的极大似然估计值，分别对 3 种运行条件取平均值，以进行漂移系数的估计。将 15 个样本的数据集带入式（7.3）和式（7.23）进行计算，得到对应的平均值分别为 0.15、0.30 和 0.45，3 种运行条件下的漂移系数均值的极大似然估计值为 $\hat{\mu}_{\lambda_1} = 0.2041$、$\hat{\mu}_{\lambda_2} = 0.2246$ 和 $\hat{\mu}_{\lambda_3} = 0.2359$，对应的漂移系数方差的估计值为 $\hat{\sigma}_{\lambda,1}^2 = 3.6858 \times 10^{-5}$、$\hat{\sigma}_{\lambda,2}^2 = 8.7794 \times 10^{-6}$ 和 $\hat{\sigma}_{\lambda,3}^2 = 1.6524 \times 10^{-5}$。

此外，根据式（7.2），使用最小二乘法计算表示参数依赖关系的线性函数的参数 a 和 b 所服从的高斯分布期望和方差，其中，$a \sim N(\mu_0, \sigma_0^2)$ 和 $b \sim N(\mu_1, \sigma_1^2)$。模型参数的先验估计结果如表 7.3 所示。

表 7.3　模型参数的先验估计结果

模型参数	估计值
a	$\mu_0 = 0.2249$，$\sigma_0^2 = 9.7850 \times 10^{-5}$
b	$\mu_1 = 0.0627$，$\sigma_1^2 = 9.8550 \times 10^{-5}$
σ^2	$\hat{\sigma}^2 = 0.2115$

由表 7.3 可知，每个模型参数的均值的估计值都比较接近预设值。例如，

参数 b 的均值的估计值 0.0627 与预设值 0.06 的相对误差为 0.045。因此，基于先验估计结果进行模型参数的更新和估计是合理的。

接下来进行后验参数估计，所选样本为运行条件 $F_2^{tot}=\{1.5,-1.5,1.5,0\}$ 下的样本 1，所选样本的仿真数据如图 7.3 所示。

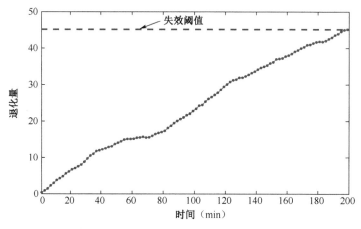

图 7.3　所选样本的仿真数据

令初始预测时刻 T_{op}=131min，以确保模型的收敛性，用 T_{op} 时刻前的数据更新模型参数。后验参数估计结果如图 7.4 所示。由图 7.4 可知，在 129min 处，模型收敛，一旦收敛就停止更新，模型参数的收敛结果如表 7.4 所示。

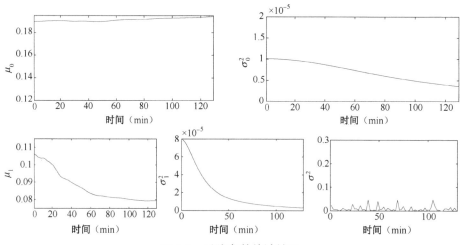

图 7.4　后验参数估计结果

表 7.4　模型参数的收敛结果

模型参数	收敛结果
a	$\hat{\mu}_0 = 0.2318$，$\hat{\sigma}_0^2 = 33629 \times 10^{-5}$
b	$\hat{\mu}_1 = 0.0993$，$\hat{\sigma}_1^2 = 1.9447 \times 10^{-5}$
σ^2	$\hat{\sigma}^2 = 0.1036$

3. 比较结果

对退化量和剩余寿命分别进行研究，以验证所提方法的可行性和有效性。从 T_{op} 时刻起，使用所提方法进行退化量和剩余寿命预测，直至达到失效阈值。退化量的实际值和预测值如图 7.5 所示。

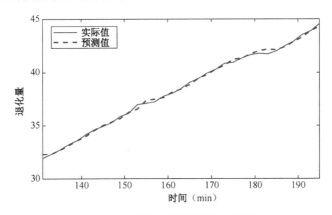

图 7.5　退化量的实际值和预测值

此外，为了验证所提方法在剩余寿命预测中的有效性。从 T_{op} 时刻起，将利用所提方法、两阶段方法和 Si 方法得出的剩余寿命预测结果进行比较，利用 3 种方法得到的剩余寿命预测结果对比如图 7.6 所示。由图 7.6 可知，所提方法的预测结果与剩余寿命的实际值接近；与两阶段方法和 Si 方法相比，所提方法可实现较为准确的剩余寿命预测。

引入相对误差以进一步分析所提方法的剩余寿命预测性能。样本在 t_i 时刻的剩余寿命预测值的期望与实际值的相对误差为

$$\mathrm{RE}(i) = \frac{|R(i) - E_{\mathrm{pre}}(i)|}{R(i)} \tag{7.34}$$

式中，$R(i)$ 和 $E_{pre}(i)$ 分别为样本 j 在 t_i 时刻（第 i 个监测点处）的剩余寿命实际值和剩余寿命预测值的期望。

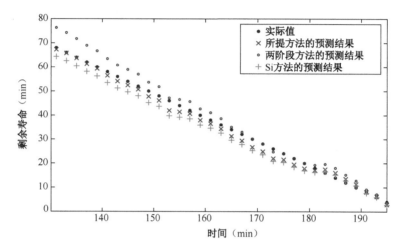

图 7.6　利用 3 种方法得到的剩余寿命预测结果对比

利用 3 种方法得到的剩余寿命预测结果的相对误差如图 7.7 所示。由图 7.7 可知，所提方法的相对误差小于两阶段方法和 Si 方法。所提方法、两阶段方法和 Si 方法的平均相对误差分别为 0.0981、0.1241 和 0.1391。结果表明，所提方法可以获得较好的剩余寿命预测结果，具有较好的适用性。

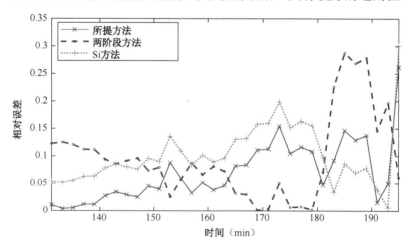

图 7.7　利用 3 种方法得到的剩余寿命预测结果的相对误差

7.3.2　案例研究

本节基于 XJTU-SY 轴承数据集[14]进行案例研究，以验证所提方法在剩余寿命预测中的有效性。首先，介绍轴承数据集的背景和重构过程；其次，给出参数估计结果；最后，给出利用所提方法、两阶段方法和 Si 方法得到的剩余寿命预测结果对比，并对轴承数据集的重构问题进行分析与讨论。

1. 数据集简介和重构

设计 3 种运行条件，在每种运行条件下有 5 个轴承，可调节转速和径向力，进行加速退化试验，直到水平或垂直振动信号的幅度超过 $10A_h$，其中 A_h 是正常运行状态下振动信号的幅度。由于轴承数据集试验是恒定应力下的加速退化试验，即运行条件是恒定的，所以需要根据试验数据构造不同运行条件下的退化数据。

首先，选择轴承数据，所选轴承数据如表 7.5 所示。

表 7.5　所选轴承数据

项目	第 1 组	第 2 组	第 3 组
外圈故障	Bearing1-2	Bearing2-5	Bearing3-1
			Bearing3-5
转速 R（百万转/min）	2.100×10^{-3}	2.250×10^{-3}	2.400×10^{-3}
径向力 F_r（kN）	12	11	10

其次，假设轴承在同一故障下的失效阈值和失效时间一致。必须指出的是，虽然这样的假设具有合理性，但受运行条件变化和随机误差的影响，在数据重构过程中不可避免地会存在误差。在一般情况下，退化过程包括两个阶段：缓慢退化阶段和快速退化阶段。在数据重构过程中，应尽量在峰值相同和相近的点进行截断。因此，考虑到失效阈值和失效时间的一致性，选择表 7.5 中的 4 个轴承样本进行数据重构，并在变点附近对轴承数据进行截断。所选轴承数据的截断结果如图 7.8 所示。

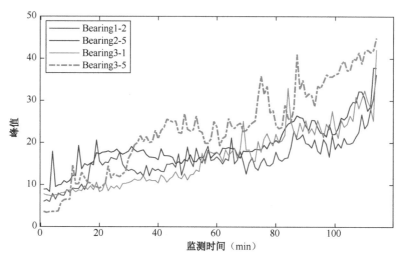

图 7.8 所选轴承数据的截断结果

再次，根据退化速率随运行条件变化的规律，将不同运行条件下的轴承数据在相同或相交的退化点处截断，并将其放在相同的监测时间区间。轴承额定寿命 L 与转速 R 和径向力 F_r 的关系为 $L = c/RF_r^3$，其中 c 为常数。将 3 种运行条件设置为 $F_1^{tot} = \{3.6288, 2.4000, 2.9947, 3.6288\}$、$F_2^{tot} = \{3.6288, 2.9948, 3.6288\}$ 和 $F_3^{tot} = \{3.688, 2.4000, 3.6288, 2.9948, 3.6288\}$。此外，在不同运行条件下，在每个重构数据集中至少设置 2 个样本，以确保能进行先验估计。通过上述方式获得不同运行条件下的 3 个重构数据集。3 种运行条件下的轴承失效阈值和失效时间如表 7.6 所示。

表 7.6 3 种运行条件下的轴承失效阈值和失效时间

运行条件/（百万转·kN³）/min	失效阈值	失效时间（min）
$F_1^{tot} = \{3.6288, 2.4000, 2.9948, 3.6288\}$		122
$F_2^{tot} = \{3.6288, 2.9948, 3.6288\}$	46	112
$F_3^{tot} = \{3.6288, 2.4000, 3.6288, 2.9948, 3.6288\}$		128

由表 7.6 可知，不同运行条件下的失效时间分别为 122min、112min 和 128min。因此，在失效阈值相同的情况下，失效时间可能不同，原因在于失效时间受退化速率与运行条件的依赖关系的影响。

最后，取采样间隔 $d=2$min，在每个重构数据集中有 2 个样本，共 6 个样本（B1～B6）。重构数据集与对应的运行条件如图 7.9 所示。从图 7.9 中可以看出，假设同一运行条件下的失效阈值相同，将退化终止时对应的峰值作为失效阈值。将失效时间和当前时间之差作为实际剩余寿命。

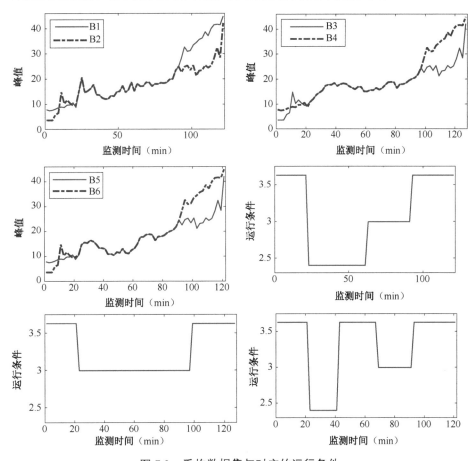

图 7.9　重构数据集与对应的运行条件

2. 参数估计

将重构的轴承退化数据代入式（7.3）和式（7.17），利用极大似然估计法和最小二乘法对模型参数进行先验估计，模型参数的先验估计结果分别为 9.479×10^{-3}、2.394×10^{-7}、2.329×10^{-3}，2.329×10^{-8} 和 0.01。

在轴承退化数据中选择 B4（见图 7.9）进行剩余寿命预测。取 B4 的初始预测时刻 T_{op}=59min，T_{op} 时刻前的 B4 模型参数估计结果如图 7.10 所示。

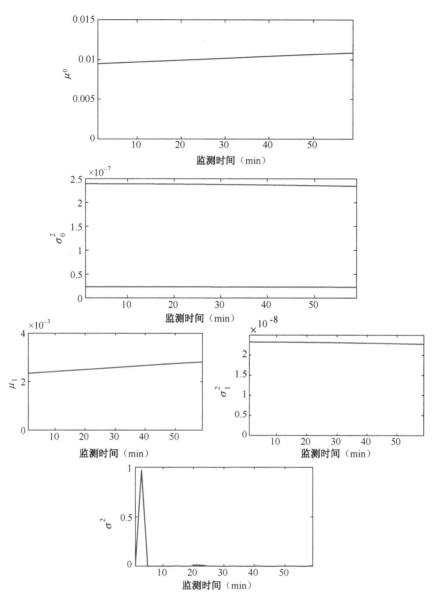

图 7.10　时刻 T_{op} 前的 B4 模型参数估计结果

图 7.10 展示了模型参数 μ_0、σ_0^2、μ_1、σ_1^2 和 σ^2 的迭代过程，各模型参数逐渐收敛，得到模型参数估计值，对应的收敛结果分别为 $\boldsymbol{\Omega} = [0.0108, 2.3452 \times 10^{-7}, 0.0028, 2.2728 \times 10^{-8}, 0.0057]^{\mathrm{T}}$。$T_{op}$ 时刻前的退化数据用于更新模型参数，T_{op} 时刻后的退化数据用于预测剩余寿命。进而基于模型参数的估计结果和预测的

剩余寿命的 PDF 得到剩余寿命预测结果。

3. 预测结果对比和分析

在 T_{op} 时刻后，对退化量估计性能和剩余寿命预测性能进行分析。将所提方法、两阶段方法和 Si 方法进行比较，得到 3 种方法的退化量估计值和实际退化量，如图 7.11 所示。从图 7.11 中可以看出，所提方法的退化量估计值与实际退化量非常接近。

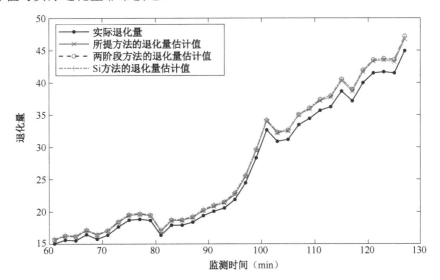

图 7.11　3 种方法的退化量估计值和实际退化量

用实际退化量与退化量估计值的均方误差评估预测结果[10]。t_k 时刻的均方误差定义为

$$\mathrm{MSE}(k) = \frac{1}{k}\sum_{i=1}^{k}[X(i)-\hat{X}(i)] \tag{7.35}$$

式中，$\hat{X}(i)$ 为 t_i 时刻的退化量估计值。

3 种方法的均方误差如图 7.12 所示。所提方法的均方误差在后期明显减小。所提方法的平均均方误差为 0.0252，两阶段方法和 Si 方法的平均均方误差分别为 0.0321 和 0.0554。因此，所提方法的退化量估计性能较好，即考虑参数依赖的维纳过程模型具有很好的预测性能。

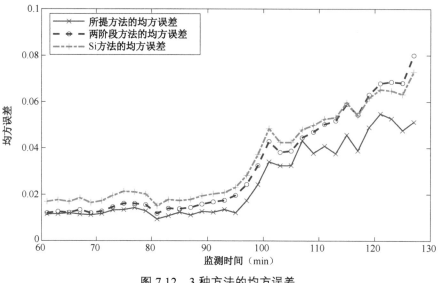

图 7.12　3 种方法的均方误差

在 T_{op} 时刻后可以观察到 34 个监测点，可以通过更新的后验参数计算得到预测的剩余寿命的 34 个 PDF。进而比较所提方法、两阶段方法和 Si 方法在 4 个连续监测时刻预测的剩余寿命的 PDF。3 种方法预测的剩余寿命的 PDF 如图 7.13 所示。由图 7.13 可知，3 种方法预测的剩余寿命的 PDF 变化范围都覆盖了实际的剩余寿命，且预测的剩余寿命都落在曲线内。3 种方法预测的剩余寿命的 PDF 存在差异，具体而言，所提方法预测的剩余寿命的 PDF 曲线较窄，表明剩余寿命预测的不确定性较低。因此，所提方法可以降低剩余寿命预测的不确定性，这在故障预测与健康管理中非常重要。

为验证所提方法的剩余寿命预测性能，对各监测点的剩余寿命预测结果进行对比，如图 7.14 所示。由图 7.14 可知，所提方法预测的剩余寿命和实际剩余寿命较为接近，所提方法的剩余寿命预测结果能够很好地匹配实际预测结果。综上所述，在退化建模过程中考虑运行条件和退化速率的依赖关系，可以获得较好的剩余寿命预测结果。

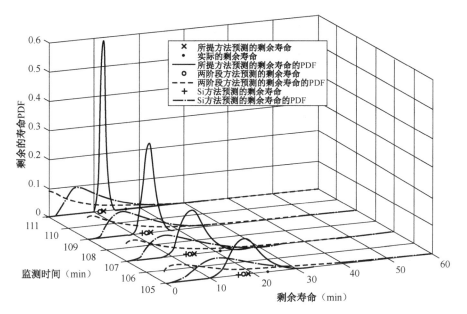

图 7.13　3 种方法预测的剩余寿命的 PDF

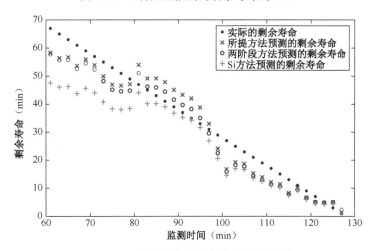

图 7.14　各监测点的剩余寿命预测结果

　　为了更直观地描述所提方法的预测性能,给出 3 种方法在各监测点的剩余寿命预测的相对误差,如图 7.15 所示。从图 7.15 可知,在大多数监测点,所提方法的剩余寿命预测的相对误差小于其他两种方法。此外,两阶段方法和 Si 方法的单样本(B4)的平均相对误差分别为 0.2137 和 0.2387,而所提方法为 0.1793。具体而言,与两阶段方法和 Si 方法相比,所提方法的剩余

寿命预测精度分别提高了 3.44% 和 5.94%。这表明，在退化建模过程中考虑运行条件和退化速率的依赖关系，可明显提高剩余寿命预测精度。

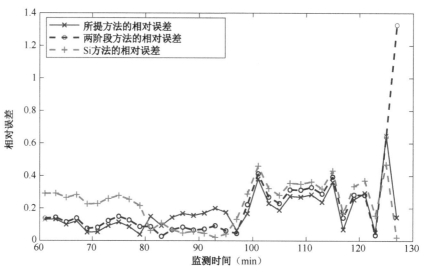

图 7.15　剩余寿命预测的相对误差

为了进一步验证所提方法的适用性和优越性，对另外两个轴承样本（B2 和 B6）进行研究。取 B2 和 B6 的初始预测时刻 T_{op} =59min，T_{op} 时刻前的退化数据用于更新模型参数，在 T_{op} 时刻后，对各监测点进行剩余寿命预测。

B2 和 B6 的剩余寿命预测结果和相对误差分别如图 7.16 和图 7.17 所示。由图 7.16 和图 7.17 可知，所提方法的剩余寿命预测结果更接近实际剩余寿命，具体而言，B2 使用所提方法、两阶段方法、Si 方法的剩余寿命预测的平均相对误差分别为 0.1790、0.2215 和 0.2472，B6 使用所提方法、两阶段方法、Si 方法预测的平均相对误差分别为 0.1919、0.2228 和 0.2456。与其他两种方法相比，所提方法的平均相对误差较小。因此，所提方法可以提高剩余寿命预测精度。对这两个样本的研究进一步验证了所提方法在剩余寿命预测中的适用性和优越性，并与在 B4 样本研究中得到的结论一致。

4. 问题分析与讨论

假设轴承在同一故障下的失效阈值和失效时间一致。然而，受变化的径向力、转速及外部环境的影响，各轴承的实际退化结果与假设不完全一致。

实际上，由于监测时间是离散的，轴承数据的截断点可能不完全相同，而是比较相近。因此，重构的轴承数据集存在误差。由于本节仅将轴承数据集用于案例研究，以说明所提方法的可行性并验证所提方法的适用性，所以这里对轴承数据集的重构是可接受的。如果考虑单轴承的不同运行条件，预测结果可能会更好。

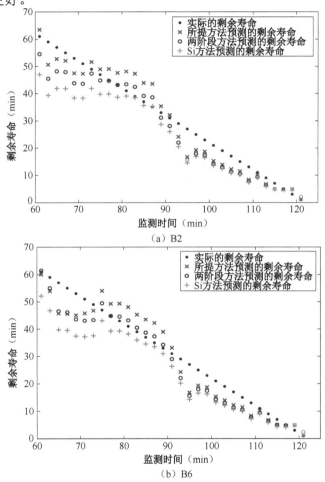

图 7.16　B2 和 B6 的剩余寿命预测结果

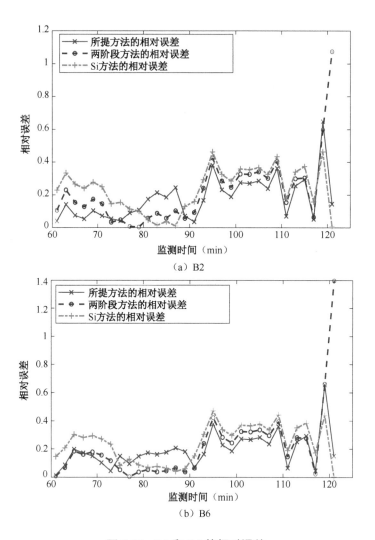

（a）B2

（b）B6

图 7.17　B2 和 B6 的相对误差

为获得完全满足建模要求的数据集,需要根据加速试验对径向力和转速进行设计。应确保运行条件在各监测区间内是恒定的,且相邻监测区间的运行条件不同,进而获取不同运行条件下的轴承数据集。利用该方法得到的不同运行条件下的轴承数据集更合理。

7.4　本章小结

本章重点研究考虑运行条件影响的剩余寿命预测问题,提出了一种基于维纳过程的考虑参数依赖的剩余寿命预测方法。在建模过程中考虑了径向力、转速等对随机参数的影响,构建了考虑参数依赖的退化模型,并给出了考虑参数依赖的剩余寿命的 PDF,所提模型涵盖了经典的线性维纳退化模型,在退化建模中具有通用性。给出了模型参数估计方法,极大似然估计法和最小二乘法用于估计先验参数,引入了贝叶斯更新和期望最大化算法。不仅可以得出反映机械部件总体特征的参数先验估计结果,还可以对随机参数的变化特征进行刻画。通过数值仿真分析验证了所提方法的可行性,基于重构的轴承退化数据集对所提方法、两阶段方法和 Si 方法进行了对比,发现所提方法可以降低剩余寿命预测的不确定性,具有较高的有效性。

参考文献

[1]　Liu T, Sun Q, Feng J, et al. Residual Life Estimation Under Time-Varying Conditions Based on a Wiener Process[J]. Journal of Statistical Computation and Simulation, 2017, 87(2):211-226.

[2]　Wang H, Liao H T, Ma X B. Remaining Useful Life Prediction Considering Joint Dependency of Degradation Rate and Variation on Time-Varying Operating Conditions[J]. IEEE Transactions on Reliability, 2020, 70(2):761-774.

[3]　Xu X D, Tang S J, Yu C Q, et al. Remaining Useful Life Prediction of Lithium-Ion Batteries Based on Wiener Process Under Time-Varying Temperature Condition[J]. Reliability Engineering & System Safety, 2021, 214:107675.

[4] Si X S, Wang W B, Hu C H, et al. A Wiener-Process-Based Degradation Model with a Recursive Filter Algorithm for Remaining Useful Life Estimation[J]. Mechanical Systems and Signal Processing, 2013, 35:219-237.

[5] Lee M, Whitmore G A. Threshold Regression for Survival Analysis: Modeling Event Times by a Stochastic Process Reaching a Boundary[J]. Statistical Science, 2006, 21(4):501-513.

[6] Wang H Y, Zhao Y, Ma X B. Remaining Useful Life Prediction Using a Novel Two-Stage Wiener Process with Stage Correlation[J]. IEEE Access, 2018:1.

[7] Si X S, Wang W B, Chen M Y, et al. A Degradation Path-Dependent Approach for Remaining Useful Life Estimation with an Exact and Closed-Form Solution[J]. European Journal of Operational Research, 2013, 226(1):53-66.

[8] Weaver B P, Meeker W Q, Escobar L A, et al. Methods for Planning Repeated Measures Degradation Studies[J]. Technometrics, 2013, 55(2):122-134.

[9] Peng C Y, Tseng S T. Mis-Specification Analysis of Linear Degradation Models[J]. IEEE Transactions on Reliability, 2009, 58(3):444-455.

[10] Tang S J, Yu C Q, Wang X, et al. Remaining Useful Life Prediction of Lithium-Ion Batteries Based on the Wiener Process with Measurement Error[J]. Energies, 2014, 7:520-547.

[11] Gu M Y, Chen Y L. A Multi-Indicator Modeling Method for Similarity-Based Residual Useful Life Estimation with Two Selection Processes[J]. International Journal of System Assurance Engineering and Management, 2018, 9(5):987-998.

[12] Gebraeel N Z, Lawley M A, Rong L. Residual-Life Distributions from Component Degradation Signals: A Bayesian Approach[J]. IIE Transactions, 2005, 37(6):543-557.

[13] Wei X K. On Persistent Excitation for Parameter Estimation of Quasi-LPV Systems and Its Application in Modeling of Diesel Engine Torque[J]. IFAC Proceedings Volumes, 2006, 39(1):517-522.

[14] Wang B, Lei Y G, Li N P, et al. A Hybrid Prognostics Approach for Estimating Remaining Useful Life of Rolling Element Bearings[J]. IEEE Transactions on Reliability, 2020, 69(1):401-412.

第 8 章

基于机器学习的剩余寿命预测

本章针对地铁运行过程中的安全问题，基于机器学习对轴承等关键部件的剩余寿命预测问题进行研究。首先，从半监督协同训练算法和 LSTM 网络模型的角度对基于机器学习的剩余寿命预测方法进行介绍；其次，分别从剩余寿命预测框架、BP 神经网络结构与参数设置两个方面讨论基于故障诊断的剩余寿命预测方法；最后，对基于 LSTM 网络的剩余寿命预测方法进行介绍。此外，结合实际轴承全生命周期数据对 3 种机器学习模型进行比较。

8.1　基于机器学习的剩余寿命预测方法

国内外学者从不同角度对设备的剩余寿命预测问题进行了研究并取得了一定的成果，在数据驱动下，基于机器学习的剩余寿命预测方法得到了全面发展。基于机器学习的剩余寿命预测方法分为浅层和深层两类，浅层方法主要包括基于相关向量机（Relevance Vector Machine，RVM）的剩余寿命预测方法和基于递归神经网络的剩余寿命预测方法等，深层方法主要包括循环神经网络、深度信念网络、卷积神经网络等[1]。

本章在不同的故障下进行滚动轴承全生命周期的剩余寿命预测，主要介绍基于故障诊断的剩余寿命预测方法和基于长短时记忆（Long-Short Term Memory，LSTM）网络的剩余寿命预测方法。其中，基于故障诊断的剩余寿命

预测方法以半监督原理为基础，结合粒子群（Particle Swarm Optimization，PSO）-BP 神经网络算法和支持向量回归（Support Vector Regression，SVR）算法进行剩余寿命预测。下面主要对半监督协同训练算法和 LSTM 网络模型进行介绍。

8.1.1　半监督协同训练算法

本节基于半监督原理，考虑信息共享机制、收敛速度及实现的可能性等，将 PSO-BP 神经网络算法与 SVR 算法结合，以实现半监督协同训练。本节针对当前全生命周期数据不足的问题，采用易于获得的未标记数据来提高半监督协同算法的预测精度，并结合实际数据，对不同未标记数据下的半监督协同训练算法、PSO-BP 神经网络算法、SVR 算法的剩余寿命预测结果进行对比分析。

半监督协同训练算法主要包括两部分内容：一是协同，二是半监督。协同指同时采用两种算法对一个问题进行计算，在计算过程中，数据在两种算法之间交换，将两种算法的结果结合，并将其作为最终结果。这就要求算法有一定的差异，算法的原理、结构、预测模式有所不同。利用算法的差异减小误差，是进行协同训练的目的。

考虑目前故障数据难以获取、未标记数据易于获取，且未标记数据在一定程度上包含衰退信息等情况，半监督协同训练算法充分利用优质的未标记数据，增加算法的训练样本，以提高剩余寿命预测的准确度[2]。目前，半监督协同训练算法多用于解决分类问题。这里将其引入回归分析，以进行剩余寿命预测研究。当测试数据在标记数据附近时，所得到的预测值与实际值接近，预测精度较高。半监督协同训练算法的目的是将未标记数据训练为伪标记数据，以增大测试数据周围的标记数据的密度，达到提高预测精度的效果。基于 PSO-BP 神经网络算法和 SVR 算法的半监督协同训练算法流程如图 8.1 所示。

1. PSO-BP 神经网络算法

BP 神经网络包括输入层、隐含层和输出层。BP 神经网络用激活函数描述层与层的关系，模拟各层神经元之间的交互反应。研究表明，含有偏差和 Sigmoid 型隐含层与输出层的 Purelin 函数，能够逼近所有有理函数[3]。

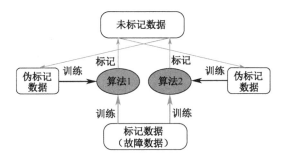

图 8.1　基于 PSO-BP 神经网络算法和 SVR 算法的半监督协同训练算法流程

PSO-BP 神经网络算法流程如图 8.2 所示。

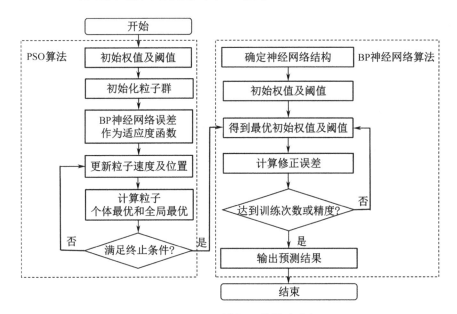

图 8.2　PSO-BP 神经网络算法流程

BP 神经网络的参数设置依据如下[3-7]。

（1）网络层数：BP 神经网络存在单层和多层形式，与单层网络相比，多层网络的预测精度往往较高，但训练时间较长。

（2）输入层和输出层的节点数：输入层和输出层的节点数与实际的输入数据维数相关。

（3）输出层函数：当将 BP 神经网络用于分类时，输出层函数一般是 Sigmoid 函数或硬极限函数；当将 BP 神经网络用于函数回归时，Purelin 函数适合作为输出层函数，因此本章选择 Purelin 函数。

（4）训练函数：针对不同的数据确定函数。

（5）学习率：学习率影响神经网络学习过程的稳定性，选取范围为 0.01～0.8，通常选择较低的学习率。学习函数使用 MATLAB 中默认的形式即可。

（6）隐含层节点数：在 BP 神经网络中，隐含层节点数的设置较为复杂，可采用式（8.1）～式（8.4）进行计算。

$$M = 2n + 1 \tag{8.1}$$

$$M = \sqrt{n + k} + a \tag{8.2}$$

$$M = \sqrt{0.43nk + 0.12k^2 + 2.45n + 0.77k + 0.35} + 0.51 \tag{8.3}$$

$$M = \log_2 n \tag{8.4}$$

式中，n 为输入层神经元数；M 为隐含层神经元数；k 为输出层神经元数。

在确定输入层节点数时，本书将两个监测点的特征值作为模型的输入。两个监测点即当前时刻监测点和前一时刻监测点，特征值即对应的降维结果。选择相邻监测点的原因在于：考虑齿轮箱在退化过程中的特征值变化率问题，相邻监测点的特征值更能表明系统的退化率。

本章仅选用两个监测点是因为：①较多的输入会增加网络的训练权重，导致出现过拟合现象，使网络的泛化能力降低；②前期监测数据过多会导致齿轮箱退化情况失真。

2. SVR 算法

SVR 算法以 SVM（支持向量机）算法为基础，引入不敏感损失函数 ε 引入了 SVM 算法。SVR 算法的主要思想是寻找一个最优的分类面，以使各样本与该分类面的距离的误差最小[8-10]，可以通过控制精度来逼近任意非线性函数。SVR 算法的泛化能力和获取全局最优结果的能力较强，SVR 算法结构如图 8.3 所示。其中，f 为分类函数，K 表示核函数，α_i 表示拉格朗日系数，x_i 表示输入数据。

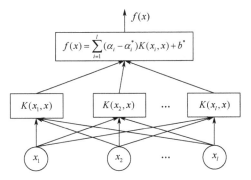

图 8.3　SVR 算法结构

SVR 算法流程如下。

（1）设训练集为 $\{(x_1,y_1),(x_2,y_2),\cdots,(x_n,y_n)\}$，$x_i \in \mathbf{R}^n$，$y_i \in \mathbf{R}$，$i=1,2,\cdots,l$。

（2）确定 ε 和 C 的值，并选择核函数。

（3）构造并求解优化问题，即

$$\begin{cases} \max \sum_{i=1}^{l} y_i(\hat{\alpha}_i - \alpha_i) - \varepsilon \sum_{i=1}^{l} \hat{\alpha}_i + \alpha_i - \frac{1}{2}\sum_{i,j=1}^{l}(\hat{\alpha}_i - \alpha_i)(\hat{\alpha}_j - \alpha_j)K(x_i,x_j) \\ \text{s.t.} \sum_{i=1}^{l}(\hat{\alpha}_i - \alpha_i) = 0;\ 0 \leqslant \hat{\alpha}_i,\ \alpha_i \leqslant C,\ i=1,2,\cdots,l \end{cases} \tag{8.5}$$

求最优解 $\bar{\boldsymbol{\alpha}} = \left[\bar{\alpha}_1, \bar{\hat{\alpha}}_1, \cdots, \bar{\alpha}_l, \bar{\hat{\alpha}}_l\right]^{\mathrm{T}}$。

（4）构造决策函数，即

$$f(x) = \sum_{i=1}^{l}(\bar{\hat{\alpha}}_i - \bar{\alpha}_i)K(x_i,x) + \bar{b} \tag{8.6}$$

选择 $(0,C)$ 的 $\bar{\alpha}_j$ 或 $\bar{\hat{\alpha}}_k$，如果选的是 $\bar{\alpha}_j$，则 $\bar{b} = y_j - \sum_{i=1}^{l}(\bar{\hat{\alpha}}_i - \bar{\alpha}_i)K(x_i,x_j) + \varepsilon$；

如果选的是 $\bar{\hat{\alpha}}_k$，则 $\bar{b} = y_j - \sum_{i=1}^{l}(\bar{\hat{\alpha}}_i - \bar{\alpha}_i)K(x_i,x_j) - \varepsilon$。

8.1.2　LSTM 网络模型

RNN 具有记忆性，可充分利用历史信息，挖掘隐藏在数据中的状态趋势变化特征。LSTM 网络是在 RNN 的基础上发展而来的时间递归网络，它利用细胞记忆方法解决了 RNN 无法处理的对长序数据的依赖问题。

1. LSTM 网络原理

LSTM 网络结构如图 8.4 所示，假设网络的输入由当前时刻 t 的输入 $\boldsymbol{x}_t$ 及前一时刻隐含层的输出 $\boldsymbol{h}_{t-1}$ 组成，计算得到当前时刻隐含层的输出，记为 $\boldsymbol{h}_t$，重复此操作直至所有输入被读取完成。$\boldsymbol{h}_t$ 为

$$\boldsymbol{h}_t = f\left(\boldsymbol{x}_t, \boldsymbol{h}_{t-1}\right) = \sigma\left(\boldsymbol{W}_{\mathrm{xh}}\boldsymbol{x}_t + \boldsymbol{W}_{\mathrm{hh}}\boldsymbol{h}_{t-1} + \boldsymbol{b}_{\mathrm{h}}\right) \tag{8.7}$$

式中，$\boldsymbol{W}_{\mathrm{xh}}$ 为输入层到隐含层的权值；$\boldsymbol{W}_{\mathrm{hh}}$ 为隐含层到隐含层的权值；$\boldsymbol{b}_{\mathrm{h}}$ 为隐含层的偏置向量；σ 为 Sigmoid 函数。

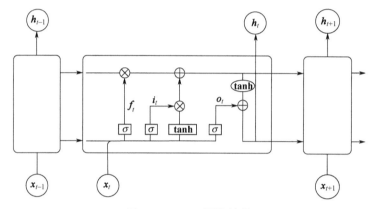

图 8.4　LSTM 网络结构

与 RNN 相比，LSTM 网络将记忆单元引入隐含层，其中包括 3 个门控制器：输入门、遗忘门 $\boldsymbol{f}_t$ 和输出门 $\boldsymbol{o}_t$。遗忘门 $\boldsymbol{f}_t = \sigma\left(\boldsymbol{W}_{\mathrm{f}}\left[\boldsymbol{h}_{t-1}, \boldsymbol{x}_t\right] + \boldsymbol{b}_{\mathrm{f}}\right)$，输入门由两个部分组成，分别为由式（8.7）决定的 $\boldsymbol{h}_{t-1}$ 要更新的部分 $\boldsymbol{i}_t$，以及经过过滤的部分 $\tilde{\boldsymbol{C}}_t$，即

$$\boldsymbol{i}_t = \sigma\left(\boldsymbol{W}_{\mathrm{i}}\left[\boldsymbol{h}_{t-1}, \boldsymbol{x}_t\right] + \boldsymbol{b}_{\mathrm{i}}\right) \tag{8.8}$$

$$\tilde{\boldsymbol{C}}_t = \tanh\left(\boldsymbol{W}_{\mathrm{C}}\left[\boldsymbol{h}_{t-1}, \boldsymbol{x}_t\right] + \boldsymbol{b}_{\mathrm{C}}\right) \tag{8.9}$$

长时状态 $\boldsymbol{C}_t$ 的更新公式为

$$\boldsymbol{C}_t = \boldsymbol{f}_t \otimes \boldsymbol{C}_{t-1} + \boldsymbol{i}_t \otimes \tilde{\boldsymbol{C}}_t \tag{8.10}$$

式中，$\otimes$ 为 Hadamard 积，输出门也由两个部分组成，即

$$\boldsymbol{o}_t = \sigma\left(\boldsymbol{W}_{\mathrm{o}}\left[\boldsymbol{h}_{t-1}, \boldsymbol{x}_t\right] + \boldsymbol{b}_{\mathrm{o}}\right) \tag{8.11}$$

$$\boldsymbol{h}_t = \boldsymbol{o}_t \otimes \tanh\boldsymbol{C}_t \tag{8.12}$$

2. LSTM 网络模型的主要工作步骤

LSTM 网络模型的主要工作步骤如下。

步骤 1：前向计算各神经元的输出值。在数据沿网络前向传播的过程中，计算遗忘门、输入门、临时细胞记忆状态、输出门、当前时刻的细胞记忆状态。

步骤 2：计算各神经元的反向传播误差项。LSTM 网络的反向传播包含两个方向，与 RNN 类似。一个方向是沿时间反向传播，即从当前时刻开始，计算各时刻的误差项；另一个方向是向上一层传播。

步骤 3：根据步骤 2 得到的误差项，优化各神经元的权值。

将步骤 2 和步骤 3 称为调参，其目标是学习 4 组权重参数，包括遗忘门、输入门、临时细胞记忆状态、输出门的权重矩阵与偏置项，并通过梯度下降法对其进行更新。

8.2　基于故障诊断的剩余寿命预测方法

8.2.1　剩余寿命预测框架

1. 不同故障模式下的旋转机械性能

对于剩余寿命预测来说，模型的输入依赖故障诊断结果，在已知故障模式的情况下，可以更准确地预测剩余寿命，不同故障模式下的旋转机械性能衰退曲线如图 8.5 所示[11]。在故障模式未知时，将采集的数据输入剩余寿命预测模型后，预测值之间会有明显的差异，无法准确地判断齿轮箱的剩余寿命，从而影响管理策略的确定及后期的维修工作。因此，在进行剩余寿命预测前，需要了解故障模式，采用与故障模式对应的剩余寿命预测模型进行剩余寿命预测。

旋转机械典型故障的发展过程如图 8.6 所示。由图 8.6 可知，正常运行阶段的持续时间较长、累积衰退小且较为平稳，在发生故障后，曲线的斜率

增大。由于在正常运行阶段难以对载荷、运行状态等进行预测,进行剩余寿命预测的难度较大且意义不大,因此本章对齿轮箱处于故障初始阶段的轴承和齿轮进行故障诊断和剩余寿命预测。

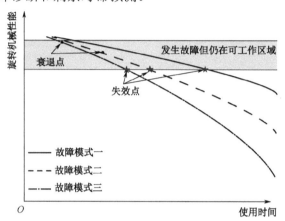

图 8.5 不同故障模式下的旋转机械性能衰退曲线

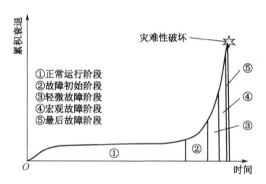

图 8.6 旋转机械典型故障的发展过程

2. 基于故障诊断的齿轮箱剩余寿命预测框架

针对在不同的故障模式下剩余寿命不同的情况,本章提出基于故障诊断的剩余寿命预测方法。基于故障诊断的齿轮箱剩余寿命预测框架如图 8.7 所示,将齿轮箱振动信号作为输入,利用故障诊断器和剩余寿命预测器得到齿轮箱状态及剩余寿命。

故障诊断器的工作原理为:使用传统的信号分析法和二阶循环统计量对输入的齿轮箱振动信号进行分析,以确定齿轮箱是否发生故障、故障时刻及故障程度,也可以对齿轮箱的故障类型进行初步判断;同时,数据处理器对信号进行特征提取并将特征值输入变量预测模型，以准确判断故障类型。将故障时刻、故障程度和故障类型作为故障诊断器的输出。

剩余寿命预测器的工作原理为：使用 PSO-BP 神经网络算法和 SVR 算法对降维的特征值进行半监督协同训练，得到不同故障模式下的剩余寿命预测模型。将故障诊断器输出的故障类型作为剩余寿命预测器的输入，将剩余寿命 R 作为输出，可以根据该值给出管理及维修决策。

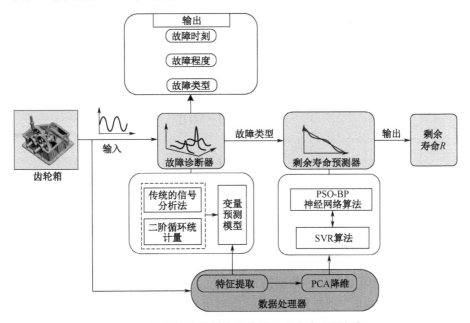

图 8.7　基于故障诊断的齿轮箱剩余寿命预测框架

3. 预测精度衡量指标

在实际应用中，预测值与实际值相差越小，模型越理想，衡量模型预测精度的指标如下[12]。

1）平均相对变动值

平均相对变动值（Average Relative Variance，ARV）定义为

$$\text{ARV} = \frac{\sum_{i=1}^{N}[x(i) - \hat{x}(i)]^2}{\sum_{i=1}^{N}[x(i) - \overline{x}(i)]^2} \tag{8.13}$$

式中，N 为所比较的数据量；$x(i)$ 为实际值；$\overline{x}(i)$ 为实际值的平均；$\hat{x}(i)$ 为预测值。

ARV 越小，则预测效果越好，ARV=0 表明所训练的模型达到了理想情况；ARV=1 表明所训练的模型仅达到了平均值的预测效果。综合 ARV 值（ARV_1）、训练 ARV 值（ARV_2）和预测 ARV 值（ARV_3）的表达式为

$$
\begin{cases}
ARV_1 = \dfrac{\sum\limits_{i=1}^{N_1+N_2}[x(i)-\hat{x}(i)]^2}{\sum\limits_{i=1}^{N_1+N_2}[x(i)-\overline{x}(i)]^2} \\[3em]
ARV_2 = \dfrac{\sum\limits_{i=1}^{N_1}[x(i)-\hat{x}(i)]^2}{\sum\limits_{i=1}^{N_1}[x(i)-\overline{x}(i)]^2} \\[3em]
ARV_3 = \dfrac{\sum\limits_{i=1}^{N_2}[x(i)-\hat{x}(i)]^2}{\sum\limits_{i=1}^{N_2}[x(i)-\overline{x}(i)]^2}
\end{cases}
\tag{8.14}
$$

式中，N_1 为训练的数据量；N_2 为测试的数据量。

ARV_1 反映模型的综合拟合程度；ARV_2 反映模型对训练数据的拟合程度；ARV_3 反映模型对预测数据的拟合程度。为衡量模型对预测数据的拟合程度，即预测精度，这里用 ARV_3 对模型进行评价。

2）均方根误差

均方根误差为

$$
RMSE = \sqrt{\frac{1}{N}\sum_{i=1}^{N}[x(i)-\hat{x}(i)]^2}
\tag{8.15}
$$

3）平均绝对百分误差

平均绝对百分误差为

$$
MAPE = \frac{1}{N}\sum_{i=1}^{N}\left|\frac{x(i)-\hat{x}(i)}{x(i)}\times100\right|
\tag{8.16}
$$

平均绝对百分误差 MAPE 越小，则预测精度越高，MAPE 一般作为相

对误差衡量指标。

4）希尔不等系数

希尔不等系数为

$$\text{TIC} = \frac{\sqrt{\dfrac{1}{N}\sum_{i=1}^{N}\left[x(i)-\hat{x}(i)\right]^2}}{\left[\sqrt{\dfrac{1}{N}\sum_{i=1}^{N}x(i)^2}+\sqrt{\dfrac{1}{N}\sum_{i=1}^{N}\hat{x}(i)^2}\right]} \tag{8.17}$$

希尔不等系数 TIC 为 0～1，TIC 越小，表明预测精度越高。

8.2.2　BP 神经网络结构与参数设置

这里考虑使用时间，进行 PCA 降维。由 BP 神经网络的参数设置依据可知，输入样本的特征值数即输入层神经元数，将当前监测点 PCA 降维结果的前 6 维和前一个监测点 PCA 降维结果的前 6 维作为模型的输入，输入层神经元数为 6+6=12；由于输出的是剩余寿命，所以它是 1 维的。根据不同数据计算得到的神经网络参数不同，这里以 B4 轴承为例进行介绍。

1）网络层数

对经过 PSO 算法优化的双隐含层 BP 神经网络和单隐含层 BP 神经网络进行回归分析。两种网络的训练结果如表 8.1 所示。此外，单隐含层 BP 神经网络的运行时间为 3.06s；由于增加了参数寻优等环节，计算量较大，所以双隐含层 BP 神经网络的运行时间为 35.24s。可知双隐含层 BP 神经网络不仅没有提高预测精度，还延长了运行时间，增大了参数选取的难度，因此这里采用单隐含层 BP 神经网络。

表 8.1　两种网络的训练结果

项目	单隐含层	双隐含层
均方根误差	1.053	1.064
平均绝对百分误差	0.002544	0.002755
希尔不等系数	0.087906	0.106557
平均相对变动值	0.032634	0.047952

2）训练函数

在其他参数相同的情况下，采用不同训练函数进行训练的均方根误差如表 8.2 所示。由表 8.2 可知，trainlm 的均方根误差较小，因此将 trainlm 作为训练函数。

表 8.2　采用不同训练函数进行训练的均方根误差

训练函数	均方根误差	训练函数	均方根误差
traingd	0.57	traingdx	0.30
traingdm	0.91	trainrp	0.99
traingda	0.61	traincgf	0.18
traincgp	0.32	trainbfg	4.03
traincgb	0.17	trainoss	0.11
trainscg	0.59	trainlm	0.075

3）学习率

在其他参数相同的情况下，以 0.01 为步长，计算当学习率为 0～0.8 时的均方根误差。不同学习率下的训练误差如图 8.8 所示，当学习率为 0.39 时，均方根误差最小，因此将学习率设为 0.39。

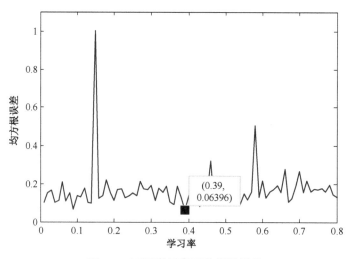

图 8.8　不同学习率下的训练误差

4）隐含层节点数

根据式（8.1）至式（8.4）计算隐含层节点数，将均方根误差、平均绝对百分误差、希尔不等系数和平均相对变动值作为衡量指标，得到各指标随隐含层节点数变化的情况如图 8.9 所示。由图 8.9 可知，均方根误差、希尔不等系数和平均相对变动值都在节点数为 8 时有最小值，而平均绝对百分误差在节点数为 30 时有最小值，在节点数为 8 时接近最小值，因此将隐含层节点数确定为 8。

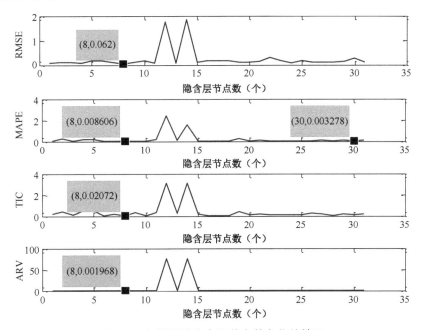

图 8.9　各指标随隐含层节点数变化的情况

综上所述，BP 神经网络的参数设置如表 8.3 所示。

表 8.3　BP 神经网络的参数设置

参数	参数值或函数类型
输入层节点数	12 个
隐含层节点数	8 个
输出层节点数	1 个
输出层函数	Purelin 函数
隐含层函数	Sigmoid 函数

续表

参数	参数值或函数类型
迭代次数	1000 次
学习率	0.39
目标值	$1×10^{-4}$
训练函数	trainlm 训练函数

8.2.3　案例分析

1. 基于轴承混合故障的剩余寿命预测

本章使用的轴承数据来自美国 NSFI/UCR 的智能维护系统中心。基于半监督协同训练算法对 B4 轴承进行剩余寿命预测，研究对象为垂向加速度振动信号，轴承信息如表 8.4 所示。

表 8.4　轴承信息

项目	第一组	第二组	第三组
轴承	B1 轴承、B2 轴承、 B3 轴承、B4 轴承	B5 轴承、B6 轴承、 B7 轴承、B8 轴承	B9 轴承、B10 轴承、 B11 轴承、B12 轴承
采样间隔	10min	10min	10min
描述	B3 内圈故障；B4 滚动体和 外圈故障（混合故障）	B5 外圈故障	B11 外圈故障

针对 B4 轴承，将数据中的 5 个样本作为一组，将每组样本中的 3/5 作为训练数据，1/5 作为验证数据（此处的验证数据用于衡量未标记数据是否有助于提高预测精度），其余 1/5 作为测试数据。将未出现故障的轴承的数据作为未标记数据，共 8 组。在实际运行过程中，不同轴承的寿命不同，因此需要先进行归一化。

在混合故障下，不同算法的剩余寿命预测结果如图 8.10 所示。实际 RUL 为实际剩余寿命，由于实验平台采集的轴承数据具有间断性，所以实际剩余寿命出现分段的情况；BP-RUL 是经过 PSO 算法优化的 BP 神经网络的预测结果；SVR-RUL 是 SVR 算法的预测结果，UL-RUL 是当未标记数据为 8 组时半监督协同训练算法的预测结果。由图 8.10 可知，3 种算法都能反映轴承的衰退特性，与旋转机械典型故障的发展过程（见图 8.6）相符。在正常运行阶段，曲线的斜率较小，在发生故障后，斜率迅速增大，剩余寿命明显变短。UL-RUL 明显优于 BP-RUL 和 SVR-RUL，且曲线较为平缓，尤其在故障后期，预测值与实际值十分接近。

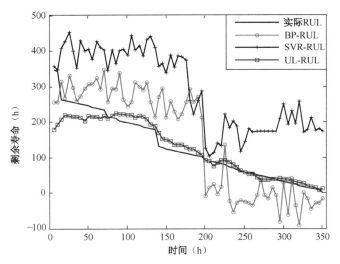

图 8.10　在混合故障下，不同算法的剩余寿命预测结果

为研究未标记数据量对剩余寿命预测精度的影响，利用数据量分别为 2、5、8 的未标记数据组进行剩余寿命预测，UL 表示未标记数据量。采用半监督协同训练算法时的剩余寿命预测结果如图 8.11 所示。由图 8.11 可知，随着未标记数据量的增加，剩余寿命预测结果更接近实际剩余寿命，且曲线更平缓。

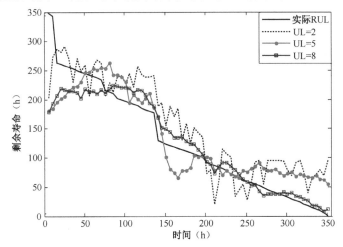

图 8.11　采用半监督协同训练算法时的剩余寿命预测结果

将均方根误差、平均绝对百分误差、希尔不等系数和平均相对变动值作为衡量指标，得到基于轴承混合故障的剩余寿命预测结果，如表 8.5 所示。由表 8.5 可知，在加入未标记数据后，半监督协同训练算法的误差远小于 PSO-BP 神经网络算法和 SVR 算法的误差。半监督协同训练算法可以提高剩余寿命预测精度，且随着未标记数据量的增加，预测精度有所提升。

表 8.5　基于轴承混合故障的剩余寿命预测结果

预测算法	均方根误差	平均绝对百分误差	希尔不等系数	平均相对变动值
PSO-BP 神经网络算法	88.01	0.32	0.48	0.96
SVR 算法	173.12	1.20	0.89	3.72
半监督协同训练算法（UL=2）	47.60	0.11	0.27	0.28
半监督协同训练算法（UL=5）	43.22	0.09	0.25	0.23
半监督协同训练算法（UL=8）	33.842	0.12	0.19	0.14

2. 基于轴承外圈故障的剩余寿命预测

在基于轴承混合故障的剩余寿命预测中，测试数据和训练数据来自同一轴承，但在实际应用中，测试数据和训练数据来自不同轴承，为验证半监督协同训练算法的泛化能力和可用性，这里将同一工况下的同型号轴承的数据作为训练数据和测试数据，对半监督协同训练算法的泛化能力进行详细分析。

以 B11 轴承外圈故障数据为例，将其中的 3/4 作为训练数据、1/4 作为验证数据，将 B5 轴承外圈故障数据作为测试数据，将其他未故障轴承的数据作为未标记数据，轴承数据分配情况如表 8.6 所示。采用 8.2.2 节中的 BP 神经网络参数设置方法，BP 神经网络的参数如表 8.7 所示。

表 8.6　轴承数据分配情况

第一组	网络中类型	第二组	网络中类型	第三组	网络中类型
B1	未标记数据	B5	测试数据	B9	未标记数据
B2	未标记数据	B6	未标记数据	B10	未标记数据
B3	—	B7	未标记数据	B11	训练数据和验证数据
B4	—	B8	未标记数据	B12	未标记数据

表 8.7　BP 神经网络的参数

参数	参数值或函数类型
输入层节点数	12 个
隐含层节点数	10 个
输出层节点数	1 个
输出层函数	Purelin 函数
隐含层函数	Sigmoid 函数
迭代次数	1000 次
学习率	0.18
目标值	1×10^{-4}
训练函数	trainlm 训练函数

在外圈故障下，不同算法的剩余寿命预测结果如图 8.12 所示，该结果与旋转机械典型故障的发展过程（见图 8.6）相符。由图 8.12 可知，半监督协同训练算法的剩余寿命预测结果优于 PSO-BP 神经网络算法和 SVR 算法。在未出现故障时，曲线较为平缓；在出现故障后，曲线斜率增大。

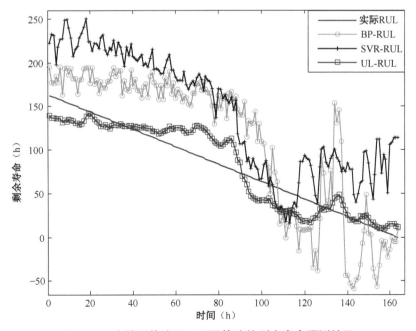

图 8.12　在外圈故障下，不同算法的剩余寿命预测结果

在未标记数据量分别为 2、5、8 时对 B5 轴承进行剩余寿命预测，在外圈故障下，采用半监督协同训练算法时的剩余寿命预测结果如图 8.13 所示。由图 8.13 可知，随着未标记数据量的增加，预测精度更高，曲线更平缓，与 B4 轴承的结果相似。

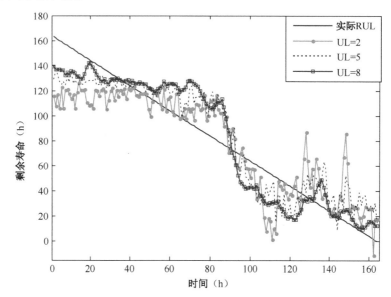

图 8.13　在外圈故障下，采用半监督协同训练算法时的剩余寿命预测结果

基于轴承外圈故障的剩余寿命预测结果如表 8.8 所示。由表 8.8 可知，在加入未标记数据后，半监督协同训练算法的误差远小于单独的 PSO-BP 神经网络算法和 SVR 算法的误差。此外，随着未标记数据量的增加，预测精度有所提升。

表 8.8　基于轴承外圈故障的剩余寿命预测结果

预测算法	均方根误差	平均绝对百分误差	希尔不等系数	平均相对变动值
PSO-BP 神经网络算法	54.202	0.2326	0.517	1.308
SVR 算法	69.947	0.3806	0.656	2.179
半监督协同训练算法（UL=2）	22.985	0.0574	0.227	0.235
半监督协同训练算法（UL=5）	19.434	0.0172	0.192	0.168
半监督协同训练算法（UL=8）	17.839	0.0175	0.175	0.147

根据旋转机械运行机理,对剩余寿命的预测主要针对轴承发生故障后的情况，因此将图 8.12 中轴承发生故障后的剩余寿命预测结果放大，得到发生故障后的剩余寿命预测结果，如图 8.14 所示，后期的预测结果与实际剩余寿命相近，此时的预测结果较为准确。

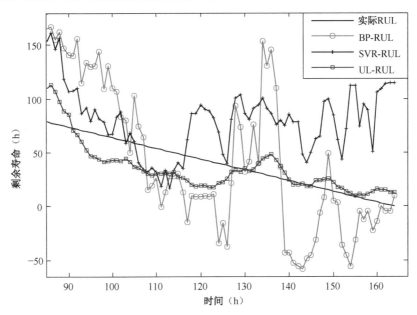

图 8.14　发生故障后的剩余寿命预测结果

将图 8.13 中轴承发生故障后的剩余寿命预测结果放大，得到发生故障后在不同未标记数据量下的剩余寿命预测结果，如图 8.15 所示，当时间为 80～130h 时，3 条预测曲线的变化趋势相同；当时间为 130～160h 时，UL=8 时的预测曲线更接近实际值。

基于轴承外圈故障的故障后剩余寿命预测结果如表 8.9 所示，在加入未标记数据后，各衡量指标的值减小，说明预测精度有所提升。表 8.9 中的所有衡量指标都在未标记数据量为 8 时达到最小值。

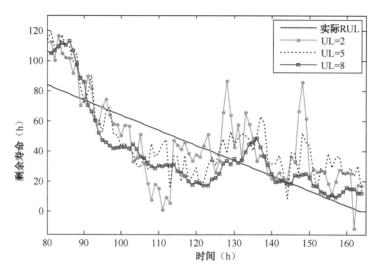

图 8.15　发生故障后在不同未标记数据量下的剩余寿命预测结果

表 8.9　基于轴承外圈故障的故障后剩余寿命预测结果

预测算法	均方根误差	平均绝对百分误差	希尔不等系数	平均相对变动值
PSO-BP 神经网络算法	37.148	0.201	1.025	5.300
SVR 算法	38.285	0.318	1.048	5.625
半监督协同训练算法（UL=2）	15.749	0.094	0.455	0.952
半监督协同训练算法（UL=5）	13.898	0.024	0.403	0.741
半监督协同训练算法（UL=8）	11.798	0.022	0.345	0.534

　　综上所述，半监督协同训练算法可以提高预测精度，还具有较高的泛化能力，可用性强。此外，半监督协同训练算法不仅适用于进行轴承剩余寿命预测，不适用于对齿轮等机械结构的剩余寿命进行预测。

8.3　基于 LSTM 网络的剩余寿命预测方法

8.3.1　基于 LSTM 网络的剩余寿命预测框架

1. 剩余寿命百分比预测模型

因为 LSTM 网络在处理序列数据方面具有一定的优势，所以研究人员尝试用 LSTM 网络解决轴承剩余寿命预测中的特征提取问题及难以用公式表示复杂失效机理的问题。基于 LSTM 网络的深度学习方法可以深入挖掘输入数据的特征，减小人工处理的工作量，适用于对存在噪声的轴承振动信号进行处理，并实现预测的智能化、精确化。在建立预测模型的过程中，选择同一故障模式下的轴承振动信号，在时域对其进行特征提取，选择合适的轴承劣化指标，按照时间顺序对其进行排列并作为模型的输入，经过 LSTM 网络的深度特征挖掘和全连接层映射，与剩余寿命的输出标签对应。这里不直接用时间表示剩余寿命，而是用百分比的形式表示，即

$$y_{t}=\left(1-\frac{t}{T}\right)\times100\% \tag{8.18}$$

式中，t 为当前观测时刻，T 为轴承的剩余寿命，$0\leqslant y_{t}\leqslant1$。

当轴承开始工作时，y_{t} 为 100%，随着时间的推移，y_{t} 逐渐减小。当失效时，y_{t} 为 0%。基于 LSTM 网络的轴承剩余寿命预测框架如图 8.16 所示。

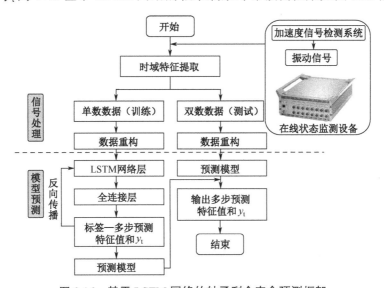

图 8.16　基于 LSTM 网络的轴承剩余寿命预测框架

2．劣化特征值三步预测模型

轴承的劣化特征值可以直接表征不同时刻的状态，劣化特征值越大，表示轴承的故障越明显、劣化程度越高。

对劣化特征值进行短时间内的单步预测不足以为维修决策提供依据，需

要根据其变化规律进行多步预测,以体现劣化趋势。同时,由于存在采样间隔、传输时延等,在实际工作中不能做到实时的连续预测,因此需要在采集时刻完成多步预测,即在单步预测的基础上完成多步预测,预测失效时刻并设计相应的维修策略。轴承劣化特征值三步预测的 LSTM 网络如图 8.17 所示,根据轴承劣化数据的相关性,可将前一步的输出作为实际劣化数据,根据该值判断轴承是否因达到失效阈值而失效。在训练时采用真实值,以得到较优的训练模型;在测试时则利用前一步的预测值进行多步预测。

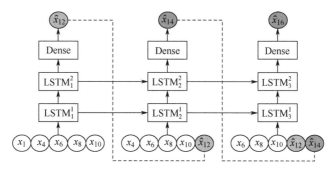

图 8.17　轴承劣化特征值三步预测的 LSTM 网络

3. 衡量指标

将均方根误差 RMSE、判定系数 R^2、平均绝对误差 MAE 作为衡量指标。以均方根误差为主,以其他指标为辅。

RMSE 可以衡量预测值与实际值之间的误差,十分直观,因此将均方根误差作为主要衡量指标。均方根误差为

$$RMSE = \sqrt{\frac{\sum_{i=1}^{n} \hat{y}_i - y_i}{n}} \tag{8.19}$$

判定系数 R^2 可以表示预测结果的拟合程度,而非预测的准确度,其值为[0,1],值越大表示拟合得越好。但要注意,不能只追求拟合程度,以免造成模型过拟合。判定系数 R^2 为

$$R^2 = 1 - \frac{(\sum_{i=1}^{n} \hat{y}_i - y_i)^2}{(\sum_{i=1}^{n} \hat{y}_i - \overline{y}_i)^2} \tag{8.20}$$

平均绝对误差 MAE 的值为[0,+∞),MAE=0 表示完美模型,MAE>1 表

示劣质模型。因为最终会失效，所以最后一个数据的实际值为 0，因此在计算时排除最后一个数据。平均绝对误差 MAE 为

$$\mathrm{MAE} = \frac{1}{n} \sum_{i=1}^{n} \left| \frac{\hat{y}_i - y_i}{y_i} \right| \tag{8.21}$$

8.3.2 LSTM 网络参数设定

1. LSTM 网络层数

在进行轴承剩余寿命预测时，需要实时采集数据，并对其进行重构。单层多输入—单输出 LSTM 网络结构如图 8.18 所示。

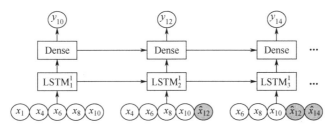

图 8.18 单层多输入—单输出 LSTM 网络结构

单层 LSTM 网络可以进行数据挖掘与特征提取，实现数据的存储和舍弃。堆叠式 LSTM 网络可以对隐含层进行叠加，在加深网络的基础上，提高训练效率和预测精度。堆叠式 LSTM 网络的结构如图 8.19 所示，其优势在于，第一层网络对输入数据进行特征提取，提供的是序列输出。对于第二层网络来说，它训练的是经过抽象的数据特征，隐含层的叠加使得网络更深，可以使用更少的节点并提高训练速度。

对于输入数据含有大量特征的情况，为准确提取数据特征，可以通过 LSTM 网络隐含层的计算，从下到上逐渐减少节点，因此可以通过增加隐含层来优化训练过程。

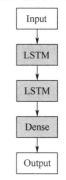

图 8.19 堆叠式 LSTM 网络的结构

2. LSTM 网络参数的选择

1）激活函数

常用的激活函数有 Sigmoid、tanh、ReLU，以及 Leaky ReLU、Maxout、ELU 等，不同的激活函数有不同的数学模型。Sigmoid 函数易于求导，但是饱和性较强，容易出现梯度消散、耗时长的问题，以及零均值化问题；tanh 函数可以解决零均值化问题；ReLU 函数仅在自变量为正时是线性函数，解决了梯度消散问题，并提高了计算速度和收敛速度，因此这里将 Dense 层的激活函数设为 ReLU。

2）批量大小 batch_size 与迭代次数 epoch

批量大小 batch_size 指模型经历一次前向传播或反向传播的数据量，epoch 即所经历的完整的前向传播和反向传播次数。所设置的 batch_size 应能整除总数据量，否则会报错。总数据量 data_size、批量大小 batch_size、迭代次数 epoch 之间的关系为

$$n \times \text{data\_size} = \text{batch\_size} \times \text{epoch} \tag{8.22}$$

在相同的条件下，随着迭代次数的增加，网络的损失值（loss）会减小，表明训练结果更接近实际值。当损失值较大时，可以通过增加迭代次数使网络更精确，但同时要防止过拟合导致网络的泛化能力下降。在出现过拟合时，可以采用 early stop、数据增强、dropout 等策略。

3）中间隐向量长度

在 LSTM 中，中间隐向量长度决定了每层网络的输出特征维度。通过设置每层 LSTM 的中间隐向量长度（记为 layer_i），针对多维输入特征，可以逐渐减小隐向量长度，以实现特征提取。这个长度的变化直接影响 LSTM 层的参数，每层网络的神经元数量为

$$\text{Neurons}_i = 4(\text{layer}_i + \text{layer}_{i-1}) + \text{layer}_{i-1} \tag{8.23}$$

4）优化器

常见的优化器有 BGD、SGD、MBGD、RMSprop、Adagrad、Adadelta、Adam。其中，BGD、SGD、MBGD 以梯度下降法为基础，可以根据训练量计算目标函数的梯度，但是存在一定的缺点，如对于非凸函数，可能会陷在

局部最小值或鞍点处。为避免出现该问题，有学者提出了动量项（Momentum）和 NAG（Nesterov Accelerated Gradient）算法。除此之外，SGD 在更新时对所有参数应用同样的学习率，这就造成了在数据稀疏时不能对特征少的参数进行较大的更新。为避免出现该问题，有学者提出了自适应学习率算法，如 Adam、Adagrad，以及在 Adagrad 的基础上改进的 Adadelta、RMSprop。

对于复杂的网络来说，需要能较快地收敛，自适应学习率算法的收敛性较好，且适用于处理稀疏数据，RMSprop 和 Adam 是较好的选择，下面对其进行介绍。

（1）RMSprop。

RMSprop 将 Adagrad 中通过梯度积累求算数平均值的方式改为通过指数加权求移动平均值的方式，使得其在非凸设定的情况下有较好的优化效果，避免了学习率低的问题，而且能自适应调整学习率。RMSprop 算法的一般策略可以表示为

$$\begin{cases} E[g_t^2] = \alpha E[g_{t-1}^2] + (1-\alpha)g_t^2 \\ W_{t+1} = W_t - \dfrac{\eta_0}{\sqrt{E[g_t^2] + \varepsilon}} \odot g_t \end{cases} \tag{8.24}$$

式中，g_t 表示 t 时刻的梯度；W_t 表示 t 时刻的权重。在一般情况下，$\alpha = 0.9$；初始学习率 $\eta_0 = 0.001$。

（2）Adam。

Adam 在 RMSprop 的基础上加了偏差修正项和动量项，以解决 RMSprop 在训练初期有较大偏置量的问题。Adam 对初始化的一阶矩（动量项）和（非中心的）二阶矩进行修正，使得模型对超参数的选择具有较强的鲁棒性。

$$\begin{cases} m_t = \beta_1 m_{t-1} + (1-\beta_1)g_t \\ v_t = \beta_2 v_{t-1} + (1-\beta_2)g_t^2 \\ \hat{m}_t = \dfrac{m_t}{1-\beta_1^t} \\ \hat{v}_t = \dfrac{v_t}{1-\beta_2^t} \\ W_{t+1} = W_t - \dfrac{\eta_0}{\sqrt{\hat{v}_t} + \lambda} \hat{m}_t \end{cases} \tag{8.25}$$

式中，m_t 表示 t 时刻的一阶动量；g_t 表示 t 时刻的梯度；v_t 表示 t 时刻的二

阶动量；W_t 表示 t 时刻的权重。在一般情况下，一阶矩 β_1=0.9；二阶矩 β_2 =0.999；系数 λ=10^{-8}。

5）需要输入的历史特征值数量

轴承的劣化有一定的延续性，因此不仅可以根据当前特征值推断未来的轴承状态，还可以根据历史特征值推断下一时刻的特征值。但是剩余寿命与历史特征值的关系难以确定，只能通过使预测误差最小来得出需要输入的历史特征值数量。

8.3.3 案例分析

1. 实验设计

采用西安交通大学数据库中的轴承全生命周期数据进行实验[13]，主要针对外圈故障。轴承共有 N 组监测数据，取其中的 n 组重构成 $n-m+1$ 组训练数据，训练数据集为

$$X_{\text{train}} = \begin{bmatrix} x_1^1...x_m^1 & x_1^2...x_m^2 & \cdots & x_1^l...x_m^l \\ x_2^1...x_{m+1}^1 & x_2^2...x_{m+1}^2 & \cdots & x_2^l...x_{m+1}^l \\ \vdots & \vdots & & \vdots \\ x_{n-m+1}^1...x_n^1 & x_{n-m+1}^2...x_n^2 & \cdots & x_{n-m+1}^l...x_n^l \end{bmatrix}, \quad Y_{\text{train}} = \begin{bmatrix} t_m \\ t_{m+1} \\ \vdots \\ t_n \end{bmatrix} \quad (8.26)$$

将剩余的 $N-n$ 组数据重构为 $N-n-M$ 组数据，表示为

$$X_{\text{test}} = \begin{bmatrix} x_{n+1}^1...x_{n+m}^1 & x_{n+1}^2...x_{n+m}^2 & \cdots & x_{n+1}^l...x_{n+m}^l \\ x_{n+2}^1...x_{n+m+1}^1 & x_{n+2}^2...x_{n+m+1}^2 & \cdots & x_{n+2}^l...x_{n+m+1}^l \\ \vdots & \vdots & & \vdots \\ x_{N-m+1}^1...x_N^1 & x_{N-m+1}^2...x_N^2 & \cdots & x_{N-m+1}^l...x_N^l \end{bmatrix}, \quad Y_{\text{train}} = \begin{bmatrix} t_{n+m} \\ t_{n+m+1} \\ \vdots \\ t_N \end{bmatrix} \quad (8.27)$$

1）实验目的

LSTM 网络除了可以实现对长序信息的选择性记忆，还可以解决梯度消失和梯度爆炸问题。为验证单特征量下的数据输入，我们使用两层 LSTM 评估其对劣化特征数据的挖掘和记忆能力。增加适当数量的历史值，能够正向

影响预测结果。同时，研究网络参数对预测结果的影响，使用实验数据进行 LSTM 网络有效性测试，通过计算误差和拟合程度来评估模型预测的准确性。

2）确定嵌入维数 m

信息熵又称功率谱熵，对轴承振动信号进行离散傅里叶变换，并计算其功率谱，$p(x_j)$ 表示第 j 个单位频带的功率在功率谱中所占的百分比，针对每个采样点，可以计算一个信息熵。

信息熵表示数据的混乱程度，不同维度下的信息熵均值可以体现不同维度下数据的混乱程度。当信息熵均值较小时，嵌入维数能够较清晰地表示数据之间的非线性映射关系。

对轴承振动信号进行傅里叶变换，得到 l 个单位频带的功率 $SE = \sum_{j=1}^{l} p(x_j) \log_2 p(x_j)$，$N$ 组数据的信息熵均值为

$$\overline{SE}_m = -\frac{1}{N} \sum_{l=1}^{N} \sum_{j=1}^{l} p(x_j) \log_2 p(x_j), \quad j = 1, 2, \cdots, l \qquad (8.28)$$

式中，$\overline{SE}_m$ 表示嵌入维数为 m 时的信息熵均值。不同嵌入维数下的信息熵均值如图 8.20 所示。

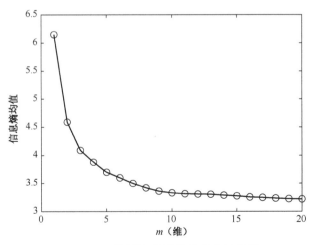

图 8.20　不同嵌入维数下的信息熵均值

为了保障计算精度并减小计算量，需要确定嵌入维数 m。由图 8.20 可知，随着嵌入维数 m 的增大，$\overline{SE}_m$ 先迅速减小，然后趋于稳定。如果嵌入维数 m 过小，则难以体现特征值与轴承剩余寿命之间的关系；如果嵌入维数过大，则计算量以指数规律增长。因此，应在综合考虑信息熵均值 $\overline{SE}_m$ 的大小和计算量的情况下确定相关向量机的嵌入维数 m。

在图 8.20 中，当 $m>5$ 时，曲线的斜率小于 1，此时增大 m 在降低数据混乱程度方面的作用较小，且会延长训练时间。因此，这里令 $m=5$。

3）实验内容

以西安交通大学数据库中的 Bearing1-3 外圈故障为例进行实验，具体实验内容如下：为了确定轴承剩余寿命的主要影响因素，使用 RMS 特征值的历史数据。这些历史数据不仅包含有关轴承剩余寿命的信息，而且对其影响较大。将轴承 RMS 特征值的历史数据按时间顺序排列，形成输入数据集。同时，将输入数据与轴承剩余寿命百分比标记对应，输出矩阵的维度 $s=1$。通过计算轴承平均信息熵，我们确定 $m=5$ 为最优值。在本实验中，我们可以通过遍历来验证 m 对预测结果的影响。

进行轴承劣化特征值三步预测实验，根据图 8.17 中的 LSTM 网络重构数据。训练数据为

$$\boldsymbol{X}_{\text{train}} = \begin{bmatrix} x_1...x_m & x_2...x_{m+1} & x_3...x_{m+2} \\ x_2...x_{m+1} & x_3...x_{m+2} & x_4...x_{m+3} \\ \vdots & \vdots & \vdots \\ x_{n-m-2}...x_{n-3} & x_{n-m-1}...x_{n-2} & x_{n-m}...x_{n-1} \end{bmatrix}$$

$$\boldsymbol{Y}_{\text{train}} = \begin{bmatrix} x_{m+1} & x_{m+2} & x_{m+3} \\ x_{m+2} & x_{m+3} & x_{m+4} \\ \vdots & \vdots & \vdots \\ x_{n-2} & x_{n-1} & x_n \end{bmatrix} \tag{8.29}$$

对于测试数据，将第一步的预测值 $\hat{x}_{m+1}$ 加入第二步的预测输入中，以此类推，表示为

$$\boldsymbol{X}_{\text{test}} = \begin{bmatrix} x_1...x_m & x_2...\hat{x}_{m+1} & x_3...\hat{x}_{m+2} \\ x_2...x_{m+1} & x_3...\hat{x}_{m+2} & x_4...\hat{x}_{m+3} \\ \vdots & \vdots & \vdots \\ x_{n-m-2}...x_{n-3} & x_{n-m-1}...\hat{x}_{n-2} & x_{n-m}...\hat{x}_{n-1} \end{bmatrix}$$

$$
\boldsymbol{Y}_{\text{test}} = \begin{bmatrix} \hat{x}_{m+1} & \hat{x}_{m+2} & \hat{x}_{m+3} \\ \hat{x}_{m+2} & \hat{x}_{m+3} & \hat{x}_{m+4} \\ \vdots & \vdots & \vdots \\ \hat{x}_{n-2} & \hat{x}_{n-1} & \hat{x}_{n} \end{bmatrix}
\tag{8.30}
$$

2. LSTM 网络参数对预测结果的影响

1）批量大小 batch_size 与迭代次数 epoch

batch_size 和 epoch 共同决定了训练的循环次数，循环次数过少，会导致损失值不能完全收敛；循环次数过多，会导致过拟合。因为网络的输入为历史特征值，所以令 batch_size 为 1，epoch 为总数据量 N 的整数倍。

以 Bearing1-3 为例，在其他参数相同的情况下，不同 epoch 下的预测误差如表 8.9 所示。由表 8.9 可知，当 epoch=292、epoch=365 和 epoch=949 时，RMSE 相同，均为最小值；当 epoch=292 时，R^2 和 MAE 较好。因此认为该情况下的预测效果最佳，此时数据共循环四次。

表 8.9　不同 epoch 下的预测误差

epoch	全生命周期预测			后 50%生命周期预测		
	RMSE	R^2	MAE	RMSE	R^2	MAE
219	0.0692	0.9369	0.1299	0.0198	0.9806	0.1565
292	0.0622	0.9365	0.1302	0.0193	0.9796	0.1603
365	0.0622	0.9336	0.1964	0.0374	0.9136	0.3000
949	0.0662	0.9395	0.1889	0.03514	0.9070	0.2863

不同 epoch 下的剩余寿命百分比 y_t 和损失值如图 8.21 所示。由图 8.21 可知，当 epoch=219 时，train loss 还有下降的趋势，当 epoch 增加到 292 时，随着循环次数的增加，预测值更接近真实值。但是，当 epoch=365 时，val loss 在临近结束时有增加的趋势，这在 epoch=949 时体现得非常明显，当 epoch 超过一定的值时，出现过拟合现象。val loss 不断增大，对轴承临近失效时的状态失去预测性，这正是因为前期过于贴近真实值，从而失去了预测机能。

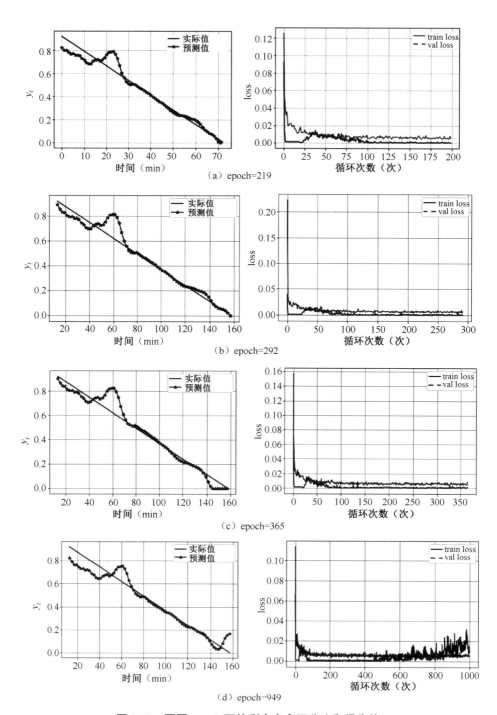

（a）epoch=219

（b）epoch=292

（c）epoch=365

（d）epoch=949

图 8.21　不同 epoch 下的剩余寿命百分比和损失值

2）中间隐向量长度

当输入的历史特征值数量为 5 时，输入层的长度为 5，时间步长为 73。分别将第二层的中间隐向量长度变为 50、100，在其他参数相同情况下，不同中间隐向量长度下的预测误差如表 8.10 所示。由 8.10 所知，当中间隐向量长度为 5-50-10-1 时的 RMSE 较小，且 R^2 和 MAE 的值较好。

不同中间隐向量长度下的剩余寿命百分比和损失值如图 8.22 所示。由图 8.22 可知，中间隐含层过少，则损失值收敛得较慢，不能很好地学习特征；中间隐含层过多，则对特征的表示不准确。因此，将中间隐向量长度设为 5-50-10-1。

表 8.10　不同中间隐向量长度下的预测误差

中间隐向量长度	全生命周期预测			后 50%生命周期预测		
	RMSE	R^2	MAE	RMSE	R^2	MAE
5-100-50-1	0.0675	0.9288	0.1341	0.0212	0.9734	0.1667
5-50-10-1	0.0622	0.9365	0.1302	0.0193	0.9796	0.1603
5-5-1-1	0.0666	0.9159	0.2523	0.0466	0.8560	0.4099

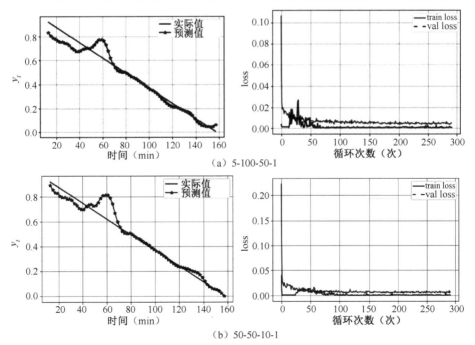

（a）5-100-50-1

（b）50-50-10-1

图 8.22　不同中间隐向量长度下的剩余寿命百分比和损失值

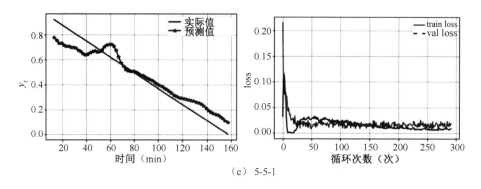

（c）5-5-1

图 8.22　不同中间隐向量长度下的剩余寿命百分比和损失值（续）

3）优化器

Adam 和 RMSprop 的剩余寿命百分比和损失值如图 8.23 所示，由图 8.23 可知，在使用 Adam 时，损失值会收敛到 0.5 左右，这是因为该优化器会优化至局部最优点（非全局最优点）并反复振荡；而在使用 RMSprop 时，损失值可以收敛且效果较好。

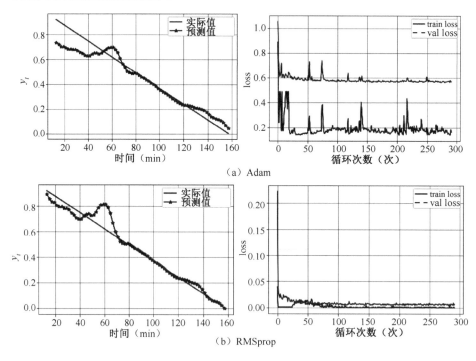

图 8.23　Adam 和 RMSprop 的剩余寿命百分比和损失值

4）历史特征值数量 M

在其他参数相同的情况下，不同历史特征值数量下的预测误差如表 8.11 所示。由表 8.11 可知，当 $M=5$ 时，综合效果较好。当 $M=4$ 变为 $M=5$ 时，历史特征值数量增加，输入信息更丰富，可以提高预测精度；但是当历史特征值数量达到一定的值时，继续增加不仅不能提高预测精度，还会导致数据冗余和增大数据处理负担。

表 8.11　不同历史特征值数量下的预测误差

历史特征值数量	全生命周期预测			后 50%生命周期预测		
	RMSE	R^2	MAE	RMSE	R^2	MAE
4	0.0759	0.8806	0.2335	0.0528	0.8353	0.3681
5	**0.0622**	0.9365	0.1302	**0.0193**	0.9796	0.1603
6	0.0759	0.86324	0.3413	0.0603	0.7338	0.5905
7	0.0755	0.8589	0.2825	0.0480	0.8076	0.4564

不同历史特征值数量下的剩余寿命百分比和损失值如图 8.24 所示。由图 8.24 可知，当 M 超过一定的值时，会出现过拟合现象，val loss 不断增大，对于轴承临近失效时的状态失去预测性，预测结果偏离实际结果的程度更高。因此选择合适的历史特征值数（$M = 5$）作为网络的最优化算法。这一结论与实验设计中利用平均信息熵的方法确定的最佳嵌入维数一致，更加肯定了 $M = 5$ 这一最优值。

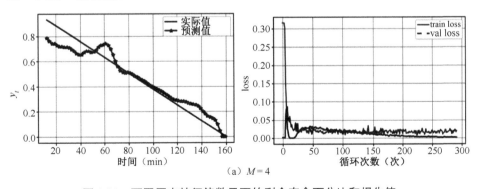

（a）$M = 4$

图 8.24　不同历史特征值数量下的剩余寿命百分比和损失值

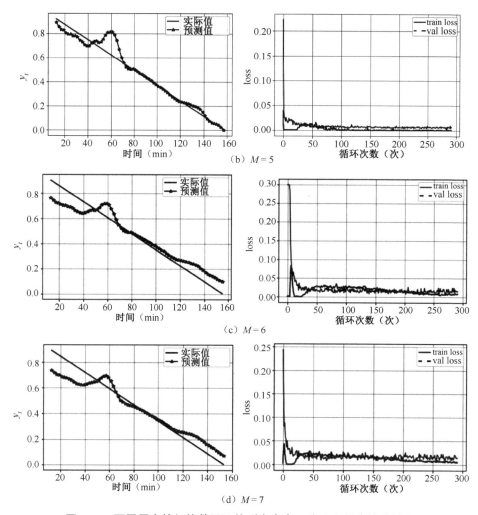

图 8.24　不同历史特征值数量下的剩余寿命百分比和损失值（续）

3. 预测结果与分析

1）参数的确定

通过实验，将参数确定为：批量大小 batch_size=1、迭代次数 epoch=29、中间隐向量长度为 5-50-10-1、历史特征值数量 $M = 5$，所使用的优化器为 RMSprop。

2）轴承劣化特征值三步预测结果

以 Bearing1-3 为例进行多步预测，多步预测结果如图 8.25 所示。如图 8.25 可知，三步预测结果比较接近真实值，预测的准确度较高。而在单步预测结果中，随着步数的增加，预测值逐渐偏离真实值，同时对于后期的突然劣化预测能力不足，导致突变阶段的预测结果较差。

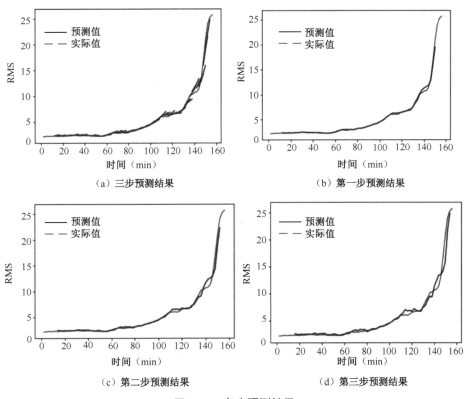

图 8.25　多步预测结果

需要指出的是，在进行多步预测时，由于第二步及以上的预测需要基于上一步的预测值，所以会导致误差累加，导致多步预测的误差偏大。只有每一步都实现精准预测，才能提高多步预测结果的可用性。

3）轴承剩余寿命预测模型比较

将 LSTM 网络模型与传统的指数模型[14]、RVM 模型[15]等机器学习模型

进行比较，如表 8.13 所示。其中，指数模型在劣化速度快的情况下表现较好，对劣化过程复杂的外圈故障等的预测能力有限，误差较大。RVM 模型和 LSTM 网络模型通过挖掘劣化特征值解决了该问题。

表 8.13　LSTM 网络模型与传统的指数模型、RVM 模型等机器学习模型的比较

模型	优点	缺点
指数模型	● 劣化过程用函数表示； ● 对内圈故障的预测精度高； ● 可输出剩余寿命的预测均值和置信区间，为做出决策提供信息	● 对外圈故障、滚动体故障、混合故障的预测能力有限； ● 只能进行阶段性预测，且对初始参数的要求较高； ● 属于线性拟合回归，误差较大
RVM 模型	● 可增加输入、输出的维度，根据问题变换模型，应用性强； ● 在劣化前期，可以提高预测精度； ● 可输出剩余寿命的预测均值和置信区间，为做出决策提供信息	● 拟合过程具有不可解释性； ● 数据挖掘能力不足，需要增加特征值数量和输入有效劣化特征信息； ● 在特征值的长期预测中会累积误差，效果差
LSTM 网络模型	● 对数据特征的学习能力强，减少了对输入数据集的处理成本； ● 在输入数据下，能够基于全生命周期进行特征学习，对数据的拟合程度较高； ● 可实现对轴承劣化特征值的多步预测	● 拟合过程具有不可解释性，对网络参数敏感； ● 对于轴承来说，数据集过小

8.4　本章小结

　　本章主要研究基于机器学习的剩余寿命预测方法，基于半监督原理介绍半监督协同训练算法，简单分析 BP 神经网络结构与参数选取依据，以及 LSTM 网络结构；分别基于故障诊断和 LSTM 网络进行剩余寿命预测，并结合实际轴承全生命周期数据进行案例分析，验证所提方法的预测效果。

参考文献

[1]　裴洪, 胡昌华, 司小胜, 等. 基于机器学习的设备剩余寿命预测方法综述[J]. 机械工程学报, 2019, 55(8):1-13.

[2]　Qin S R, Zhong Y M. A New Algorithm of Hilbert-Huang Transform[J]. Mechanical Systems and Signal Processing, 2006, 20(8):1941-1952.

[3]　田雨波. 混合神经网络技术[M]. 北京：科学出版社, 2009.

[4]　杨淑莹. 模式识别与智能计算——MATLAB 技术实现[M]. 2 版. 北京：电子工业出版社, 2011:142-143.

[5]　沈花玉. BP 神经网络隐含层单元数确定[J]. 天津理工大学学报, 2008, 24(5):13-15.

[6]　丁红. 基于 LM 算法的双隐含层 BP 神经网络的水位预测[J]. 统计与决策, 2014, 15:6-19.

[7]　张立明. 人工神经网络的模型及其应用[M]. 上海：复旦大学出版社, 1993:43-47.

[8]　Shi Y, Eberhart R C. Parameter Selection in Particle Swarm Optimization[C]. Proceedings of Evolutionary Programming. New York: Springer-Verlag, 1998:591-600.

[9]　Chapelle O, Vapnik V. Choosing Multiple Parameters for Support Vector Machines[J]. Machine Learning, 2002, 46(1):131-159.

[10]　曾绍华. 支持向量回归机算法理论研究与应用[D]. 重庆：重庆大学, 2006.

[11]　Sikorska Z. Prognostic Modelling Options for Remaining Useful Life Estimation by Industry[J]. Mechanical Systems and Signal Processing, 2011, 25(5):1803-1836.

[12]　陈果. 神经网络模型的预测精度影响因素分析及其优化[J]. 模式识别与人工智能, 2005, 18(5):528-534.

[13] 雷亚国, 韩天宇, 王彪, 等. XJTU-SY 滚动轴承加速寿命试验数据集解读[J]. 机械工程学报, 2019, 55(16):1-6.

[14] Gebraeel N Z, Lawley M A, Li R, et al. Residual-Life Distributions from Component Degradation Signals: A Bayesian Approach[J]. IEEE Transactions, 2005, 37(6):543-557.

[15] 李少鹏. 结合 CNN 和 LSTM 的滚动轴承剩余使用寿命预测方法研究[D]. 哈尔滨：哈尔滨理工大学, 2019.

第9章

基于分布拟合的备品备件需求预测

一些备品备件的消耗量大；一些备品备件的消耗量小，但重要性或单价较高。为了准确预测备品备件的需求量，需要根据出入库记录中的维修类型、失效位置等信息对备品备件进行分析。制动闸片是地铁车辆的关键部件，且需求量较大。本章介绍基于分布拟合的需求预测模型，然后，以制动闸片为研究对象，提出一种基于分布拟合的需求预测方法，通过分析各维修类型的需求量分布对制动闸片的需求量分布进行预测。

9.1 基于分布拟合的需求预测模型

可以利用概率分布描述数据特征，该方法具有计算简单、易于解释等优点。假设备件在各周期的需求量都服从某个分布且相互独立，则可以根据历史需求数据估计概率分布的参数，并以此为依据进行预测。对于备件来说，历史需求量的记录往往较少，且采购提前期 L 较长，可以考虑对备件的历史需求量进行以 q（$q<L$）为频率的重采样，然后进行预测。例如，备件有 3 年的历史需求量记录，该记录精确到日，采购提前期为 1 年，如果根据每日的需求量预测未来一年的需求量，显然是不合理的，这会导致预测区间非常大；如果根据每年的需求量预测未来一年的需求量，虽然合理，但是难以估计每年的需求量分布情况。因此，可以按季度或月对原始数据进行重采样，然后进行预测。

为了充分利用已知信息，可以先对数据进行分析，找出与备件消耗量相关性较强的因素，然后根据该因素对数据进行分类，对每类数据分别进行拟合，得到每类数据的需求量分布。

概率分布拟合指将变量的一系列测量值与概率分布进行拟合。先绘制直方图，再根据直方图的形状选择合适的分布函数，并进行拟合。用拟合优度衡量分布的拟合效果，根据拟合的分布函数，可以计算出每期需求量的概率分布。由于数据的分布往往未知，所以可以用多种分布对数据进行拟合，这里将残差平方和（Residual Sum of Squares，RSS）作为拟合优度，残差平方和越小，则拟合效果越好。残差平方和为

$$\text{RSS} = \sum_{i=1}^{n}(y_i - \hat{y}_i)^2 \tag{9.1}$$

式中，y_i 为第 i 个真实值；$\hat{y}_i$ 为第 i 个预测值。

不同备件的需求特征差别很大，很难用一种分布描述所有备件的需求分布[1-2]。为了尽可能准确地拟合，将尽量多的需求数据分组，用多种分布对历史数据进行拟合，尝试用残差平方和最小的分布来描述。另外，需要检验数据是否服从该分布。KS 检验（Kolmogorov-Smirnov Test）[3-4]是一种非参数分布检验方法，可以检验一组数据是否符合理论分布，虽然其灵敏度低于 t 检验方法，但是适用于样本量较小的情况，这在地铁企业备品备件需求预测中比较常见。

假设在对数据进行分析后将需求数据分为 n 类。用多种分布对前 $n-1$ 类需求数据进行拟合，根据拟合优度选择拟合效果最好的分布来表示前 $n-1$ 类需求数据，并检验在95%的可能性下是否能接受该分布。设 y 为需求量，将通过 KS 检验的 $n-1$ 个最优分布记为 $f_1(y), f_2(y), \cdots, f_{n-1}(y)$。

为便于计算，假设前 $n-1$ 类需求数据相互独立，将它们相加便可得到在不考虑相关性的情况下的前 $n-1$ 类需求数据之和。由于大多数分布的加法运算非常复杂（除了正态分布等），所以采用数值模拟的方法对需求量进行预测。用已经得到的需求量分布随机生成 n 个需求量，并将它们相加，得到需求量的模拟值。重复 N 次，对得到的 N 个数据进行分布拟合和 KS 检验，得到总的需求量分布，记为 $f_{12\cdots}(y)$。将 $f_{12\cdots}(y)$ 的平均值作为需求量预测值，同时可以得到指定服务水平的预测区间。

$f_{12\ldots}(y)$ 的计算没有考虑维修类型之间的相关性，这显然是不合理的。在实际生产过程中，各维修类型必然会相互影响。为了兼顾 n 类需求数据之间的相关性和预测的准确性，假设在考虑相关性后 $f_{12\ldots}(y)$ 不变，$f_n(y)$ 变为 $f_n'(y)$，其期望为 μ，则第 i 季度制动闸片需求量的期望为 $A = E\left[f_{12\ldots}(y)\right] + \mu d_i$，其中，$d_i$ 为第 i 季度制动系统大修的次数。通过使预测值和真实值的 RMSE 最小来计算 μ，即

$$\mu = \mathrm{argmin}\left[\frac{1}{n}\sum_{i=1}^{n}(y_i - A)^2\right] \tag{9.2}$$

对于不同服务水平对应的 $f_n(y)$ 的分位数，可以先对制动系统大修时的制动闸片需求量进行排序，然后计算分位数。

记前 $n-1$ 类需求数据服从分布 $l_{12\ldots}(y)$。与 $f_{12\ldots}(y)$ 的计算方法相似，由 $f_{12\ldots}(y)$ 随机生成数据并进行分布拟合和 KS 检验，可以得到 $l_{12\ldots}(y)$ 的表达式。在各维修类型的需求量分布已知的情况下，可以对 2022 年的制动闸片需求量进行预测。

基于分布拟合的需求预测方法如图 9.1 所示。

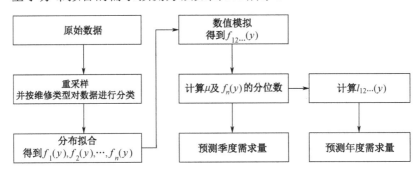

图 9.1　基于分布拟合的需求预测方法

9.2　案例分析

9.2.1　数据分析

制动系统是轨道列车的重要组成部分,轨道列车的制动系统一般采用再

生制动和空气制动配合的方式。在制动时，先采用再生制动，通过改变电机中的电流相序来实现转向，把电动机用作发电机，把动能转换为电能，其通过整流电路后回馈接触网，以达到制动调速的目的；当速度降到 30km/h 左右时采用空气制动，通过制动盘和制动闸片的摩擦产生对轮对的阻力矩，直到列车停止运行。空气制动会对制动闸片产生一定的损耗，长时间或频繁地进行空气制动可能导致闸片温度过高、闸片磨耗增大。磨耗不仅会影响制动闸片的剩余寿命，还可能影响列车制动时的稳定性。因此，制动闸片是制动系统中的关键性易耗部件，其健康状态直接影响列车运行的安全性和稳定性[5-6]。

对于北京地铁机场线车辆，其每个轮对上有 2 块制动闸片，每组车有 32 块制动闸片。在达到 80 万修程、160 万修程和 240 万修程时，车辆被整体拆解，对制动系统进行大修，检查并更换磨耗过大的制动闸片；而在其他修程修或日修、月修时，制动闸片的更换数量较少。

制动闸片的原始历史消耗数据记录了 2018 年 1 月 1 日以来北京地铁机场线 101～110 车共 10 组车的制动闸片需求情况，包括每次需求出现的具体日期、维修类型（日修、月修、修程修等）、出现需求的车号、出库数量等信息。在进行预测前，从各角度对原始数据进行分析，讨论其中的规律。

按照维修类型和年份分类的制动闸片历史消耗数据如图 9.2 所示。图 9.2 （a）显示，2018—2021 年消耗的制动闸片约有一半用于修程修，而日修和月修消耗的制动闸片也不少。图 9.2（b）显示，每年制动闸片的消耗量虽有波动但相差不大，且无明显趋势；不同维修类型下消耗的制动闸片数量也无明显规律，其中 2019 年的修程修消耗的制动闸片远多于其他年份。图 9.2（c）显示，3 种维修类型下的制动闸片消耗量比例不固定，且无明显规律。

2018—2021 年不同车辆的制动闸片消耗量占比如图 9.3 所示（其中，"0_总和"代表车号记录缺失）。图 9.3（a）显示，2018—2021 年，104 车和 101 车的制动闸片消耗量较少，而 110 车的消耗量最多。图 9.3（b）显示，不同车辆的制动闸片消耗量占比随年份的变化没有明显规律，且波动较大，总消耗量占比最大的 110 车在 2021 年反而占比很小。

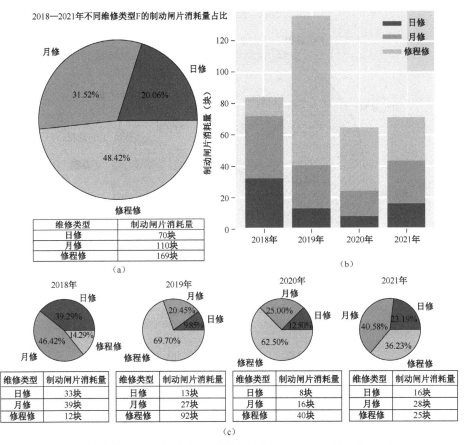

图 9.2　按维修类型和年份分类的制动闸片历史消耗数据（单位：天）

2018—2021 年不同车辆的制动闸片消耗量占比如图 9.4 所示。虽然在修程修时制动系统大修，通常会更换大量制动闸片，但 101 车、103 车和 104 车并没有在修程修时消耗制动闸片。对于其他车辆，修程修的制动闸片消耗量都较大，在日修和月修中也有一定的消耗量。

不同车辆的制动闸片消耗量柱状图如图 9.5 所示，图 9.5 中标注了出现制动闸片需求的修程。具体来说，修程修对制动闸片的需求量往往较大（101 车、103 车、104 车除外），而日修和月修对制动闸片的需求量较小，但时有出现。不同车辆修程修对制动闸片的消耗量有所差别（101 车、103 车、104 车除外），但占比都较大，且集中在 160 万修程和 240 万修程，这与 160 万修程和 240 万修程制动系统大修的情况相符。对于其他修程，即使出现需求，

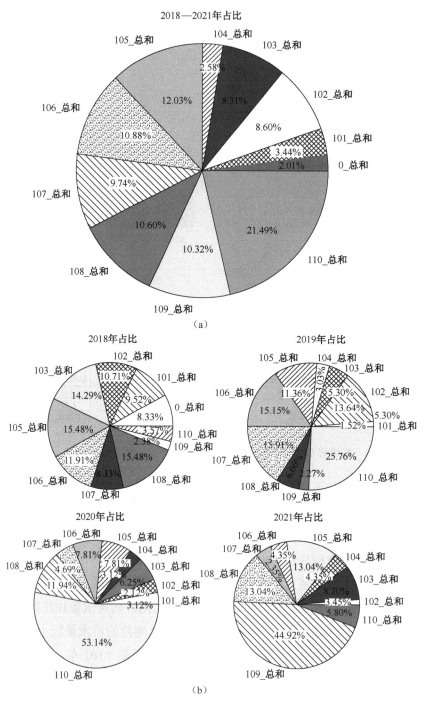

图 9.3　2018—2021 年不同车辆的制动闸片消耗量占比

需求量也较小，可以将其视为与日修和月修类似的日常消耗。105 车和 108 车的修程修消耗量为 10 块左右，但其日常消耗量较大。总之，制动闸片在 160 万修程和 240 万修程时往往会出现大规模更换，在日常维修中也经常需要更换，但需求量不大。

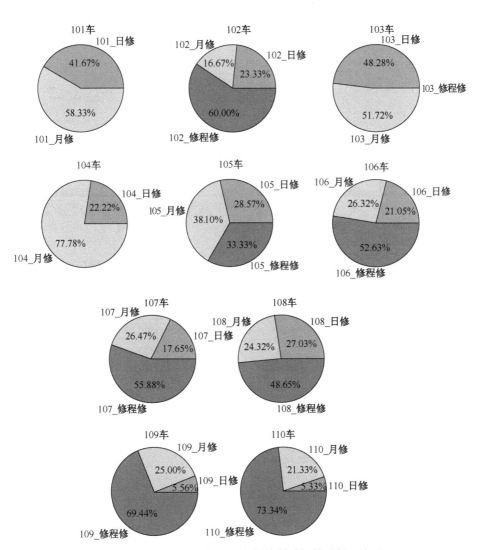

图 9.4　2018—2021 年不同车辆的制动闸片消耗量占比

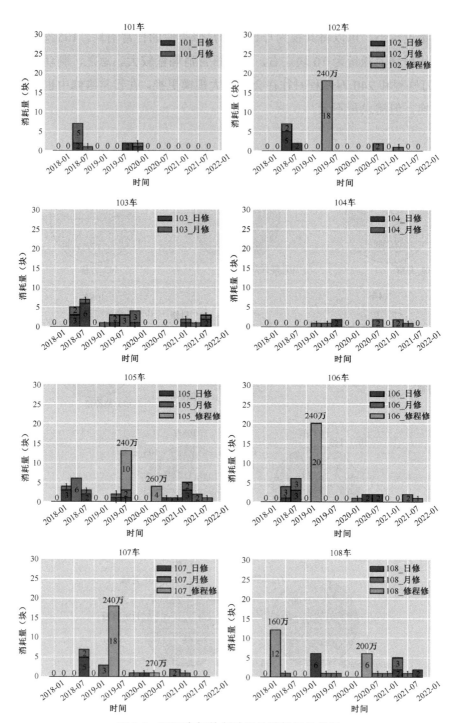

图 9.5　不同车辆的制动闸片消耗量柱状图

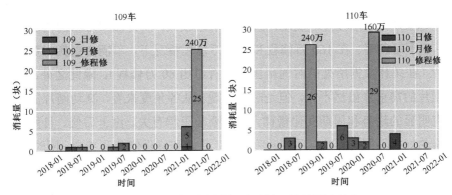

图 9.5　不同车辆的制动闸片消耗量柱状图（续）

由于按"日"记录的数据中存在大量 0 值，且预测的目标是以"年"为单位的，如果按"日"进行预测，不但预测结果受大量 0 值的影响会不准确，而且随着预测步长的增大，预测结果的方差会越来越大，因此按季度对原始数据进行重采样。考虑日修、月修和修程修的维修规模不同，其中，修程修中的 80 万修程、160 万修程、240 万修程比其他修程的规模大。按维修类型分类的制动闸片消耗量如图 9.6 所示。

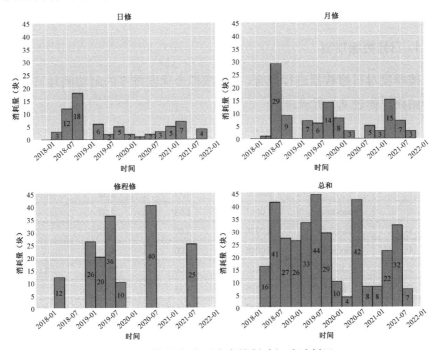

图 9.6　按维修类型分类的制动闸片消耗量

综上所述，修程修对制动闸片的需求量较大，而日修和月修的需求量较小，但不可忽略。在 160 万修程和 240 万修程情况下，车辆会更换大量制动闸片（在统计数据所处的时间范围内没有经历 80 万修程），除此之外，对制动闸片的需求量虽然不大，但是时有出现。从各角度来看，制动闸片的消耗没有明显的趋势和周期变化规律，而主要与里程有关。由于日修、月修和修程修的规模不同，所以在预测时将日修、月修和修程修分开考虑；同时，160万修程和 240 万修程时制动系统大修，且图 9.6 显示 160 万修程和 240 万修程时的需求量确实远大于其他修程，因此将各车辆 160 万修程和 240 万修程时的需求量分为一组，而将其他修程时的制动闸片消耗视为和月修一样的常规消耗。最终将制动闸片历史需求数据按维修类型分为 3 组，即日修、月修+部分修程修、160 万修程修和 240 万修程修。

9.2.2 预测模型

对制动闸片数据进行分布拟合。

1. 日修数据预测

按季度对日修数据进行拟合，得到按拟合优度排序的制动闸片日修数据拟合结果，如表 9.1 所示。

表 9.1 按拟合优度排序的制动闸片日修数据拟合结果

排序	分布	RSS	位置参数	尺度参数	形状参数
1	t	0.0058	2.97	2.38	2.08
2	genextreme	0.0061	1.93	2.27	−0.40
3	dweibull	0.0070	3.00	2.97	0.94
4	expon	0.0088	0.00	4.38	—
5	beta	0.0116	0.00	20.53	0.65, 2.36
6	norm	0.0216	4.38	4.64	—
7	loggamma	0.0227	−1905.99	243.95	2518.10
8	gamma	0.0236	0.00	7.54	0.27
9	pareto	0.0284	−1.40	1.40	0.90
10	uniform	0.0367	0.00	18.00	—

由表 9.1 可知，t 分布的拟合效果最好，形状参数为 2.08，位置参数为 2.97，尺度参数为 2.38。制动闸片日修数据的 t 分布拟合结果如图 9.7 所示。

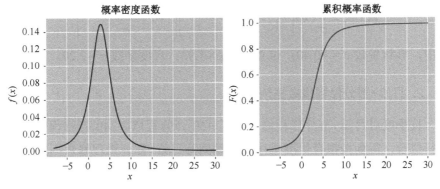

图 9.7　制动闸片日修数据的 t 分布拟合结果

由 t 分布的概率密度函数和累积概率函数可知，虽然 t 分布的残差平方和最小，但其概率密度函数约有 18% 的面积位于 y 轴左侧，即服从 t 分布的需求量约有 18% 的概率小于 0，但事实上需求量不可能小于 0，因此该分布不合理。于是选用残差平方和第 2 小的 genextreme 分布（广义极值分布）[7] 来描述需求量，形状参数为 −0.40，位置参数为 1.93，尺度参数为 2.27。制动闸片日修数据的广义极值分布拟合结果如图 9.8 所示。图 9.8 显示，服从广义极值分布的需求量小于 0 的概率非常小，比较贴合实际情况。

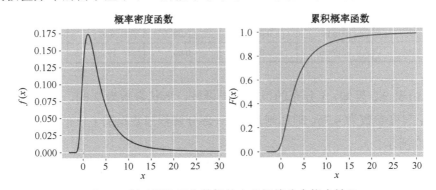

图 9.8　制动闸片日修数据的广义极值分布拟合结果

对需求数据和广义极值分布进行 KS 检验，得到 KS 检验的统计量为 0.1288，p 值为 0.9230，p 值大于 0.05，因此可以认为该需求数据服从形状

参数为–0.40、位置参数为1.93、尺度参数为2.27的广义极值分布。该分布的概率密度函数为

$$f(x,c)=\frac{1}{\sigma}\exp\left[-\left(1-c\frac{(x-\mu)}{\sigma}\right)^{1/c}\right]\left[1-c\frac{(x-\mu)^{1/c-1}}{\sigma}\right] \quad (9.3)$$

式中，形状参数 $c = -0.40$；位置参数 $\mu = 1.93$；尺度参数 $\sigma = 2.27$。

2. 月修+部分修程修数据预测

按季度对月修+部分修程修（除了160万修程修、240万修程修）数据进行拟合，得到按拟合优度排序的制动闸片月修+部分修程修数据拟合结果如表9.2所示。

表9.2　按拟合优度排序的制动闸片月修+部分修程修数据拟合结果

排序	分布	RSS	位置参数	尺度参数	形状参数
1	t	0.0011	5.98	4.36	2.82
2	genextreme	0.0014	4.01	4.11	−0.25
3	dweibull	0.0016	6.39	5.05	1.05
4	expon	0.0040	0.00	7.56	—
5	norm	0.0041	7.56	7.07	—
6	loggamma	0.0043	−2540.22	333.23	2092.22
7	beta	0.0050	0.00	43.64	0.63, 3.13
8	pareto	0.0052	−50.37	50.37	7.59
9	gamma	0.0083	0.00	8.05	0.69
10	uniform	0.0104	0.00	29.00	—

由表9.2可知，t分布的拟合效果最好，形状参数为2.82，位置参数为5.98，尺度参数为4.36。制动闸片月修+部分修程修数据的t分布拟合结果如图9.9所示。

由图9.9可知，这里服从t分布的需求量约有15%的概率小于0，不符合实际情况。于是选用残差平方和第2小的广义极值分布，形状参数为−0.25，位置参数为4.01，尺度参数为4.11。制动闸片月修+部分修程修数据的广义极值分布拟合结果如图9.10所示。图9.10显示，服从广义极值分布的需求量小于0的概率非常小，比较贴合实际情况。

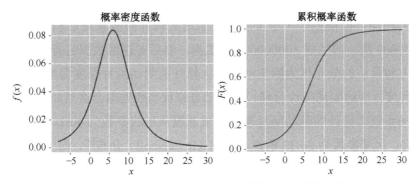

图 9.9　制动闸片月修+部分修程修数据的 t 分布拟合结果

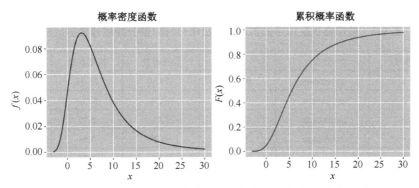

图 9.10　制动闸片月修+部分修程修数据的广义极值分布拟合结果

对需求数据和广义极值分布进行 KS 检验，得到 KS 检验的统计量为 0.0996，p 值为 0.9924，p 值大于 0.05，因此可以认为该需求数据服从形状参数为-0.25、位置参数为 5.98、尺度参数为 4.36 的广义极值分布。

3. 日修、月修和部分修程修数据预测

由上述分析可知，制动闸片的日修需求量服从形状参数为-0.40、位置参数为 1.93、尺度参数为 2.27 的广义极值分布，月修+部分修程修的需求量服从形状参数为-0.25、位置参数为 4.01、尺度参数为 4.11 的广义极值分布。将日修、月修和部分修程修（除了 160 万修程修和 240 万修程修）的需求量相加，再根据生产计划确定 160 万修程修和 240 万修程修的需求量，便可得到总的需求量预测值。但是，广义极值分布的加法运算比较复杂，难以直接得到除制动系统大修外的需求量分布，因此采用数值模拟的方法计算除制动系统大修外的需求量分布。根据前面求得的两个分布，分别随机生成两个值

并将其相加，以模拟一个季度除制动系统大修外的需求量总和，重复模拟 100000000 次，即生成 100000000 个数据，然后对这组数据进行拟合，将残差平方和最小的分布作为除制动系统大修外的制动闸片季度需求量分布。按拟合优度排序的制动闸片日修+月修+部分修程修数据拟合结果如表 9.3 所示。除制动系统大修外的制动闸片季度需求量服从形状参数为 4.61、位置参数为 −18.80。尺度参数为 26.33 的逆威布尔（invweibull）分布[8]，均值为 12.37，制动闸片日修+月修+部分修程修数据的逆威布尔分布拟合结果如图 9.11 所示。将均值作为需求量预测值，将 95%分位数作为预测上限。

表 9.3　按拟合优度排序的制动闸片日修+月修+部分修程修数据拟合结果

排序	分布	RSS	位置参数	尺度参数	形状参数
1	invweibull	0.0000	−18.80	26.33	4.61
2	invgamma	0.0000	−6.56	80.63	5.27
3	genextreme	0.0000	7.47	5.72	−0.24
4	johnsonsu	0.0000	−0.03	3.84	−2.34, 1.44
5	exponnorm	0.0001	2.85	2.23	4.30
6	fatiguelife	0.0002	−4.17	14.32	0.56
7	recipinvgauss	0.0002	−4.12	4.27	0.35
8	powerlognorm	0.0003	−4.03	37.74	5.11, 0.85
9	burr	0.0005	−9.50	16.31	3.44, 1.86
10	exponweib	0.0005	−4.03	8.65	3.59, 1.06

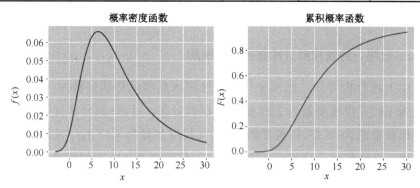

图 9.11　制动闸片日修+月修+部分修程修数据的逆威布尔分布拟合结果

同理，采用数值模拟的方法得到形状参数为−0.05、位置参数为 39.65、尺度参数为 15.51 的 $l_{12}(y)$ 广义极值分布，拟合结果如图 9.12 所示。其均值为 49.43，95%分位数为 89.40。

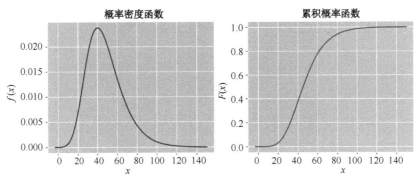

图 9.12　$l_{12}(y)$ 的广义极值分布拟合结果

4. 考虑相关性的 160 万修程修和 240 万修程修数据预测

由式(9.3)得到 $f_3'(y)$ 的 $\mu \approx 11$（向上取整）。μ 的计算过程如图 9.13 所示。

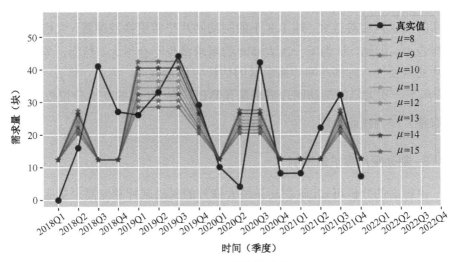

图 9.13　μ 的计算过程

车辆在 160 万修程修和 240 万修程修时的制动闸片需求量从小到大排序为 $\{0,0,0,10,12,18,18,20,25,26,29\}$，对该组数据做箱线图，如图 9.14 所示。由图 9.14 可知，该组数据没有异常值，最小值为 0，最大值为 29，均值为 14.36，中位数为 18.00。制动闸片需求量比较分散，无明显特征，服务水平为 95%时对应的 $f_3'(y) = 27.50$。

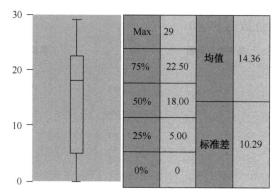

图 9.14　车辆在 160 万修程修和 240 万修程修时的制动闸片需求量箱线图

根据生产计划，首都机场线 2022 年计划安排 1 组车（共 4 辆）于第二季度进行 240 万修程修，为 108 车，无 80 万或 160 万修程修计划。2018 年以来，108 车经历的制动系统大修为 2018 年 6 月的 160 万修程修，消耗 12 个制动闸片。由前面的分析可知，108 车大修对制动闸片的需求量较小，而平常的需求量相对较大，即 108 车的制动闸片平常更换较频繁，大修时更换相对较少。因此，认为下一次大修时的需求量也不会很大。然而，考虑制动闸片的重要性，对制动闸片需求量的估计应尽量保守。因此，将 $\mu=11$ 作为 108 车下一次大修的制动闸片需求量预测值，将 $f_3'(y)$ 的 95% 分位数 28（向上取整）作为预测上限。

5. 制动闸片需求量预测

由前面的分析可知，除制动系统大修外的制动闸片季度需求量服从形状参数为 4.61、位置参数为 −18.80、尺度参数为 26.33 的逆威布尔分布。根据生产计划，2022 年 108 车大修的制动闸片需求量预测值为 $\mu=11$，预测上限为 28。因此，可以得到制动闸片需求量预测结果如图 9.15 所示。

在图 9.15 中，2022 年第二季度和第三季度的预测结果与真实值相差较大的原因是，根据生产计划，108 车大修在第二季度，但是实际上这次大修推迟到了第三季度。

根据 $l_{12}(y)$ 和 $f_3'(y)$，2022 年的制动闸片需求量预测值为 $49.45+11\approx61$ 块，预测上限为 $89.49+27.50\approx117$ 块，2022 年制动闸片的实际需求量为 57 块。

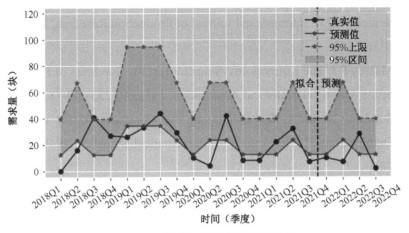

图 9.15 制动闸片需求量预测结果

9.3 本章小结

本章对备品备件的需求预测进行了介绍,提出了一种基于分布拟合的需求预测模型。以制动闸片为研究对象,首先,对数据进行分析,找出与消耗量相关性较强的因素,并对数据进行分类;其次,分别将分类后的数据进行分布拟合,构建预测模型,给出各维修类型下的预测数据;最后,根据 2018—2022 年的数据,通过数值模拟求出制动闸片的需求量分布,可为下一步生产计划的采购需求计算提供依据。

参考文献

[1] Syntetos A A, Babai M Z, Altay N. On the Demand Distributions of Spare Parts[J]. International Journal of Production Research, 2012, 50(8):2101-2117.

[2] Syntetos A, Lengu D, Babai M Z. A Note on the Demand Distributions of

Spare Parts[J]. International Journal of Production Research, 2013, 51(21): 6356-6358.

[3]   Massey F J. The Kolmogorov-Smirnov Test for Goodness of Fit[J]. Journal of the American Statistical Association, 1951, 46(253):68-78.

[4]   Smirnov N. Table for Estimating the Goodness of Fit of Empirical Distributions[J]. The Annals of Mathematical Statistics, 1948, 19(2):279-281.

[5]   刘永科. 地铁制动闸片异常磨耗原因分析及解决措施[J]. 山东工业技术，2014(20):48.

[6]   王娴, 栾睿. 制动闸片寿命预测在轨道车辆上的应用[J]. 电力机车与城轨车辆, 2020, 43(4):53-55, 81.

[7]   Bali T G. The Generalized Extreme Value Distribution[J]. Economics Letters, 2003, 79(3):423-427.

[8]   De Gusmao F R S, Ortega E M M, Cordeiro G M. The Generalized Inverse Weibull Distribution[J]. Statistical Papers, 2011, 52(3):591-619.

基于缺乏失效位置信息的数据的备品备件需求预测

空压机与地铁车辆的多个系统有关，其由多个部分组成，其中总成是空压机正常工作的保障，它对总成的需求量较小，但其重要性较高。针对此问题，本章提出一种基于缺乏失效位置信息的数据的备品备件需求预测方法。首先，介绍窗口删失更新过程及其似然函数；其次，对基于窗口删失更新过程的备品备件需求预测模型进行分析；最后，以空压机总成为研究对象，分析其失效的位置信息，引入区间删失更新过程理论来估计空压机总成的寿命分布参数，并对其提前期内的需求量进行预测。

10.1 窗口删失更新过程

1. 窗口删失更新过程简介

将部件失效并更换新的部件视为一次更新，设两次更新之间的时间间隔为独立同分布的随机变量 X，X 的概率密度函数为 $f(x)$，累积概率函数为 $F(x)$。假设 X 的期望 $\mu_X = E(X)$ 有界。

对于一个备件，已知其在某段时间内的历史更新数据，而这段时间外的数据未知，这样的数据为窗口删失数据，其更新过程为窗口删失更新过程（Window Censored Renewal Process，WCRP）[1]，如图 10.1 所示，该时间段的长度为窗口长度。窗口之前的历史更新数据缺失，窗口之后为待预测区间。在实际应用中，该类数据是非常常见的[2]。

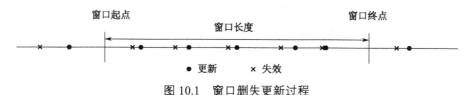

图 10.1　窗口删失更新过程

2. 窗口删失更新过程的似然函数

令 w 表示窗口长度，N 表示窗口内发生更新的次数。称更新时间在窗口外而失效时间在窗口内的数据为左截尾数据，称更新时间在窗口内而失效时间在窗口外的数据为右删失数据。令 Y 表示窗口中左截尾数据的区间长度，Z 表示窗口中右删失数据的区间长度。不同更新次数下的 3 种情况如图 10.2 所示。当 $N=0$ 时，窗口内没有更新发生，也就没有任何记录产生；当 $N=1$ 时，窗口内只发生一次更新，产生一个左截尾数据 Y 和一个右删失数据 Z；当 $N>1$ 时，窗口内发生多次更新，产生一个左截尾数据 Y、一个右删失数据 Z 和一个时间间隔序列 $X_n(n=1,2,\cdots,N-1)$。

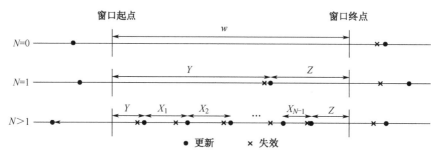

图 10.2　不同更新次数下的 3 种情况

假设备件失效后立即更换并投入使用，则更新时间和失效时间重合，两次更新之间的时间间隔可以视为备件寿命，设备件寿命的失效概率密度函数为 $f(x)$，累积失效概率函数为 $F(x)$。

y 为从窗口起点到窗口内第一次更新的时间，定义其概率密度函数为首次更新概率密度函数 $g(y)$，设 s 为代表包含窗口起点的更新区间长度的随机变量。对于一个平稳的马尔可夫过程，采样点（窗口起点）落在某个长度为 s 的区间的概率与更新区间总长度成正比。由于 2019 年以前，作为研究对象的 10 辆车已经投入运行了相当长的时间，所以可以认为备件的更新是一个平稳的马尔可夫过程。因此，s 的概率密度函数为

$$v(s) = \frac{sf(s)}{\int_0^\infty xf(x)\mathrm{d}x} = \frac{sf(s)}{\mu_X} \tag{10.1}$$

对于一个确定的包含窗口起点的更新区间，其长度为 s，y 为窗口起点到窗口内第一次更新的时间，则 y 的概率密度函数服从均匀分布 $[0,s]$，即

$$g(y|s) = \frac{1}{y}, \ y \in [0,y] \tag{10.2}$$

因此，首次更新概率密度函数 $g(y)$ 为[3]

$$g(y) = \int_y^\infty g(y|s)v(s)\mathrm{d}s = \frac{1-F(y)}{\mu_X} \tag{10.3}$$

令 δ_n 代表第 n 次更新是否发生，即

$$\delta_n = \begin{cases} 1, & N \geqslant n \\ 0, & N < n \end{cases} \tag{10.4}$$

对于一个由 m 个长度为 w 的独立同分布窗口删失更新过程组成的数据集 $\boldsymbol{D}$，设 $\boldsymbol{\theta}$ 为 $f(x)$ 的参数，则其似然函数为

$$L(\boldsymbol{D};\boldsymbol{\theta}) = \prod_{i=1}^m L(D_i;\boldsymbol{\theta}) = \prod_{i=1}^m \Big\{ \delta_0 \big[1-G(w)\big] + \delta_1 g(y_i)\big[1-F(z_i)\big] +$$
$$\sum_{n=2}^\infty \delta_n g(y_i) f(x_{i1}) \cdots f\big[x_{i(n-1)}\big]\big[1-F(z_i)\big] \Big\} \tag{10.5}$$

式中

$$G(w) = \int_0^w g(y)\mathrm{d}y \tag{10.6}$$

设 n_w 是没有任何更新的窗口数，则 Y 和 Z 的数量为 $m-n_w$；n_x 是 X 的数量。将变量重新编号，得到 $\boldsymbol{X} = \{X_k, k=1,2,\cdots,n_x\}$，$\boldsymbol{Y} = \{Y_k, k=1,2,\cdots,m-n_w\}$，$\boldsymbol{Z} = \{Z_k, k=1,2,\cdots,m-n_w\}$，似然函数可以写为

$$(\boldsymbol{D};\boldsymbol{\theta}) = \left[1-G(w)\right]^{n_{\mathrm{w}}} \prod_{k=1}^{m-n_{\mathrm{w}}} g(y_k) \prod_{k=1}^{n_{\mathrm{x}}} f(x_k) \prod_{k=1}^{m-n_{\mathrm{w}}} \left[1-F(z_k)\right] \qquad (10.7)$$

对式（10.7）两边取对数，得到对数似然函数

$$
\begin{aligned}
\ell(\boldsymbol{D};\boldsymbol{\theta}) &= \log L(\boldsymbol{D};\boldsymbol{\theta}) \\
&= n_{\mathrm{w}}\log\left[1-G(w)\right] + \sum_{k=1}^{m-n_{\mathrm{w}}}\log g(y_k) + \\
&\quad \sum_{k=1}^{n_{\mathrm{x}}}\log f(x_k) + \sum_{k=1}^{m-n_{\mathrm{w}}}\log\left[1-F(z_k)\right]
\end{aligned}
\qquad (10.8)
$$

10.2　基于窗口删失更新过程的备品备件需求预测模型

10.2.1　需求预测流程

由似然函数可知，只要知道 $\boldsymbol{X}$、$\boldsymbol{Y}$、$\boldsymbol{Z}$ 和 n_{w}，就能通过使对数似然函数最大来估计寿命分布参数 $\boldsymbol{\theta}$，进而预测未来一段时间的需求量。但是，数据只记录了各车辆产生需求的时间和需求量，并没有记录需求产生于车辆的哪个位置。也就是说，多个位置的备件失效记录是混杂的，不能从记录中直接得到 $\boldsymbol{X}$、$\boldsymbol{Y}$、$\boldsymbol{Z}$ 和 n_{w}。

假设样本 $\boldsymbol{D}$ 表示失效位置。根据参数 $\boldsymbol{\theta}$ 得到的寿命的期望 $E(x)$ 应尽量接近由观测区间计算得到的平均失效间隔 MTBF（Mean Time Between Failure），即

$$\underset{\boldsymbol{\theta},\boldsymbol{D}}{\arg\min}\left\{E\left[x \mid (\boldsymbol{\theta},\boldsymbol{D})\right] - \mathrm{MTBF}\right\} \qquad (10.9)$$

因此，可以利用遗传算法来寻找使 $E(x)$ 和 MTBF 尽量接近时的 $\boldsymbol{\theta}$ 和 $\boldsymbol{D}$，其适应度函数为

$$
\begin{aligned}
\mathrm{fitness} &= E(x \mid \boldsymbol{\theta},\boldsymbol{D}) - \mathrm{MTBF} \\
&= \int_0^\infty \left[1-F(x)\right]\mathrm{d}x - \frac{N_{\mathrm{all}}mw}{N_{\mathrm{failure}}}
\end{aligned}
\qquad (10.10)
$$

式中，N_{all} 为车辆的总数，这里为 10 辆；$N_{failure}$ 为观测区间内的总失效数量。

得到了 D，就能算出 n_w、Z 和 θ 了，基于这些信息能够得到窗口终点后的每次更新与上一次更新的时间间隔变化规律，由此可以通过数值模拟来预测未来的需求分布。

基于混合数据的需求预测流程如图 10.3 所示。

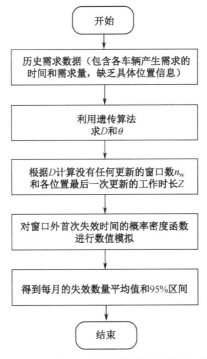

图 10.3　基于混合数据的需求预测流程

10.2.2　似然函数求解流程

似然函数求解流程如图 10.4 所示。随机假设一个初始种群，编码并计算个体 D 的 X、Y、Z 和 n_w，然后通过使对数似然函数最大来求 D 发生的概率和对应的参数 θ。将对数似然函数的最大值作为每个个体的适应度，按照轮盘赌的策略对种群进行选择，即每个个体被保留到下一代的概率与它的适

应度成正比。随后对下一代种群进行基因交叉和变异。对下一代种群重复上述计算过程,直到适应度曲线收敛,输出每月的失效数量平均值和95%区间。

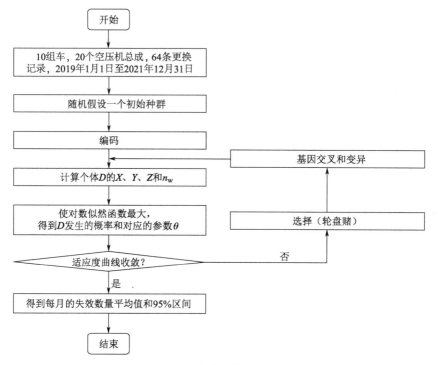

图 10.4　似然函数求解流程

10.2.3　需求预测

如果知道备件每次更新与上一次更新的时间间隔服从什么分布,就可以用数值模拟的方法来预测未来的需求量了。

根据前面得到的 n_w、Z 和 θ,可以得到各位置在窗口终点后第一次更新的时间的概率密度函数。

当 $N=0$ 时,窗口内没有更新发生。对应可靠性分析中的累积失效概率函数和失效概率密度函数,定义 $G_1(y)$ 为在 $N=0$ 的条件下,产品在时间 $y(y>w)$ 内失效的概率,$g_1(y)$ 为产品在包含 y 的单位时间内更新的概率。根据条件概率公式,有

$$G_1(y) = P(Y < y \mid Y \rangle w)$$

$$= \frac{P(Y \langle y, Y \rangle w)}{P(Y > w)}$$

$$= \frac{P(Y < y) - P(Y < w)}{P(Y > w)} \quad (10.11)$$

$$= \frac{G(y) - G(w)}{1 - G(w)}, \quad y > w$$

$g_1(y)$ 为

$$g_1(y) = \frac{g(y)}{1 - G(w)} = \frac{1 - F(y)}{\mu_X [1 - G(w)]}, \quad y > w \quad (10.12)$$

当 $N > 0$ 时，记窗口内最后一次更新到窗口终点的时间为 z_0。对应可靠性分析中的累积失效概率函数和失效概率密度函数，定义 $F_1(z)$ 为在 $N > 0$ 的条件下，产品在时间 $z\,(z > z_0)$ 内失效的概率，$f_1(z)$ 为产品在包含 z 的单位时间内更新的概率。根据条件概率公式，有

$$F_1(z) = P(Z < z \mid Z \rangle z_0)$$

$$= \frac{P(Z > z_0, Z < z)}{P(Z > z_0)}$$

$$= \frac{P(Z < z) - P(Z < z_0)}{P(Z > z_0)} \quad (10.13)$$

$$= \frac{F(z) - F(z_0)}{1 - F(z_0)}, \quad z > z_0$$

$f_1(z)$ 为

$$f_1(z) = \frac{f(z)}{1 - F(z_0)}, \quad z > z_0 \quad (10.14)$$

因此，某个位置在窗口终点后首次更新与上一次更新的时间间隔的概率密度函数为

$$\begin{cases} g_1(y) = \dfrac{1 - F(y)}{\mu_X [1 - G(w)]}, & y > w \\[3mm] f_1(z) = \dfrac{f(z)}{1 - F(z_0)}, & z > z_0 \end{cases} \quad (10.15)$$

窗口外首次更新后每两次更新的时间间隔的概率密度函数可以用备件的失效概率密度函数 $f(x)$ 表示。

对窗口终点后的更新情况进行预测的流程如图 10.5 所示。虽然目标是预测未来一年的总需求量，但是为了表现出需求量的变化趋势，按季度进行预测，然后求和（在本方法中，数据的采样频率对总需求量的预测没有影响）。

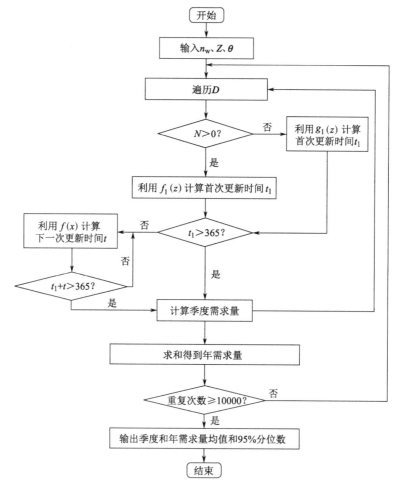

图 10.5　对窗口终点后的更新情况进行预测的流程

综上所述，基于混合失效记录的需求预测模型如图 10.6 所示。

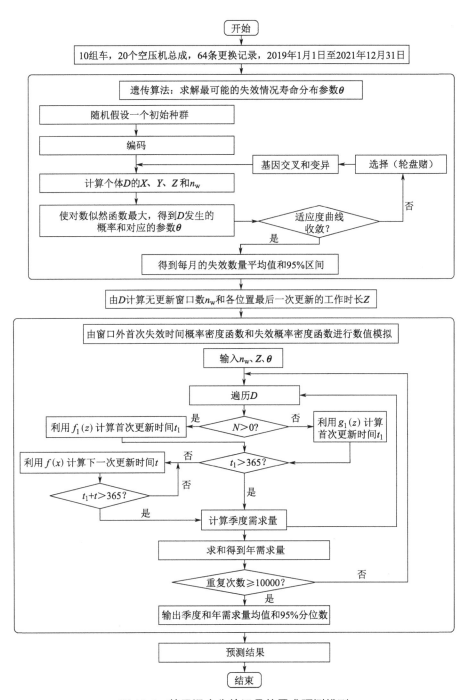

图 10.6　基于混合失效记录的需求预测模型

10.3 案例分析与模型评估

1. 数据分析

对于北京地铁机场线的101车至110车,在每组车上有2个空压机总成,空压机总成的需求量无明显的季节性变化特征,且大部分需求都不来自车辆大修。

空压机总成的原始历史消耗数据记录了2018年1月1日以来目标地铁线路101车至110车的空压机总成需求信息,包括每次需求出现的具体日期、维修类型、出现需求的车号、出库数量等信息。由于2018年有部分记录缺失,所以舍弃2018年的数据。空压机总成的原始历史需求记录形式如表10.1所示,其中,甲班、乙班、丙班和丁班都是日常维修。

表10.1 空压机总成的原始历史需求记录形式

日期	车辆维修类型	车号	出库数量
2019 年 3 月 12 日	甲班	104	1
2019 年 3 月 22 日	甲班	104	1
2019 年 5 月 1 日	甲班	105	1
2019 年 7 月 8 日	丙班	107	1
2019 年 7 月 31 日	乙班	110	1
2019 年 8 月 27 日	丙班	104	1
2019 年 9 月 7 日	丁班	102	1
2019 年 9 月 26 日	丙班	109	1
2019 年 9 月 26 日	月修	104	1
2019 年 9 月 27 日	月修	105	1

2019—2021 年,10组车共消耗了64个空压机总成。按维修类型和年份分类的空压机总成需求数据如图10.7所示。其中,修程修占比较小,3年的总需求量仅占 10.94%,且每年的占比都很小。因此,认为不会在修程修时

大量更换空压机总成，空压机总成仅在不能正常工作时才会被更换。

2019—2021年不同维修类型的空压机总成需求量占比

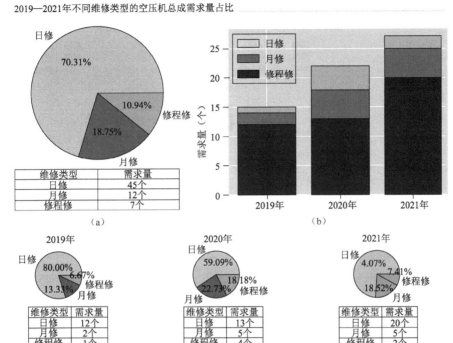

图 10.7　按维修类型和年份分类的空压机总成需求数据

不同车辆的空压机总成历史需求量柱状图如图 10.8 所示，可知历史需求量没有明显的变化规律，且 0 值较多，呈现块状需求的特点。显然，这是因为空压机总成的寿命较长，远长于一个季度，因此一般来说两次更换一组车的空压机总成的时间间隔较长。虽然可以采用间断型需求预测方法[4-6]（如 Croston[7]、SBA[8]、TSB[9]、mSBA[10]等）分别对每组车的备件需求量进行预测，但是一方面在将 10 组车的预测结果相加后误差会比较大，另一方面这种方法仅关注每个周期的总需求量，而没有体现需求记录之间的联系。例如，假设在空压机总成投入使用后，其失效率随工作时间的延长而逐渐升高，在某个空压机总成失效并更换后，短时间内该空压机总成再次更换的可能性较低，且这种可能性随空压机总成工作时间的延长而提高。此外，从时间序列来看，空压机总成的需求量波动不大，受季节性因素的影响较小。因此，可以从寿命的角度对空压机总成的需求量进行预测，且不必考虑季节性因素对

寿命的影响。只要得到了空压机总成的寿命分布，就可以通过数值模拟方法，利用更新函数等预测未来一段时间的需求量。

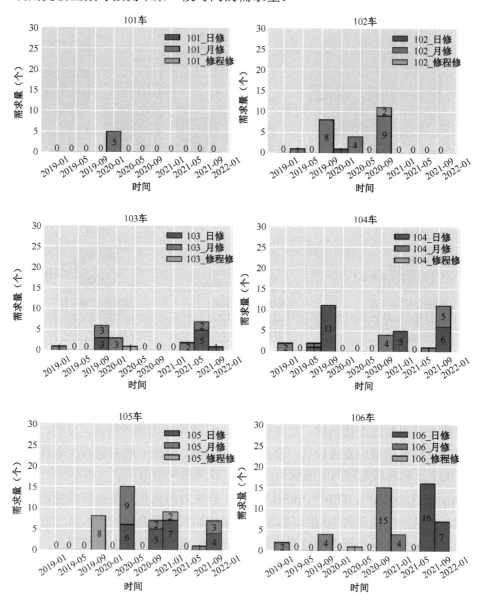

图 10.8　不同车辆的空压机总成历史需求量柱状图

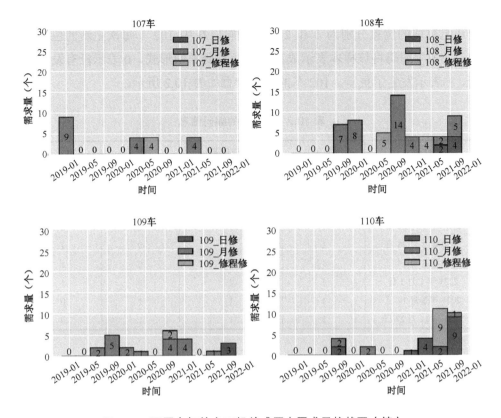

图 10.8　不同车辆的空压机总成历史需求量柱状图（续）

2. 似然函数求解

威布尔分布可以表示浴盆失效曲线的各阶段。当参数不同时，威布尔分布可以成为指数分布、瑞利分布和正态分布。假设备件的寿命服从两参数威布尔分布，其失效概率密度函数 $f(x)$ 为

$$f(x) = \frac{m}{\eta} \left(\frac{x}{\eta} \right)^{m-1} e^{-\left(\frac{x}{\eta} \right)^m} \tag{10.16}$$

式中，m 为形状参数，η 为尺度参数。将 $f(x)$ 代入式（10.8），并用遗传算法求解。

1）编码

将 10 组车分别编码，然后进行组合。以 102 车为例，记 102 车的两个

空压机总成的位置分别为 1 和 2，假设样本 D 中 102 车每次更新的位置已知，用 0-1 编码将该样本表示成易于交叉和变异的形式，0 表示没有发生更新，1 表示发生了更新。102 车的编码信息如表 10.2 所示。

表 10.2　102 车的编码信息

日期	需求量（个）	失效位置	编码 1	编码 2
2019 年 5 月 1 日	1	2	0	1
2019 年 9 月 27 日	1	1	1	0
2019 年 11 月 18 日	1	2	0	1
2020 年 1 月 25 日	1	1	1	0
2020 年 2 月 28 日	1	2	0	1
2020 年 8 月 14 日	1	2	0	1
2021 年 1 月 1 日	1	2	0	1
2021 年 3 月 14 日	1	1	1	0
2021 年 11 月 27 日	1	1	1	0

2）适应度

根据编码可以得到个体 20 个窗口（$m=20$）的无更新窗口数 n_w、左截尾数据 $\{y_k, k=1,2,\cdots,20-n_w\}$、右删失数据 $\{z_k, k=1,2,\cdots,20-n_w\}$ 和更新时间间隔数据 $\{x_k, k=1,2,\cdots,n_x\}$。样本 D 的对数似然函数为

$$\ell(D \mid \theta) = n_w \log\big[1 - G(w \mid \theta)\big] + \sum_{k=1}^{20-n_w} \log g(y_k \mid \theta) + \tag{10.17}$$
$$\sum_{k=1}^{n_x} \log f(x_k \mid \theta) + \sum_{k=1}^{20-n_w} \log\big[1 - F(z_k \mid \theta)\big]$$

该函数的最大值为个体的适应度，其对应的解为 D 的寿命分布参数估计值。借助 Python 的 scipy.optimize.minimize() 函数，使用序列二次规划法对其进行求解。以 X 为样本用最小二乘法拟合两参数威布尔分布得到 θ_0，将其作为二次规划法的初始猜测解。

3）交叉和变异

个体可以直接用 0-1 编码表示，因此交叉和变异无须进行编码、解码。

因为需要遵循交叉和变异前后的总失效数量不变的原则，所以将 10 组车的编码分别进行交叉和变异，然后进行组合。

将 0-1 编码的交叉定义为任取父代 0-1 编码中任意数量的行，将其替换为母代 0-1 编码中对应的行。编码的交叉过程如图 10.9 所示，该编码共有 9 行，生成一个随机整数 n，$1 \leqslant n \leqslant 9$。假设 $n=3$，即随机取出 3 行，随机取出的样本行号为 2、3、6，则将父代中的第 2、3、6 行替换为母代中的第 2、3、6 行。

图 10.9　编码的交叉过程

将 0-1 编码的变异定义为在表中取出任意数量的列，打乱顺序后填入原来的位置。编码的变异过程如图 10.10 所示，共有 16 列，生成一个随机整数 n，$1 \leqslant n \leqslant 16$。假设 $n=3$，即随机取出 n 列，得到随机列索引序列 n_0，假设 $n_0 =[2,5,7,10]$，将其打乱顺序记为 n_1，假设 $n_1 =[7,2,5,10]$。将原编码中的 $n_0 =[2,5,7,10]$ 列取出，按 $n_1 =[7,2,5,10]$ 的顺序填入原来的位置。

日期	位置															
	1	2	3	4	5	6	7	8	9	10	11	12	13	14	15	16
2019年5月14日	0	0	0	0	0	0	0	0	0	1	0	0	0	0	0	0
2019年10月14日	0	1	1	0	0	0	1	0	0	0	0	0	0	1	0	0
2019年10月31日	0	0	0	0	1	0	1	0	0	1	0	0	0	0	0	1
2020年3月6日	1	0	0	0	0	0	0	0	0	0	0	0	0	0	0	0
2020年4月20日	0	0	0	0	0	1	0	0	1	0	0	0	0	0	0	0
2020年6月12日	0	0	0	0	1	0	0	0	0	0	0	0	1	0	0	0
2020年10月12日	0	0	1	0	0	0	0	0	1	0	0	0	0	0	0	0
2020年12月1日	1	0	0	0	0	0	0	1	0	0	0	1	0	0	1	0
2020年12月21日	0	1	0	0	1	0	0	1	0	0	1	0	0	0	0	1

日期	位置															
	1	2	3	4	5	6	7	8	9	10	11	12	13	14	15	16
2019年5月14日	0	0	0	0	0	0	0	0	0	1	0	0	0	0	0	0
2019年10月14日	0	1	1	0	1	0	0	0	0	0	0	0	0	1	0	0
2019年10月31日	0	1	0	0	0	0	0	0	1	0	0	0	0	0	0	1
2020年3月6日	1	0	0	0	0	0	0	0	0	0	0	0	0	0	0	0
2020年4月20日	0	0	0	0	0	1	0	0	1	0	0	0	0	0	0	0
2020年6月12日	0	0	0	0	0	1	0	0	0	0	0	1	0	0	0	0
2020年10月12日	0	0	1	0	0	0	0	0	1	0	0	0	0	0	0	0
2020年12月1日	1	0	0	0	0	0	0	1	0	0	0	1	0	0	1	0
2020年12月21日	0	0	0	0	1	0	1	1	0	0	1	0	0	0	0	1

图 10.10　编码的变异过程

设种群数量为 30，交叉概率为 0.8，变异概率为 0.1。迭代 500 次，遗传算法的输出如表 10.3 所示。

表 10.3　遗传算法的输出

车号	位置	日期
104 车	0	2019 年 3 月 12 日
104 车	1	2019 年 3 月 22 日
105 车	0	2019 年 5 月 1 日
107 车	0	2019 年 7 月 8 日
110 车	0	2019 年 7 月 31 日
104 车	1	2019 年 8 月 27 日
102 车	0	2019 年 9 月 7 日
109 车	0	2019 年 9 月 26 日
104 车	0	2019 年 9 月 26 日

由上述过程得到 $n_w = 0$，空压机总成寿命分布的形状参数 $m = 1.188$，尺度参数 $\eta = 323.097$，其寿命分布为

$$f(x) = \frac{1.188}{323.097}\left(\frac{x}{323.097}\right)^{0.188} e^{-\left(\frac{x}{323.097}\right)^{1.188}} \tag{10.18}$$

空压机总成寿命分布的失效概率密度函数和累积失效概率函数如图 10.11 所示。

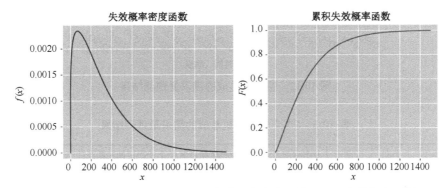

图 10.11　空压机总成寿命分布的失效概率密度函数和累积失效概率函数

由最可能的各位置失效情况计算得到 X、Y、Z，如表 10.4 所示。

表 10.4　X、Y、Z

类型	时间间隔
X	151, 403, 413, 168, 269, …, 113, 152, 255, 312, 449
Y	280, 324, 219, 458, 255, …, 431, 245, 617, 139, 345
Z	390, 497, 94, 343, 97, …, 140, 25, 142, 52, 67

3. 需求量预测

空压机总成的需求量预测结果如图 10.12 所示。2022 年空压机总成的需求量预测结果如表 10.5 所示。对 4 个季度的需求量求和，得到数值模拟结果，如表 10.6 所示。2022 年空压机总成需求量的预测值为 24 个，实际值为 10 个，95% 区间为 31 个。

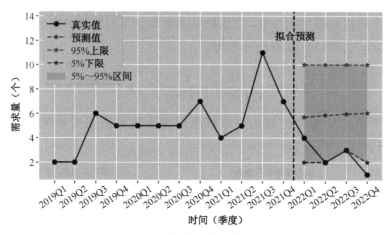

图 10.12　空压机总成的需求量预测结果

表 10.5　2022 年空压机总成的需求量预测结果

季度	均值	标准差	90%区间左端点	90%区间右端点	95%区间左端点	95%区间右端点
2022Q1	5.720	2.351	3.000	9.000	2.000	10.000
2022Q2	5.860	2.344	3.000	9.000	2.000	10.000
2022Q3	5.978	2.298	3.000	9.000	3.000	10.000
2022Q4	6.050	2.334	3.000	9.000	2.000	10.000

表 10.6　数值模拟结果

项目	值
循环次数（次）	10000
平均值	23.660
标准差	4.594
最小值	10.000
50%分位数	24.000
95%分位数	31.000
最大值	39.000

　　预测值与实际值相差较大。通过分析出入库记录和与工作人员沟通得知，该地铁线路从 2022 年年初开始陆续将新的 111～116 车投入使用，2022 年年底已全部投入使用，同时所有车辆的运行总里程与往年相比变化不大。此

外，旧车陆续进入厂修阶段，2023 年 3 月，101～109 车已全部离线。由此可知，101～110 车 2022 年的运营里程被大幅压缩，其空压机总成需求量也相应减小。

10.4　本章小结

　　本章研究了基于缺乏失效位置信息的数据的备品备件需求预测，以空压机总成为研究对象，对其历史需求数据进行了分析，引入窗口删失更新理论，采用遗传算法对空压机总成的寿命分布参数进行估计，并根据估计结果对未来的空压机总成需求量的寿命分布参数进行了预测。分析了预测值与实际值相差较大的原因。可为下一步生产计划的采购需求计算提供依据。

参考文献

[1]　Zhao Y, Nagaraja H N. Fisher Information in Window Censored Renewal Process Data and Its Applications[J]. Annals of the Institute of Statistical Mathematics, 2011, 63(4):791-825.

[2]　Li Q, Li D, Huang B, et al. Failure Analysis for Truncated and Fully Censored Lifetime Data With a Hierarchical Grid Algorithm[J]. IEEE Access, 2020, 8:34468-34480.

[3]　Kawata T. Karlins. A First Course in Stochastic Processes[J]. Siam Review, 1967, 9(2):265-266.

[4]　Whitley D. A Genetic Algorithm Tutorial[J]. Statistics and Computing, 1994, 4(2):65-85.

[5]　Jiang P, Huang Y, Liu X. Intermittent Demand Forecasting for Spare Parts

in the Heavy-Duty Vehicle Industry: A Support Vector Machine Model[J]. International Journal of Production Research, 2021, 59(24):7423-7440.

[6]   Zied Babai M, Syntetos A, Teunter R. Intermittent Demand Forecasting: An Empirical Study on Accuracy and the Risk of Obsolescence[J]. International Journal of Production Economics, 2014, 157:212-219.

[7]   Croston J D. Forecasting and Stock Control for Intermittent Demands[J]. Operational Research Quarterly(1970-1977), 1972, 23(3):289-303.

[8]   Syntetos A A, Boylan J E. The Accuracy of Intermittent Demand Estimates[J]. International Journal of Forecasting, 2005, 21(2):303-314.

[9]   Teunter R H, Syntetos A A, Zied Babai M. Intermittent Demand: Linking Forecasting to Inventory Obsolescence[J]. European Journal of Operational Research, 2011, 214(3):606-615.

[10]   Babai M Z, Dallery Y, Boubaker S, et al. A New Method to Forecast Intermittent Demand in the Presence of Inventory Obsolescence[J]. International Journal of Production Economics, 2019, 209:30-41.

[11]   Shapiro S S, Wilk M. An Analysis of Variance Test for Normality (Complete Samples)[J]. Biometrika, 1975, 67(3):215-216.

[12]   Shapiro S S, Wilk M B, Chen H J. A Comparative Study of Various Tests for Normality[J]. Journal of the American Statistical Association, 1968, 63(324):1343-1372.

反侵权盗版声明

　　电子工业出版社依法对本作品享有专有出版权。任何未经权利人书面许可，复制、销售或通过信息网络传播本作品的行为；歪曲、篡改、剽窃本作品的行为，均违反《中华人民共和国著作权法》，其行为人应承担相应的民事责任和行政责任，构成犯罪的，将被依法追究刑事责任。

　　为了维护市场秩序，保护权利人的合法权益，我社将依法查处和打击侵权盗版的单位和个人。欢迎社会各界人士积极举报侵权盗版行为，本社将奖励举报有功人员，并保证举报人的信息不被泄露。

举报电话：（010）88254396；（010）88258888

传　　真：（010）88254397

E-mail：　dbqq@phei.com.cn

通信地址：北京市万寿路 173 信箱
　　　　　电子工业出版社总编办公室

邮　　编：100036